計画の他にも、環境づくりや保育教材、安全に関わる資料など、初めてクラス担任になった保育者が手にして、すぐに役立つ保育資料がたくさんあります。

　折しも、平成30年4月から、改定（訂）された保育所保育指針、幼保連携型認定こども園教育・保育要領、幼稚園教育要領が実施されます。これらの保育内容については、乳児保育と1歳以上3歳未満児の保育、更に3歳以上児の保育に分けて示され、各園において、それぞれの発達の段階に応じた、質の高い保育実践を提供していくことを求めています。0歳児、1歳児、2歳児の保育では、おたよりや連絡帳などを通して、保護者ときめ細かな連携をし、一人ひとりの育ちを支えていくことが大切です。

　多くの保育者が、本書を活用し、自信と誇りをもって、よりよい保育を創っていくことを願っています。

監修　神長美津子

養護の理念では、保育者が行なう援助や関わりを、「生命の保持」と「情緒の安定」に大きく分けて構成されています。保育所保育を通じて、養護と教育の一体性がうたわれています。

環境に気を配ろう

　保健的で清潔・安全な保育環境は欠かせません。保育室・衣類・寝具などが衛生的に保たれるよう気を配りましょう。また、子どもが主体的に活動できるような環境をつくっておくことも養護の理念につながります。休息できるような場を整えておくことも大切です。

受容的な援助を心掛けよう

　子どもは、身近にいる大人から受け止められ、認められることで初めて自分を十分に発揮して周囲の環境に関わっていくことができます。そのため保育者には、常に子どもの思いを受け止めながら、それに対する関わりが求められます。一日の生活の流れを見通して、静と動のバランス良く活動できるように調整することも大切でしょう。

計画・評価

> 計画をつくり、それをもとに保育を行ない、評価していく中で保育の改善を重ねていく必要があります。

養護／計画・評価

保育者一人ひとりが保育の振り返りをしよう

まずは保育者一人ひとりが立案し、行なった保育を振り返ることから始めましょう。その過程で、子どもへの理解を深めます。肯定的な視点で子ども一人ひとりの良さを認め、また自らの保育の改善点を把握しましょう。

保育者間で共有しよう

職員間でも振り返りを行なってみましょう。そうすることで、互いの理解と協働性が強まります。その保育の見直しが、日々の指導計画の見直し、ひいては全体的な計画の改善へとつながっていきます。

いろいろポイント

幼稚園・保育園・認定こども園、どんな施設であっても、知っておきたいポイントについて大切なところを確認しておきましょう。

健康状態の把握から始めよう

　子どもの生命を守ることと、心の安定を保つことは保育の基本です。養護の考え方にも重なる部分なので、まずはその認識をもちましょう。

　子どもの発達の状態と、日々の子どもの健康状態を確認することは重要です。0・1・2歳児の場合には、睡眠時の観察も十分に行ない、安全な午睡環境の提供にも努めましょう。

日々の生活で、「食」を楽しいと思えるように

　日々の食事や野菜の栽培、収穫した食材での調理などの経験を通じて、食べることを楽しいと思えるようにすることが食育の大きな意義です。領域「健康」とも密接な関連性があることを意識しながら、日々の生活と深く関わっていることに配慮しましょう。伝統的な食文化を扱う際には、栄養士や調理師など多様な人々と連携することも考えましょう。

保育のきほん　健康／食育／安全／子育て支援

安全

事故や災害に備えるための危機管理対策をしよう

保育者は、保育環境の整備や、職員間での打ち合わせなどを通して、日常の安全管理に留意する必要があります。また、ただ子どもから危険な物を排除するのではなく、子ども自らが危険と判断して回避できるような援助も重要です。災害の際は、引き渡しの配慮なども含め、様々な事態を想定しておきましょう。

子育て支援

保護者と子どもの育ちを喜び合おう

まずは子どもの育ちを保護者と共に喜び合えるようにしましょう。保育者の側から押し付けるのではなく、保護者の主体性や自己決定を尊重しながら、子育ての支援をできるようにしましょう。園の保護者には連絡帳や登降園時の会話、行事などを通して子どもの育ちを知らせます。地域の未就園児に対しては親子遊びの講座や給食参観などを開いたりすることも子育て支援の一つです。

専門性

研修を通して
知識・技能の向上を図ろう

　保育の場では、管理栄養士や看護師含め、たくさんの職種の人が働いています。保育者として、子どもとの関わり方や保護者に今行なっている保育を十分に説明できるようにするといった、コミュニケーション力やプレゼンテーション力を向上させましょう。

　また、そのためには同僚と行なう園内研修をはじめとした学びの場や、外部での研修に積極的に出向くことも大切です。

認定こども園

多様な背景の子どもたちに
配慮しよう

　登園時間、在園時間、入園した時期や在園期間の違いによる園生活の経験など、認定こども園では多様な背景をもつ子どもたちが在園することが、これまで以上に増えてきます。特に安全の確保や1日の生活のリズムを整えるよう工夫することが大切です。子ども一人ひとりと信頼関係を結び、生活が安定に向かうためにも保育者間での情報の共有などを大切にしましょう。

ここまでは、どんな施設形態でも共通して知っておきたい健康・安全・食育・子育て支援などのポイントについて伝えてきたけど、OKかしら？

最後に、知っておいてほしい病気や災害時の持ち出しグッズについて説明するわね！その前に…保育者としてレベルアップするためのポイントを3つ紹介しておくわね！

❶ アプローチできる物を増やしてみよう

子どもの思いに応える際、保育者の教材などへの知識が多いほど、より寄り添ったものを選ぶことができます。素材の良いところや特徴を把握しておきましょう。

❷ 環境について、見える物を増やそう

環境に危険な物がないかどうか、子どもの発達に沿っているかなどはただぼんやりと見ていてはなかなか見えてこないもの。他の保育室も参考にしながら気付きを増やしましょう。

❸ 子どもの声を聴こう

保育を組み立てるうえで必要な興味・関心は日々の子どもの声に耳を傾けるところから始まります。

保育のきほん　専門性／認定こども園

おさえておきたい 基本の病気

園でよく流行する感染症について、その症状と予防・拡大防止のために必要なことをまとめました。

インフルエンザ

症状：感染後1〜4日間の潜伏期を経て高熱が3〜4日間続きます。全身の倦怠感や関節痛、筋肉痛、頭痛が伴い、咽頭痛、鼻汁、せきなどが出ます。一週間ほどでよくなります。

予防・拡大防止策
ワクチンの接種：乳幼児ではワクチンの有効性が低いので2〜4週間あけて2回の接種が望まれます。
マスクの装着：患者発生時は全員がマスクの装着を心掛け、せきやくしゃみの際には人に向かってしないことを徹底しましょう。
手洗い・消毒：手洗いなどの手指衛生を心掛け、またつばなどの体液がついたものを中心にアルコールによる消毒を行ないます。

麻しん

症状：38℃以上の高熱、せき、鼻汁、結膜充血、目やにが見られます。熱が一時下がってから再び高くなり、耳後部に赤みが強く少し盛り上がった発しんが現れます。

予防・拡大防止策
ワクチンの接種：入園前の健康状況調査で、ワクチンの接種歴を確認します。未接種の場合には接種を強く勧めましょう。解熱した後は、3日を経過するまで登園を避けるように保護者に依頼します。

腸管出血性大腸菌感染症

症状：激しい腹痛とともに、頻回の水様便や血便の症状があります。発熱は軽度です。血便は初期では少量の血液の混入で始まりますが、次第に血液の量が増加し、典型例では血液そのものといった状態になります。

予防・拡大防止策
食材の管理：適切な温度で食材を保管したり、十分に加熱調理をしたりして、衛生的な取り扱いに留意します。
手洗いの励行：接触感染の対策として最も重要です。日頃から心掛けましょう。

ノロウイルス

症状：潜伏期間は12〜48時間で、嘔吐、下痢、腹痛、発熱などの症状が出ます。通常3日以内に回復します。嘔吐、下痢が頻繁の場合、脱水症状を起こすことがあるので尿が出ているかどうかの確認が必要です。

予防・拡大防止策
別室への移動：感染を防ぐために、換気しながら周りの子どもたちを別室に移動させます。職員は速やかに汚染物を処理します。
消毒：次亜塩素酸ナトリウム0.02％（糞便・おう吐物の場合は0.1％）で消毒します。バケツ、手袋、エプロン、使い捨ての雑巾やペーパータオルなどはひとまとめにしてあらかじめ準備します。

防災 のための注意点

持ち出しグッズや注意事項など、災害時の被害を少しでも減らせるようなポイントです。

持ち出しグッズはこれ！

- クラフトテープ
- 紙
- フェルトペンなど筆記用具
- 軍手
- お尻拭き
- 紙オムツ
- ウェットティッシュ
- バスタオル
- ビニール袋・ゴミ袋
- ホイッスルライト
- お菓子
- 着替え
- ミネラルウォーター

保護者と共通で認識しておきたい事項

　災害のときには何かと想定外のことが起こります。引き渡しの方法や緊急連絡先も、祖父母や、近隣の住民など、保護者以外の場合も考えておく必要があります。また避難先についても、認識を共有しておきましょう。

避難訓練の注意事項

　雨の降っている日など、いつもと違う状況での避難訓練も想定しておきましょう。保護者と連携した引き渡し訓練も経験しておく必要があります。また、アレルギーをもつ子どもにも配慮が必要です。

参考：想定外から子どもを守る 保育施設のための防災ハンドブック（経済産業省・平成24年）

0歳児保育のきほん

生活と遊び両面の子どもの発達と、
指導計画の書き方の基本を解説しています。

- 0〜5歳児の発達を見通そう　編集／『月刊 保育とカリキュラム』編集委員
- 発達と生活・発達と遊び　監修・執筆／塩谷 香（國學院大學特任教授、NPO法人「ぴあわらべ」理事）
- 指導計画のきほん　監修・執筆／神長美津子（國學院大學教授）

※発達と生活・発達と遊びは、『月刊 保育とカリキュラム』2015年度の連載『0〜5歳児　発達と保育』に加筆・修正を加え、再編集したものです。

0〜5歳児の発達を見通そう

担当する年齢の発達に加え、0〜5歳児の発達過程を見通し、日々の保育や指導計画の参考にしましょう。

※全ての子どもにあてはまるというわけではありません。

0歳児 / 1歳児 / 2歳児

発達の過程
※柴崎先生による

0歳児: 特定の保育者との情緒的なきずなが形成され、寝返りやお座りができるようになる。周囲の環境に自発的に興味を示すようになり、手を伸ばして触り、口に持って行くようになる。また自分の気持ちを、表情や喃語などで表現する。

1歳児: 一人で歩き始めるようになり、自分から周囲の環境を積極的に探索するようになる。親しい保育者には簡単な言葉を用いて要求や思いを表現するようになるが、知らない人に対しては人見知りもする。また物を見立てて楽しむようになる。

2歳児: 手指や体の運動能力が向上し、生活習慣を自分から進めていこうとする。だが自我の芽生えや言葉の発達に伴い、自己主張も強くなり友達との物の取り合いが多くなる。また好きなヒーローなどになり切る遊びが盛んになる。

子どもの姿

0歳児

ごくごく飲んで、ぐっすり眠る
生活リズムが大切にされることで、生理的欲求、依存的欲求が満たされ、生命の保持と生活の安定が図られます。清潔で気持ちの良い生活をします。

だっこ 大好き
だっこでにっこりと見つめ合ったり、笑顔を交わしたり、優しく話し掛けてもらったりなど、特定の保育者との愛情豊かで応答的な関わりにより、情緒が安定します。

手足ぐんぐん・伸び伸び
首が据わり、寝返り、腹ばいなど、全身の動きが活発になり、自分の意思で体を動かそうとします。

なんでも、口で試してみたい
オッパイを吸って、たっぷり口唇の力を使います。気になるものがあると、すぐに口元へ持って行き、口の中で感触を確かめ、試してみようとします。

ねえ、ねえ、こっち見て・喃語
泣く、笑う、喃語を発するなどで、自分の欲求を表現して、特定の大人と関わろうとするようになります。

おんも(お外)、大好き!
安心できる人的・物的環境の下で、見たり触ったりする機会を通して、周りの環境に対する興味や好奇心が芽生えてきます。

先生がいるから遊べるよ
保育者に見守られて、玩具や身の回りのもので一人遊びを十分に楽しむようになります。

1歳児

おいしく食べて、よく眠り
楽しい雰囲気の中で、食事、間食をとるようになり、自分で食事をしようとするようになります。安全で健康な環境の中、生活リズムが大切にされ、安心して睡眠をとります。

わーい、歩けた
立って歩き、自分からいろいろな環境に関わろうとするようになります。

自分で、自分で
安心できる保育者との関係の下、食事、排せつ、衣服の着脱などの身の回りのことを通して自分でしようとする気持ちが芽生えます。

なんだろう
手先・指を使って、物のやり取りをしたり、玩具を触ったりなど、探索活動が活発になります。

「マンマ」「マンマ」片言でお話し
応答的な大人との関わりにより、指さし、身ぶり、片言などを使って、自分の気持ちを伝えようとするようになります。

2歳児

よいしょ よいしょ 楽しいね
またぐ・くぐる・走る・よじのぼる・押すなど、全身を使う動きや、つまむ・丸める・めくるなどの手や指を使うことができるようになり、それを遊びとして楽しむことができるようになります。

なんでも「ジブンデ」するの
大人に手助けされながら、食事・排せつ・着替えなど、簡単な身の回りのことを自分でしようとします。「ジブンデ」と、よく言うようになります。

まねっこ、大好き
周りの人の行動に興味を示し、盛んにまねたり、歌ったりするようになります。○○になったつもりの遊び・見立てる遊びが盛んになります。

「なんで?」「これなあに?」
挨拶や返事など、生活に必要な言葉を使ったり、「なんで?」などの質問が盛んになったりします。繰り返しのある言葉を喜んだりもします。

0歳児保育のきほん　0〜5歳児の発達を見通そう

3歳児
生活習慣が次第に自立するようになる。気の合う友達と一緒の遊びが盛んになり、お店屋さんごっこやヒーローごっこなどのごっこ遊びを楽しむようになる。また言葉への関心が強くなり、新しい言葉や直接体験を通した知識を積極的に取り入れていく。

4歳児
幾つかの動きを同時にできるようになり、思い切り走る、ボールを蹴る、回転するなどの動きに挑戦するようになる。友達と言葉により気持ちや意思を伝え、一緒に遊びを進めるようになる。また様々な表現を楽しめるようになる。

5歳児
基本的な運動や生活習慣が身につき、生活や遊びを仲間と協調的に進めていくことができる。友達と協同的な集団活動を展開できるようになり、自分の思いを言葉や様々な方法で表現できるようになる。

健康

【3歳児】見て見て自分で…
食事、排せつ、衣服の脱ぎ着、清潔など、基本的生活習慣がほぼ自分でできるようになり、認めてもらって自信をもち始めます。

【4歳児】何でもひとりでするよ
身の回りの始末はほとんど自分でできるようになり、生活の流れに見通しがもてます。

【4歳児】こんなに動けるよ
全身のバランスがとれて、体の動きが巧みになり「〜しながら〜する」というふたつの動きを同時にでき、片足跳びやスキップができます。

【5歳児】園が楽しい
基本的な生活習慣が自立し、見通しをもってみずから健康で安全な生活（食事を含む）を楽しむようになります。年長児として、年下の子どもをいたわるようになります。

【5歳児】動いて、元気！ 先生より跳べるよ！
目と手と体の全ての部位が自由に動かせるようになり、複合応用運動ができます。

人間関係

【3歳児】「いれて」「だめよ」
初めての集団生活の中で、人と関わることが楽しくもあり、戸惑ったり葛藤したりする姿もあります。

【3歳児】お友達大好き
自我が芽生え、大人との関係から次第に周りの人のことが分かるようになって、友達に興味をもち始め、気の合う友達と遊び出します。

【4歳児】どうぞ、いいよ…
友達の思いに気付き「〜だけど〜する」という自分の気持ちを抑えて我慢をしたり、譲ったりができるようになってくる反面、抑えがきかずトラブルも起きます。

【5歳児】みんなと一緒に！
友達同士の仲間意識ができ、集団を意識するとともに友達のよさに気付きます。また、規範意識が高まり、決まりや時間配分をつくり、園生活を自主的に送ろうとします。

【5歳児】そうだ そうだ わかるよ
友達の気持ちや立場が理解でき、他者から見た自分も分かるようになり、葛藤しながら共感性が高まって、協同しつつ共通の目標に向かう姿が見られます。

環境

【3歳児】何でも触って…
土、砂、水などの自然物や、身近な動物、昆虫などに関心をもち、怖がらずに見たり、触れたりして、好奇心いっぱいに遊びます。

【4歳児】やってみたい！
新しい活動にも取り組めるようになり、試す・工夫する・頑張ろうとするなどの気持ちが見られるようになります。

【4歳児】右足には右の靴だよ
自分の位置を基準にして、上下、左右、前後、遠近が分かるようになり、物を分別したりグループ分けができるようになったりします。

【5歳児】なにか おもしろそうだな
日常生活の中で、数量、図形、記号、文字、磁石などへの理解が深まり、比べたり、数えたり・科学遊びをしたりして興味をもって関わります。

【5歳児】みんな命があるんだね
動植物の飼育栽培など、様々な環境に関わる中で、友達の違う考えにふれて新しい考えを生み出したり、命の大切さが分かったりするようになります。

言葉

【3歳児】おしゃべり大好き
自分の思いを言葉にできることを楽しむ姿が見られます。

【3歳児】「わたし」「あなた」
イメージが豊かになり、ごっこを好み、言葉によるやり取りを楽しむ中で「わたし」などの一人称や、「あなた」などの二人称を使えるようになって喜んで遊びます。

【4歳児】「どうして？」
身近な自然など、興味をもったこと、疑問に思ったことの理由を尋ねたり、試したり、質問したりするようになり、自分のイメージをもって話すようになります。

【5歳児】黙って考えてるの
一人言が少なくなり、自分の行為、計画を頭の中で思考するようになり、言葉で自分をコントロールするようになります。落ち着いて人の話が聞けるようになります。

【5歳児】言葉遊びができるよ
語彙が増え、想像力が豊かになるとともに、日本語の仕組みに気付き、しりとり遊びや逆さ言葉で遊んだり、伝える喜びを感じたりするようになります。

表現

【3歳児】ウサギさんぴょーん
ウサギになって2拍子で跳んだり、ギャロップでウマになったり、リズムを聞き分けて身体で表現したり、盛んに歌うようになります。

【4歳児】こんなのできたよ
自分なりのイメージをもって、身近な素材を使って、描いたり作ったりするようになり、感じたこと、考えたことを表せるようになります。

【5歳児】自分で作ったよ
生活の中での感動によりイメージを膨らませたり、友達の表現にふれたりして、自己表現をしようとするようになります。

【5歳児】みんなで作ったよ
友達と共通のイメージや目的意識をもって、素材や用具を適切に使い、共同でさまざまな表現をするようになります。

（保育年数により経験差が見られる時期ですので、広く捉えてください）

発達と生活

子どもの表情や動きなどをよく観察し、健康状態をしっかり把握すると共に要求のサインを見逃さないようにしましょう。

発達の流れ

生活

0か月

- 乳を飲むたびに度々排せつする
- 1日のほとんどを眠って過ごす
- 視野が広くなり、追視の範囲が広がっていく
- 空腹、オムツがぬれているなど、不快なときに泣いて訴える

保育のポイント

環境・援助

安定した情緒の中で主体性を

🔊 こんなことばがけを

「ミルクですよ」「待ってたね」「よかったね」

子どもには
子どもの思いを代弁するように言葉にして返していきます。

環境構成のポイント
できるだけ家庭と同じような状況で行なうことが大事です。

援助のポイント
目と目を合わせてゆったりとした雰囲気の中で授乳します。

⭐ **やろうとする意欲を褒める**
着脱をするときに、自分から袖に何となく手を通そうとするなど、協力するそぶりを見せることがあります。そんなときは大いに褒めましょう。

⭐ **子どもの思いを読み取り言葉にする**
喃語や表情、しぐさなどをよく観察して思いを読み取り、言葉にして返していきます。言葉への興味や保育者への信頼感につながります。

⭐ **声を出す楽しさを引き出す**

● **くすぐり遊び**
子どもをくすぐって、スキンシップを図ります。楽しい雰囲気の中で、笑いを共有しましょう。

● **口の動きを伝える**
保育者の言葉は、口を大きく動かして、子どもに分かりやすく、はっきりと伝わるようにしましょう。

保護者との共有

家庭との生活の連続性を
家庭での生活の状況をよく聞いて、子どもにとってより良い状況にすると共に園と家庭でできるだけ同じような状況で生活できるようにします。

1か月

- 口唇探索反射（口の周囲に指などを当てると吸い付こうとする原始反射）が見られる
- ガラガラなどをしばらく握っていられる
- 昼間も睡眠と目覚めを繰り返すが、次第に目覚めている時間が長くなっていく

3か月

- ミルクを飲みながら保護者をじっと見つめることがある
- スプーンで湯冷ましや野菜スープなどを口元へ運ばれると取り込もうとする（離乳の準備）
- 昼に起きている時間が長くなる

0歳児保育のきほん　発達と生活／〜3か月

気持ち良くオムツ交換を

🔊 こんなことばがけを

子どもには
きれいになって気持ちが良いことを伝えましょう。

「気持ち良くなったねー」
「のびのびしようねー」

オムツをしていると動きにくいもの。オムツがない状態で動かしてあげましょう。

⭐ オムツ交換のタイミング

オムツは汚れたことに気付いたときに交換しましょう。授乳時の前後などはチェックするようにします。

保護者との共有　スキンシップの良い機会に

オムツを替えるだけでなく、手足をなでたり、くすぐったり、笑顔でコミュニケーションをとる気持ちで行なってください。

⭐ 赤ちゃん体操をしよう
※機嫌の良いときに行ないます。

- **足の曲げ伸ばし**
ゆっくりと無理のない程度に足を曲げたり伸ばしたりします。

- **手足を伸ばす**
手首を持ち、腕を軽く伸ばす（足も同様）。

- **足をさする**
「気持ち良いね」と声を掛けながら、足をさする。

オムツ交換の仕方

「下痢便のときは使い捨てゴム手袋をして交換しましょう。」

❶ オムツを外す
「オムツを替えましょうね」と必ず声を掛け、肌着を脱がせてオムツカバーを開きます。

❷ そっと拭く
便の場合はお尻拭きや布で前から後ろへ、そっと拭き取ります。

❸ 新しいオムツと交換する
乳児の尻を持ち上げ、あらかじめ用意していた新しいオムツを差し込みます。

発達の流れ｜生活

4か月

- 興味を引く物に手を伸ばしてつかむ（リーチング：手伸ばし）
- いつも世話をしてくれる人（特定の保育者や保護者）に笑顔を見せる
- 手に持った物を自らの意思で手離そうとする
- 機嫌が良いときは、声を出したり手足をよく動かして遊ぶ

5か月

- 嫌がらずに顔を拭いてもらう
- 手助けをすると寝返りができるようになる

保育のポイント｜環境・援助

ミルクはゆったりとした雰囲気の中で

こんなことばがけを

「ミルク飲もうね」
「おなかすいた？」
「おなかいっぱいになった？」

子どもには
そのときの子どもの気持ちに寄り添った言葉を掛けましょう。

授乳の環境構成
授乳の部屋と遊びの部屋を分けるなどの工夫をしましょう。

授乳の環境構成
授乳イスやクッションなどを使い、保育者がやりやすいように工夫しましょう。

援助のポイント
授乳方法や与える角度・姿勢は、日によって変えないように。いつも同じやり方で子どもに安心感を！

★ 哺乳瓶と乳首に配慮

基本的には家庭で使用している物と同じにします。子どもの様子を見つつ保護者と相談しながら、①乳首の形状、②穴の数、などが適切かどうかを確認します。

★ 授乳後は

ミルクの温度やキャップを確認し、優しく声を掛けながら口の周りを拭きます。その後、吐乳を防ぐために、必ずゲップ（排気）をさせます。

★ スプーンを使い始めてみる

離乳食の前段階として、4か月頃からスプーンを使い始めてみても良いでしょう。子どもが嫌がらなければ、湯ざましや重湯などを与えることも考えてみましょう。

保護者との共有

授乳はふれあいの時間
子どもと密着するふれあいの時間です。何かをしながらミルクを与えることは絶対に避けたいこと、目と目を合わせてじっくりとしたいことなどを伝えましょう。授乳は、集団生活の園であっても、必ず一対一で行ないましょう。

6か月

- オムツ交換時に盛んに足を動かしたり、声を上げたりする
- 炭水化物を摂取するようになると、便の色が暗褐色になる
- スープ状の物が食べられる
- 生活リズムが安定してきて、午睡は午前、午後、夕方の3回になっていく
- 新陳代謝が激しくなり、夏は発汗が目立つ

清潔な環境を大切に

こんなことばがけを

子どもには
清潔なことが心地良いと思えるようなことばがけをしながら、沐浴・オムツ交換・清拭などを行ないましょう。

沐浴の環境構成
お湯は38度くらいにし、湯温計でこまめに温度確認をしながら行ないましょう。

「気持ち良いねー」

★ 清潔な環境を心掛けて

● 手洗いとアルコール消毒
感染症への対応策として、保育室に出入りする際に手洗いとアルコール消毒をします。

援助のポイント
特に皮膚の感染症がある子どもは、他の子どもとタオルを区別します。

● 玩具は清潔に
口に入れても大丈夫なように、玩具は常にきれいにし消毒するなど、清潔を保っておきましょう。

清拭の仕方

● 顔
ガーゼや柔らかい手拭いを湯で絞り、おでこ、鼻の下、顎…の順に拭いていきます。子どもが嫌がらないよう、声を掛けながら行ないます。

● 体
湯で絞ったガーゼや柔らかい手拭いで顔を拭き、柔らかいタオルで、首・腕・脇の下・胸・おなか・足の付け根・足・背中・臀部(でんぶ)を拭きます。

0歳児保育のきほん｜発達と生活／4か月～6か月

発達の流れ｜生活

8か月

- 食事と排せつの間にはっきり間隔が生じ、排尿の時刻も一定化していく
- 投げ座りができるようになり、オマルや補助便座に座っても安定する
- オムツがぬれていないときに、オマルや補助便座に座ると出ることもある

保育のポイント｜環境・援助

食事をすることに慣れよう

こんなことばがけを

子どもには
子ども用と保育者用のスプーンを（合計2本）用意し、自分で食べたい気持ちを大切にします。

食事の環境構成
収納ボックスや棚、カーテンなどを利用して、食事の場と遊び場を分けましょう。

食事の環境構成
テーブル・イスともに、子どもが安定して座れるものを。

保護者には
子どもの意欲的な場面をたくさん報告しましょう。

「スプーンで食べてみようね」

もぐもぐ

「今日、自分からこんなに食べましたよ！」

⭐ **食べる意欲を手づかみ食べで**
野菜スティックやおにぎりなど、手に持って食べられる形状の食べ物を用意し、手づかみ食べができるようにします。

⭐ **時間をかけすぎない**
1歳前後は、食事中に眠たくなってしまったり、そのため、食べる意欲がなくなってしまったりします。食事時間は20分程度までと考えましょう。

うとうと…／もうおしまい？

⭐ **スプーンに興味をもったら**
スプーンやコップに興味をもったら、子どもの手に持たせ、保育者が手を添えましょう。「自分で食べた・飲んだ」という喜びが感じられます。

保護者との共有

アレルギーへの対応
保護者からアレルギーの状況を聞いておき、保育者全員で共有し、個別対応をしていきます。

9か月

- 午睡の時間が一定になってくる
- 「ちょうだい」というと、持っている物を渡す
- 指さしの意味が分かり、保育者の指さしした物の方向を見ることができるようになる

0歳児保育のきほん　発達と生活／8か月～9か月

安心して眠れるように

睡眠の環境構成
小さめのボリュームでBGMを聞くことで、"これから寝るんだ"という認識につながります。

保護者には
家庭での状況とできるだけ同じにするために、情報交換を行ないます。

こんなことばがけを

「〇〇と一緒にねんねしようね」

子どもには
安心が睡眠の条件です。安心できるよう、毛布やタオル・玩具など、なるべく家庭と同じように眠れるようにしましょう。

「おうちでは、どんなふうに眠っていますか？」

★ 睡眠を不安がる子どもには

寝る場所は、一度決めたらあまり頻繁に変えないようにしましょう。必要なら、保育者が添い寝をして、そっと語り掛けるなど個別に援助しましょう。

★ 家庭と同じように

スキンシップ（顔や背中をなでる、軽くポンポンとたたく　など）をしながら声を掛けるなど、その子どもが好むスタイルを見つけていきましょう。家庭と同じようにすると効果的です。

★ リラックスして入眠

入眠前にふれあい遊びをしたり、おんぶをして子守歌を口ずさんだりすると、リラックスして寝つきがよくなります。

保護者との共有

安心の睡眠環境を家庭とつくりましょう

子どもが安心して眠れるような状況を園でも家庭でもつくる必要があります。まずは、子どもの睡眠の重要性を保護者に理解していただき、それからお互いの状況を伝え合いつつ、一番良い方法を共に考えていきましょう。

発達の流れ｜生活

11か月

- 慣れない味や食感の物を食べようとしないこともある
- スプーンに興味が出て、自分で持とうとする
- 好き嫌いや味の好み、食べ方がはっきりしてくる

保育のポイント｜環境・援助

片付けられた心地良い環境を

こんなことばがけを

子どもには
保育室は常に清潔で整えられた状態にしておき、子どもにとって気持ち良いと感じられるようにしましょう。

「きれいになって気持ち良いね」

★ いつもきれいにしておく
片付けようとする気持ちは、周囲の環境がどのような状態であるかで決まります。いつもあるべきところに物があることを気持ち良いと感じられるよう、気持ち良く整った環境にしておきます。

「おかたづけできたね」

★ 楽しくお片付け
「ちょうだい」と言って、箱に遊び終わった玩具を入れてもらいます。入ったら「お片付けできたね」と言葉で伝え、これらを繰り返し楽しみます。最後は「きれいになって気持ち良いね」と伝えましょう。

保護者との共有

気持ち良く安心できる環境を
寝返りやハイハイを十分にさせてあげられる環境にしましょう。もちろん清潔や安全にも十分に注意してください。乱雑だと事故にもつながりかねません。玩具以外の物は赤ちゃんの手の届く所にはなるべく置かないように収納し、すっきりと気持ち良く過ごせるように整った環境の意味を保護者にも伝えるようにしましょう。

1歳

- 離乳食から幼児食に移行していく
- 保育者の「おしっこしようね」という声掛けで、トイレに連れて行くと座り、出たらのぞき込んだり泣いたりなどの反応を示す
- 便器に座っているときは、なかなか出ず、下ろした途端緊張が緩んで出てしまうことがある

オムツの時期から補助便座を使ってトイレに慣れる

こんなことばがけを

「わー、すごい！おにいちゃんになったね！お母さんに教えてあげようね」

子どもには
トイレで排せつができたら、おおげさに褒めましょう。それを見た他の子どももトイレでしたくなります。

トイレの環境構成
トイレットペーパーは子どもが切るのは難しいので、あらかじめ1回分をウォールポケットに入れておきます。

トイレの環境構成
冷たいトイレはNG。床にマットを敷いたり、便座カバーを付けたりしましょう。

「△△の補助便座がいいって○○ちゃんのママも言っていましたよ」

「うちだけしていないのかしら。やってみよう」

保護者には
強引に勧めるのではなく、やってみたくなるような話し方を心掛けましょう。

⭐ トイレに慣れる
オムツがぬれていないときにトイレに連れて行って座り、慣れるようにしていきましょう。

⭐ 明るい雰囲気のトイレに
子どもにとって親しみやすい場となる雰囲気づくりをしましょう。トイレは清潔で温かく、子どもが好きな写真を貼るなどし、オムツを外す前から「トイレに行きたい」と思わせる場所にします。

⭐ トイレへの誘い方

● 楽しそうに
「○○ちゃんと一緒に手をつないで行ってみよう！」などと楽しげに誘ってみましょう。できなくても、まずはトイレまで行くことから始めます。

● この時期の排せつのサインを見逃さない
排せつの際には、急に止まって踏ん張る、お尻をたたくなどのサインを出すことがあります。個別のサインを把握しましょう。

発達の流れ　生活

1歳

- 排せつがないと便器をまたいだまま立ったり座ったりする
- ズボンを引っ張ったり、トイレを見たりして、動作で告げることもある
- ズボンを下ろして脱ごうとする

- 「ウン（大便）」と「シー（小便）」とが、大体理解できてくる
- 排せつの間隔が定まってくる
- オムツを取ると大変喜び、歩行を中心に運動が活発になる
- オムツが外れている子どももいる

- 尿意を感じたり出てしまったりした後に、大人に「シー」と意思表示をする子どももいる

保育のポイント　環境・援助

言葉とマークで分かるように

🔊 **こんなことばがけを**

子どもには
衣類や靴など置き場所を確認させることばがけをすることで、着脱に主体的になっていきます。

着脱の環境構成
自分の服が分かるように、服の置き場所にマークを貼るなど工夫しましょう。

着脱の環境構成
マーク以外にも、その子どもの顔写真を貼ると、保護者にも分かりやすく、よいでしょう。

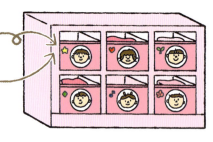

「○○ちゃんのパンツはどこにあるかな？」

⭐ 言葉で知らせる

● **毎日の習慣に**
毎日のルーティンワークなので、言葉は掛けずに見守るようにします。困っていたり、できなかったりしたときは、「終わったらお着替えね」などと声を掛けます。

「終わったらお着替えね」

● **どうするか伝える**
自分でズボンなどを脱ごうとしている子どもを手伝うとき、保育者はさりげなく手伝いながら「足出てきたかな？」など手順を知らせていきます。

「足出てきたかな」

⭐ 子どもの動線を考えて
着替えをする場所は玩具などが目に入らないように片付ける、布を掛けるなどして、集中できる環境を整えます。子どもが見通しをもてるように「着替えたらお布団に行こうね」などと伝えましょう。

⭐ 見守っていることを伝える
自分でやろうとしているときは、「先生が見ていてあげるからね」と、見守っていることを伝えて安心できるようにしましょう。

「先生が見ていてあげるからね」

保護者との共有
脱ぎ着しやすい服装をお願いする
園では子どもが着やすく脱ぎやすい物を準備してもらいましょう。ベルトやフード付きは避けてもらうのが無難です。

- 衣服が砂や泥などで汚れたら払おうとする
- 帽子をかぶると外出することが分かるようになる
- 手洗いをしようとする

0歳児保育のきほん　発達と生活／1歳

きれいになったことを感じよう

🔊 こんなことばがけを

「見てみて、きれいになったね」

子どもには
したことを振り返って確認させます。きれいになったことを気持ち良いと感じるようにしましょう。

「上手にできたね」

保護者には
子どものやる気が出るようなことばがけをしましょう。

「『上手にできたね！』って言うとやる気が出るみたいです」

⭐ 進んで手洗いをすることばがけ

● **あわあわ、いっぱいしようね**
手洗いが楽しくできる歌をうたったり、洗う様子を「お山洗い（手の甲を洗う）」「オオカミ洗い（爪の間を洗う）」というように例えてみたりするのもよいでしょう。

● **おにいちゃんだね**
「上手にできたね、おにいちゃんだね」とことばがけをします。子どもの大きくなった様子にふれ、自信がつくようにしましょう。

● **バイキンさんバイバイ**
「きれいにして、バイキンさんバイバイしようね」などと、たとえ理解はできなくても、きれいにする意味を伝えていきましょう。

● **お手てがきれいになったから…**
「お手てがきれいになったから、ごはんを食べようね」などと、手洗いがなぜ必要か、そして次にどうつながるのかを伝えます。毎日の生活習慣として行動するものであると教えていきます。

保護者との共有
保護者への伝え方
保護者に「うがいや手洗いをやろうとしていますか？」と聞き、園での様子を伝えて参考にしてもらいます。保育者はしかったりせず、できるよう工夫を伝えましょう。

発達の流れ｜生活

1歳

- 耳をかいたり、目をこすったりと、眠くなる前に決まった動作をする
- いつも使っている自分の持ち物や、毎日使っている物の場所が分かる
- 大人の行動をまねしようとする
- 着脱や食事の際、自分でしようとする範囲が広がる

保育のポイント｜環境・援助

ぐっすり眠れるように

こんなことばがけを

子どもには
疲れていることが自分で分かり、寝たくなるようなことばがけをしましょう。

睡眠の環境構成
BGMを静かに流す、照明を少し暗めにするなどの工夫を。

「たくさん遊んだから、眠たいね」
「ねんねしたら、○○して遊ぼうね」

「午睡であまり熟睡できなかったようです。おうちでは、どんな様子ですか？」

保護者には
家庭と協力して、子どもの体調に配慮しつつ、十分に休息がとれるようにしましょう。

★ 挨拶をしっかりと
「おやすみ」「おはよう」を必ず言うようにします。挨拶をするのが楽しくなるように、保育者が率先して笑顔で言うようにしましょう。

★ 食事中に眠くなったときは
無理に食事を続ける必要はありません。様子を見ながら時間帯を工夫するなど、無理をさせないようにしましょう。

★ 好きな物と一緒に
泣いたり不安を感じたりしているようなときは、自分で好きなタオルや玩具などを選んで、一緒に眠るのも良いですね。「今日はどの子と一緒に寝る？」と声を掛けても良いですね。

1歳半

- 膀胱の機能が発達し、昼間の排尿の間隔が2時間程度、空くようになってくる
- トイレに興味をもち、他児のしている様子を見ている
- 出てしまったときは「シーシ」「タ、タ」と伝えに来ることもある
- 括約筋が働いて、少しの間は我慢できるようになってくる
- スプーンなど、しっかり握れるようになってくる
- ズボンを下ろして脱ぐことができる
- 嫌いな食べ物は食器を押し返すなどして、食べようとしないこともある
- 昼間に起きて活動する時間が長くなり、午睡は午後の1回になっていく

トイレに行くのが嫌になってしまったら…

🔊 **こんなことばがけを**

「明日はやってみようね。本当はできるもんね」
「何が嫌だったのかな？」

子どもには
「本当はできるんだよね」と励ましながらも、「何が嫌だったのか」原因を探りましょう。トイレが嫌だと思う理由が必ずあるはずです。

⭐ 原因別対処法

● **トイレが寒い、便器が冷たい**
寒い冬、お尻を出しての排せつですから、便器が冷たくてひやっとしたら嫌になってしまいますね。床にはマット、便座にはカバーをするなどしましょう。必要なら暖房も。

● **トイレが暗くて怖い**
トイレの照明が暗いと怖いと感じる子どももいます。夕方や夜まで長時間いる子どもはなおさらです。明るい照明にしましょう。

● **遊びに夢中で…**
楽しい遊びに集中していると、誘ってもなかなか行こうとしないときがあります。トイレに立ってしまうと遊びが終わってしまう、使っていた玩具がなくなってしまうなどと考える子どももいるので、大丈夫と安心させて。

● **臭い匂いが嫌**
言うまでもありませんが、清潔を心掛け、まめに掃除をしてください。流し忘れなどもよくあるので、時々点検しましょう。芳香剤は強すぎないように。

保護者との共有
行きたがらない理由を理解して
便座が冷たい、トイレが暗い、流す音が大きくて怖いなど子どもなりに理由があります。家庭でも原因を考えてみていただきましょう。

発達の流れ｜生活

1歳半

- スプーンを使って食べ物を口に運ぼうとする
- コップを両手に持って、スープ、お茶、牛乳などを一人で飲む

- 脱いだ衣服を自分のロッカーやカゴに入れようとする
- 「お口はどこ？」「お鼻は？」などと聞かれると、自分の体の部分を指す
- うがいをしようとする
- 不潔と清潔の違いが分かる

- 自分と他人の持ち物の区別に気付き始める
- 「〜がしたい」「じぶんでする」という思いが強くなる
- 「イヤ」「ダメ」「シナイ」など否定の言葉をよく使うようになる

保育のポイント｜環境・援助

自分で食べる意欲を

🔊 **こんなことばがけを**

「○○ちゃん、食べられたの？良かったねー！」

子どもには
褒められている友達を見て、「自分も…」と思うかもしれません。楽しい雰囲気を大事にしましょう。

★ **介助の大人は近い距離に**

保育者は、こぼした物を片付ける台拭きや容器、お代わり分を入れた皿などをあらかじめ用意しておくなどして、いつも子どもに近い距離で介助するようにしましょう。

★ **生活の中で手指を器用に**

器にフラワーペーパーを丸めた物やビーズなどを入れ、もう一つの器にスプーンで移して遊んでみましょう。

★ **憧れの気持ちから**

特に好き嫌いがある子どもには、その子どもの憧れの存在（「パパ」「○○マン」など）を使って「全部食べられたね。○○みたいになれるかな？」などと褒めます。

保護者との共有
園で使用している食具を知ってもらう

食具が上手に使えない子どもには、「子どもが使いやすい物を使ってください」といっても保護者には分からないかもしれません。園で使用している物を実際に見ていただいて参考にしてもらいましょう。

スプーンの持ち方

❶ **〜1歳6か月頃は**
手のひら全体で握るようにします（上握り）。

❷ **〜2歳頃は**
手のひら全体で握るようにします（下握り）。

❸ **2歳過ぎからは**
鉛筆の持ち方で握ります。

発達と遊び

子どもの興味や関心は、手の届く範囲や移動距離、目線など発達に伴って変化していきます。その都度環境を整備するようにしましょう。

発達の流れ

遊び

0か月
- 浅い眠りのときに微笑のような表情（生理的微笑）を浮かべることがある
- いくつかの原始反射（モロー反射、吸啜反射、口唇探索反射、把握反射など）が見られる
- 手に持ったガラガラを振ったり、口に入れたりする

4・5か月
- 「いないいないばあ」を喜ぶ
- 「アー」など母音から始まり、やがて「ブー」「マンマン」など、子音や反復する喃語が出始める
- あやされると笑うようになる（社会的微笑）

保育のポイント

環境・援助

親しい大人との関わりで

こんなことばがけを

（子どもの「アーアー」に合わせるように）
「うん、うん、なあに？」
「楽しいね」

子どもには
保護者や保育者など身近な人が「自分に興味をもってくれている」「愛情を示してくれている」という気持ちが子どもに伝わるようにしましょう。

環境構成のポイント
保育者に親しみと安心感がもてるよう、ゆったりとした雰囲気を演出しましょう。

⭐ 気持ちを代弁して語り掛ける
オムツを替えた後に「気持ち良いね」と言ったり、授乳後に「おいしいね」と言ったりするなど、優しいまなざしで子どもの気持ちを代弁しましょう。

⭐ 信頼関係を築く遊び
- **いないいないばあ**
顔を注視する遊びです。声やリズム、表情に変化をつけましょう。
- **だっこしてギュッ！**
密着して、温もりを感じられる遊びです。声や動きにめりはりを付けながら取り組んでみましょう。

⭐ 「いつもと違う」を察知する
子どもの顔色や表情、反応などの小さな変化でも「いつもと違う」様子があれば、キャッチして反応しましょう。子どもとの間に信頼関係が築かれます。

保護者との共有

保護者に安心感を持ってもらうように
保育の中で子どもに少しでも変わったことがあれば、保護者に伝えましょう。「うちの子のことは、この先生に聞けば分かる」という安心感を持ってもらえます。

発達の流れ｜遊び

6か月

- バイバイなど、簡単な身振りをまねする
- 自分の名前が呼ばれるとその方向を見る
- 人見知りが始まる

保育のポイント｜環境・援助

関わりたくなる環境づくりを

🔊 こんなことばがけを

子どもには
目に留まったり、手に触れたり、口に入れたりしたときの子どもの気持ちを代弁して、共感しましょう。

★ 手に触れる物で遊ぶ

親指が開くようになると、手に触れた物を握ったりなめたりして確認します。例えば、ゴムに荷物の持ち手部分を付けた物を上から下げて、握ったり引っ張ったりを楽しめるようにするなど、握りやすい形や触りたくなるような素材の玩具を用意しましょう。

環境構成のポイント
ゴムや持ち手に色紙や鈴を付けるなど、見て楽しんだり、音を出して遊んだりできる工夫をしましょう。

★ 手作り玩具（例）

●ガラガラ・布絵本
タオル地やフェルトなど、触って気持ちの良い素材を使いましょう。

●ペットボトル転がし
ペットボトルに洗濯のりを溶いた水とカラフルなビーズやセロハンなどを入れて蓋をし、ビニールテープなどでしっかり留めます。子どもの視線の先に転がして遊びます。

保護者との共有

安全を確認
手足が十分に動くようになってくると、手に届く物を何でも触ったり、口に入れて確かめたりします。誤飲防止のため、直径40mm以上の物が目安となること、また、子どもの周辺には、触ったりなめたりしても安全な物を用意することを、家庭と確認しておきましょう。

9か月 〜 1歳

- 特定の保育者や母親の後を追う「後追い」が盛んになる

- ずりばい、四つばい、などのハイハイで移動する

- 言葉をまねたような声を出す
- ボールなどをやり取りする「やりもらい遊び」ができるようになる

愛着関係を築いて探索活動を

🔊 こんなことばがけを

子どもには
行動範囲が広がり、興味をもった物に近付いていきます。一緒に共感して指さしをしながら興味を広げていきましょう。

そうだね。これは〇〇だね

ブー

保護者には
ふだん興味をもっている遊びについて、詳しく伝えるようにすると、家庭での生活のヒントになります。

〇〇ちゃんは、△△のような遊びが大好きですね

⭐ 指さしには…

● **代弁しよう**
子どもが指さしをしたら、要求の意味を理解し、「あっちへ行きたいのね」「これは〇〇だね」と、一つひとつ丁寧に代弁しましょう。

⭐ 一緒に探索

一緒に戸外に出て、探索しましょう。子どもが動物や植物などを指さししたら「〇〇だね」などと言葉を添え、認めてもらえる安心感を与えつつ戸外への興味を広げていきます。

⭐ 安心させつつ人への興味を

● **人見知りには**
人見知りをするのは、その人に興味や関心をもった証拠でもあります。保育者は笑顔で、「大丈夫よ」と子どもが安心できる言葉を掛けましょう。

大丈夫よ

● **後追いには**
後追いは、親しい大人を「この人は安心」と見分けている証拠です。「すぐ戻って来るからね」と言葉を掛け、子どもを安心させてから、移動するなどしましょう。

0歳児保育のきほん　発達と遊び／6か月〜1歳

発達の流れ｜遊び

1歳

- 保育者が指をさした方を見たり、興味がある物を指さしで示したりする

- 話す言葉数よりも、はるかに多くの単語や名前を理解できている
- 「ちょうだい」など、生活に必要な言葉が分かり、動作と結び付くようになる

- 手を支えてもらい、歩き出す
- 一人歩きを始める
- 並行遊びをする

保育のポイント｜環境・援助

楽しくハイハイをしよう

🔊 こんなことばがけを

子どもには
子どもが「ハイハイしてみたい」と思えるように、褒め、援助します。

環境構成のポイント
床に敷く物は、毛足の長い物は避け、肌触りの良いタオルやキルティングマットなど、全身運動がしやすい物を選びましょう。

★ ハイハイで遊ぶ

● **坂上がり**
巧技台や斜面板などの板を、上がったり下がったりして遊びます。傾斜角度は発達に合わせて調整しましょう。

● **トンネルくぐり**
段ボールなどでトンネルを作り、子どもを向こう側から呼びます。出入り口にスズランテープなどのカラフルなひもなどをたくさんつるして、興味を引き出したり、顔に触れる感触を楽しんだりしても良いでしょう。

一人立ちへの大まかな流れ

※ハイハイをせずにつかまり立ちしてしまう子どももいますが、十分にハイハイをさせてから立つへ移行できるよう環境を工夫しましょう。

 ●ずりばい ➡ ●四つばい ➡ ●高ばい ➡  ●つかまり立ち ➡  ●一人立ち

- 自分と他人の持ち物の区別に気付き始める
- 大人のまねをし始める
- 転びそうになると、両手を前に出すパラシュート反射が出る
- 手すりを持って階段を上り下りする

感情を出そう

🔊 こんなことばがけを

子どもには
子どもの感情の原因を考えたことばがけをしましょう。

環境構成のポイント
保育室を「小さなおうち」(家庭)のような雰囲気にしましょう。

〇〇が嫌だったのね

今日は、「おいしい」ってほっぺをたたいて教えてくれましたよ

保護者には
子どもがどのような言葉や動きで感情を伝えようとしていたのか、情報交換をするようにしましょう。

⭐「イヤイヤ」には
子どもが怒る、泣くなどの感情表現を表したときには、「そんなに嫌だったのね」と気持ちをしっかりと受け止め、子どものメッセージには言葉で返しましょう。

そんなに嫌だったのね

⭐ スキンシップを
スキンシップなど、一対一の関わりを増やして、子どもが安心して感情を表出できるよう働き掛けましょう。

⭐ 感情と指さしの意味を結び付ける
食べ物の絵本を読んでいるときなど、子どもが絵を指さしたら、「おいしそうだね」など子どもの思いを代弁してみます。口を動かすなどをしたら、「おいしい?」「どんな味がするかな?」などイメージが広がるような言葉を掛けます。

どんな味がするかな?

⭐ おとなしい子どもの感情表現を見逃さないように
感情表現が穏やかな子どもは、それに気付いてあげられないと、感情を外に出さなくなってしまうことがあります。快・不快などの小さな感情表現を見逃さないように注意しましょう。

その子が好きなのね

援助のポイント
ちょっとした表情の変化が見つけられたら、「これ好きなの?」「良かったね」など、声を掛けましょう。

0歳児保育のきほん　発達と遊び／1歳〜1歳半

発達の流れ／遊び

1歳半

- 手の細かいコントロールが進む
- 「イヤイヤ」をしたり、自分の欲求を通そうとしたりするが、雰囲気で気が変わりやすい

- クレヨンでなぐり描きをする
- 歌や音楽に合わせて体を動かす

- 意味がある言葉を話したり、「ワンワンはどこ？」など簡単な問い掛けに指さしなどで応じたりする

保育のポイント／環境・援助

表現活動への興味を広げよう

 こんなことばがけを

「パチパチ 上手だねー」

子どもには
保育者も一緒に行ない、楽しそうな雰囲気づくりを心掛けます。子どもの様子を見守りながら、声を掛けましょう。

保護者には
子どもが楽しんでいる様子を伝えると、家庭での遊びのヒントにもなります。

「〜ちゃんは○○の歌が大好きで、今日もすごく楽しそうでした。」
「いつも楽しそうにパチパチしています。」

★ いろいろな素材や画材に触れよう

● **紙（新聞紙・フラワーペーパー　など）**
丸めたり、ちぎったり破ったりして遊びます。

● **小麦粉粘土**
伸ばす、つつくなど形を変化させたり、柔らかい感触を楽しんだりします。

● **パス・ペンなど**
思い掛けず描いた線や塗りを楽しみます。

★ リズムに合わせて体を動かすことを楽しむ

● **音楽を流す**
童謡などの音楽を流します。音楽に反応して揺れるなど体を動かしていたら「楽しいね」などと保育者も共感しながら一緒に体を動かします。

● **いろいろな動きを楽しむ**
いろいろな動きを子どもたちが自由にできるヒントになるように、保育者がいろいろな動きを試してみましょう。子どもが手などを動かしていたら、「〜みたい。上手だね」などとことばがけをしながら続けます。

- 押す、つまむ、めくるという動作ができる
- 「いや」「だめ」「しない」など否定の言葉をよく使うようになる
- 友達の玩具を取ったり、取り合いになるとかみついたりする
- 簡単な歌をうたったり、リズム遊びをしたりする
- 物に名前があることに気付き始める
- 「お口はどこ？」「お鼻は？」などと聞かれると、自分の体の部分を指さすようになる

言葉を使うことを楽しめるように

🔊 こんなことばがけを

子どもには
ままごと遊びでは、日常生活に使う言葉をはっきりと分かりやすく伝えましょう。

環境構成のポイント
挨拶や決まり言葉を楽しく遊びの中に取り入れていくことで、言葉の使い方を学ぶこともできます。

保護者には
子どもの「これなに？」に答えることが大変だということを受け止めつつ、子どもにとって大事な時期であることを伝えます。

言葉を学んでいるところなので、大人の言葉をよく聞いていますよ

「これなに？」に一つひとつ答えるのは大変ですが、答えてあげてくださいね。

⭐ 言葉を知る、楽しむ

読み聞かせでは、子どもの反応をよく見て、言葉を代弁します。例えば、リンゴを指さしたら「今日食べたリンゴ、おいしかったね」「赤いね」など、やり取りのきっかけにしましょう。

援助のポイント
言葉の繰り返しや楽しい響きのある言葉が出てくる絵本を選びましょう。

環境構成のポイント
表紙が見えるように棚に並べましょう。

⭐ 言葉を広げる

子どもが理解したり、発したりした単語に「大きいお山作ったね」「お砂、サラサラだね」など、共感しながら形容詞や副詞を付けて言葉を広げていきましょう。

援助のポイント
大きい←→小さいなどの概念も徐々に理解し始めます。比べる言葉を遊びの中で使っていきましょう。

0歳児保育のきほん　発達と遊び／1歳半～

指導計画のきほん

指導計画の仕組みと、様々な項目の書き方・考え方について見ていきます。

指導計画ってなぜ必要?

　指導計画とは、保育が行き当たりばったりにならないようにするためのものです。ざっくりとした計画で偶然に任せるような保育では、子どもが育つために必要な経験を得る機会を保障していくことはできません。しかし反対に、育てたい思いだけを書き込んだとしても、子どもの主体的な活動を確保できる訳でもありません。

　一人ひとりの発達を保障する園生活をつくり出し、またそれが子どもの視点に立ったものであることを意識するために、指導計画は必要なのです。

カリキュラム・マネジメントって?

　カリキュラム・マネジメントとは、計画を作り、それをもとに保育を行ない、その後評価していく中で、保育の改善を重ねていく一連のサイクルのことです。

　園で目指す子どもの育ちに向けて、教職員全体で組織的に行なう必要があります。

　園全体で作る計画はもちろん、日々の月案・週案にも関わってくる話です。作った計画が実情に合っていたかどうか評価し、常に改善していくことは、園の保育の質の向上と共に、保育者の専門性の向上につながります。

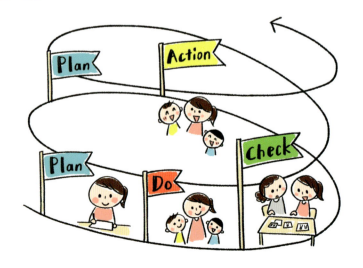

全体的な計画とは

全体的な計画は、<u>子どもが園に在籍している期間の全体にわたって、保育の目標を達成するためにどのような道筋をたどり保育を進めていくかを示すもの</u>です。発達過程に沿い、それぞれの時期の生活や遊びで、子どもがしていく体験とその際の援助を明らかにすることを目的とし、園全体で作成します。

各施設での仕組み

年間計画、月案、週案、など作成する指導計画は全て、この全体的な計画を基盤として考えていきましょう。

〈保育園〉

乳児・1歳以上満3歳未満児にねらい・内容が示され、全年齢に内容の取扱いが示されたことから、あらためてこれらを組み入れながら全体的な計画を作成する必要があります。なお、これに基づいて毎月の指導計画、保健計画、食育計画を立てていきます。

〈幼保連携型認定こども園〉

認定こども園は教育及び保育を行なう学校としての機能と、児童福祉施設としての機能を併せもっており、さらに特色として、子育て支援の義務化が挙げられます。そのため、左の図のような計画に加え、一時預かり事業や延長・夜間・休日保育といった、子育て支援の計画も関連させながら作り上げる必要があります。

〈幼稚園〉

登園してから預かり保育を受けて降園する子どもがいた場合、従来の教育課程だけでは、預かり保育の計画や食育、安全の計画をカバーしきれていない面があります。ですから、保健計画、食育計画、預かり保育の計画などと共により関連させて作成する必要があります。

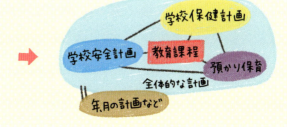

各計画とそのつながり

全体的な計画で考えられた1年間の教育内容をもとに、それぞれの時期に必要な子どもの経験を示します。

　年間計画

それぞれの計画は歯車みたいに連動しているんだ！

長期の指導計画

　月案

その月における子どもの生活の流れを見通して具体的なねらいや内容、環境の構成などを中心に作ります。

1週間の保育記録を読み返し、特によく見られる、またこれまで見られなかった子どもの姿から、「なぜこのような行動をとるのか」「何が育ちつつあるのか」「そのためにどうするのか」などについて検討します。

　週案

短期の指導計画

それぞれの計画が毎日の保育とつながっているんだね！

　日案

特に、前日の子どもの姿から、一人ひとりの行動への理解を深め、それをもとにその日の子どもの活動の姿を思い描きながら、場の作り方や必要な遊具・用具、その配置、保育者の関わりなどを最も具体的に記入します。

※本書の指導計画では…
0歳児の発達は緩やかな生活の流れで見ていくため、月の計画を中心に掲載しています。保育マップには週案的な要素を含んだ例も紹介しています。

毎日の保育

指導計画を書いてみよう

まずは…

立案時にポイントになるのは「子どもの主体性」と「指導の計画性」です。まず子ども一人ひとり異なる発達への理解を深め、それに応じて考え「子どもの主体性」を尊重します。また一方で、「全体的な計画」で作った教育内容を、子どもたちがどのような経験を重ねて育っていけばよいか考える、「指導の計画性」への思いも大切です。その上で、保育者が指導しすぎないように、子どもが主体性を発揮できるようにバランスも一緒に考えながら、具体的なねらいや内容、環境の構成、援助を考えていきましょう。

子どもの育ちを考えて書いていくため、子どもの姿を肯定的に捉えたり、未来のことですが現在形で書いたりします。さらに、自分ひとりでなく、誰が読んでも理解できるように具体的に書くことも大切でしょう。

子どもの姿　よく見られる姿に注目して!

これまでには見られない、今の時期に特に現れてきた姿を抜き出して、記載します。また、クラス全体を見渡し、よく見られる姿、あるいは共通に見られる姿などに絞って取り上げます。そういった姿こそが、子どもたちが「育とうとしている」姿です。前月末の子どもの生活する姿の記録を読み返してみましょう。子どもの「生活への取り組み方」、「興味・関心や遊びの傾向」、「人との関わり方」などを具体的な3つの視点として重点的に見ていくと、まとめやすいでしょう。

書き方のポイント

個人とクラス全体の両面から見て
3つの視点から書いてみよう

例文
- 食べ物を見ると、口を開けたり、手をたたいて欲しがったりする。
- 登園時保育者に抱かれると、保護者に手を振る。
- 高ばいで、マットの山を越えたり、緩やかな階段を登ったりする。

ねらい・内容

子どもの発達や興味・関心、季節の変化などを考えながら、子どもがどういった思いでどういった経験をしていけばよいか、具体的に考えていきます。

ねらい　どのような育ちを期待する?

「子どもの姿」の中から分かる育ちつつあるもの（こと）を踏まえて、そこに保育者が育てたいもの（こと）を加え、ねらいとして記載します。子どもがどのような思いをもって成長していってほしいか、という方向性を書くため、「〜を楽しむ。」や「〜を感じながら」といった表現を用いるとすっきりするでしょう。

月案、週案、日案となるにつれ、具体性がより増していきます。

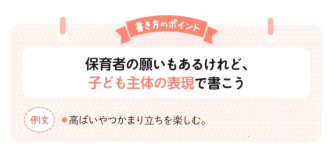

書き方のポイント

保育者の願いもあるけれど、子ども主体の表現で書こう

例文　・高ばいやつかまり立ちを楽しむ。

内容　ねらいに向かうために必要な経験は?

ねらいに書いた方向性に向けて育っていくためには、子どもがどのような経験を積み重ねていけばよいか、また、保育者が指導することについても書いていきます。子どもの生活の流れに沿って考えましょう。また、ねらいに対して、それを達成するための経験はひとつとは限らないため、複数の内容が出てくることもあります。

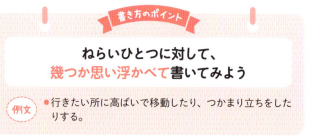

書き方のポイント

ねらいひとつに対して、幾つか思い浮かべて書いてみよう

例文　・行きたい所に高ばいで移動したり、つかまり立ちをしたりする。

環境・援助

立てたねらい・内容に対して、実際の保育でどのように関わっていくかを考えます。
保育が始まる前に場を整える「環境構成」と、
実際に保育をしていく中での関わりの「援助・配慮」から考えます。

環境　しぜんと関わっていけるように

どのような環境があれば子どもが自分から関わって経験を重ね、育っていけるかを考えます。
・保育者や友達など、「ひと」の立ち位置をどうするか？
・玩具や素材などの「もの」はなにが今の発達に合っているか？
・時間や空間などの「ば」はどのように設定する？
といった視点からだと考えやすいでしょう。

書き方のポイント

**「ひと・もの・ば」と
子どもの興味・関心から書いてみよう**

例文
- 広いスペースを確保してマットで山や緩やかな階段をつくる。
- 保育者も一緒にハイハイしながら、そばについて見守る。

援助　受容的、応答的な関わりを心掛けよう

保育者の援助には、子どもがねらいの方向に向かうために、保育者がどのように関わっていけばよいかを記載します。子どもが自分からやってみようと思えるようにするために、見守ったり受け止めたり、思いに応えたりする受容と応答の関わりが基本となります。また、子どもの思いに応えていくときには、様々な心持ちに共感したり、十分に認めたりしていきましょう。

書き方のポイント

**具体的にどのような場面で、
どのように関わるかを書こう**

例文
- ハイハイした子どもの気持ちを受け止め、笑いかける。

反省・評価　子どもの育ちと自らの振り返りから考えよう

　反省・評価には、子どもがどのように育ったかの評価と、自らの保育の振り返りの2つがあります。

　子どもの育ちは、一人ひとりが計画を立てる前と保育をした後、どのような良さを発揮してどのように育ったかを見る「個人内評価」が基本です。また、保育の振り返りは、自分の立てた計画（特にねらい）が目の前の子どもの興味・関心に沿っていたか、発達の流れに合っていたかなどを見ながら、次の計画を立てる際、より良くなるように努めます。

書き方のポイント

ねらいに立ち戻って考えてみよう

ねらい▶ 高ばいやつかまり立ちを楽しむ。

例文 ●ハイハイを楽しめる環境を整えられたこともあり、十分に経験できたと思う。次月以降も引き続き新たな環境を用意しながら体を動かしていけるようにしたい。

次の保育に生かそう

　子どもの姿から指導計画を立てて保育を行ない、それを反省し、また子どもの姿と発達の道筋からねらいを立てていく、というサイクルを繰り返し行ないます。保育の計画や記録は、次の週、月、年の計画に反映されて、ますます子どもの姿に沿った保育を行なっていけるようになります。初めは難しくても次第に子どもの目の前の姿に合った保育を行なっていけるようになります。自らの保育を振り返り、より良くしていこうとする姿勢が大切です。

他の配慮も

ねらいなどだけでなく、様々なことに配慮して指導計画を作成することが求められます。

健康・食育・安全

その月の大切なことを具体的に書く

それぞれの園の年間の計画をもとに、その年齢・その月において特に大切なことを書きます。例えば季節の変わり目には衣服の調整を意識することや旬の食材にふれることなどが挙げられるでしょう。というように、健康・食育・安全それぞれに配慮することを具体的に思い浮かべながら書いていきます。

長時間保育

心身の疲れや午前中の保育との関連に留意

預かり保育や早朝・延長保育など、園で長時間にわたって保育を受ける子どものために考えます。基本的には、午前中の保育で疲れた心と体を休め、切り替えていけるように、家庭的な雰囲気でゆったりと過ごすことを中心に書いていきましょう。

保育士等のチームワーク

様々な職種とのチームワークを心掛けて

クラス担任間、預かり保育担当、特別支援担当、早朝保育や延長保育の担当、看護師や栄養士など、いろいろな立場の人が子どもに関わって行なわれる保育が、スムーズにできるよう、チームワークがうまく働くように大切にしたいことを記載します。

家庭・地域との連携

保護者に伝えることと、地域の子育て支援の拠点であることを考えて

保護者に伝える園で行なっていることや地域の子育て支援の拠点として家庭や地域との連携で特に留意することを記載します。家庭への連絡や図書館や公園などの地域環境を生かすこと、地域の老人会など人と関わることなど、幅広く考えましょう。

文章表現・文法チェック

指導計画など、文章を書いた後には、必ず読み返してチェックするようにしましょう。気を付けておきたいポイントを紹介します。

である調とですます調をそろえよう

一つの文章の中に、「である調」と「ですます調」を混在させると、統一感がなくなり、分かりづらくなります。しっかりとした固い印象を与える「である調」と優しい印象を与える「ですます調」を場面に応じて使い分けるようにしましょう。

例
- ✕ 自分のしたい遊びがはっきりとしてきましたが、物の取り合いが増えてきている。
- ○「である調」 自分のしたい遊びがはっきりとしてきたが、物の取り合いが増えてきている。
「ですます調」 自分のしたい遊びがはっきりとしてきましたが、物の取り合いが増えてきています。

並列で文章が続くときは…

同じ概念のものを並べて使うときには、「たり」や「や」を使います。そのとき、「〜たり、〜たり」と必ず2回以上使い、「や」も2回目以降は読点で区切るなどしておきましょう。

例
- ✕ 冬の冷たい風にふれたり、霜柱に触れて遊ぶ。
- ○ 冬の冷たい風にふれたり、霜柱に触れたりして遊ぶ。

- ✕ ミカンやカキやクリなど〜
- ○ ミカンやカキ、クリなど〜

「の」を置き換えよう

助詞の「の」が3回以上続くと文章が読みづらくなります。そこで使われている「の」にどのような意味があるか考え、置き換えられるものは置き換えることで、読みやすくしましょう。

例
- ✕ テラスの机の上の容器に、〜
- ○ テラスの机に置いた容器に、〜

主語と述語

文章の中で、「何が(誰が)」を示す主語と、「どうする、どんなだ、何だ」にあたる述語が対応するようにしましょう。

例
- ✕ 保育者がそれぞれの話を聞いて受け止め、仲良く遊ぶ。
- ○ 保育者がそれぞれの話を聞いて受け止め、仲良く遊べるように手助けをする。

この本の特長

0歳児の保育はこの1冊から!

特長その1 保育のきほんが分かる!

保育者として、また0歳児の保育に携わる者として知っておきたい「きほん」を分かりやすく解説しています。指針、教育・保育要領はもちろん、子どもの発達もバッチリ!

特長その2 クラス運営に必要なものが1冊に!

環境づくりやあそび、指導計画、連絡帳、おたより…など、クラス運営に役立つ内容を、季節や月に合わせて掲載しています。クラス担任の強い味方になること間違いナシ☆

特長その3 お役立ちデータ収録の CD-ROMつき!

本書掲載の指導計画やおたよりはもちろんのこと、食育計画、避難訓練計画、保健計画…など、多様な資料をCD-ROMに収めています。あなたの保育をよりよいものにする一助にお役立てください。

収録データの詳細は、P.230をチェック!

この本の見方・使い方

環境とあそび

環境づくり・保育資料・手作り玩具・あそびのヒントを掲載！春・夏・秋・冬・早春の大まかな季節の区切りで紹介しています。子どもたちの姿、保育のねらいに合わせて、あなたの保育に取り入れてみてください。

環境づくり

季節ごとに大切にしたい保育の環境づくりを、写真たっぷりで具体的に紹介しています。「環境づくりって実際どうしたらいいのか分からない…」。そんなときに、ぜひ参考にしてください。

生活　あそび　家庭と　など

テーマをアイコンで示しているので、何の環境づくりなのかがひと目で分かります。

写真たっぷり！

保育現場の写真たっぷりでイメージしやすくなっています。

保育資料

その季節にふさわしい、おはなし・手あそび・うた・ふれあいあそび・自然を保育資料として紹介しています。日々の保育で、「何しよう？」と悩んだときにお役立てください。

先輩保育者のお墨付き！

季節・年齢にぴったり！先輩保育者がおすすめを紹介しています。

※情報は2017年12月現在のものです。

手作り玩具

身近な材料で簡単に作れる玩具を紹介しています。子どもたちの発達や関心に合わせた玩具作りの参考にしてください。

作り方
準備する物、作り方をイラスト付きで説明しています。

ポイント
遊びのコツ、作り方・準備物のポイント、子どもの発達についてなど、この手作り玩具で押さえておきたいポイントを解説しています。

あそび

その季節にぴったりの遊びをたっぷり紹介！ 0歳児では、子どもたちの発達を踏まえて選べるように、構成しています。子どもたちの興味に合うものを見つけて、繰り返し遊び込みましょう。

春のあそび
ごろごろタイプのあそび
おすわりタイプのあそび
ハイハイタイプのあそび
たっち・よちよちタイプのあそび

季節のおすすめと、身体面の発達に合わせた遊びを紹介しています。

あそびメモ
その遊びでの子どもの育ちについて解説しています。遊びのねらいを、しっかり念頭に置いて実践することが大切です。

あそびのコツ
遊びがうまくいく環境づくりや援助のコツを解説しています。

この本の見方・使い方

指導計画・連絡帳

年の計画と、4～3月の12か月分の月の計画、連絡帳を掲載しています。
指導計画立案の際の手がかりに、また連絡帳を書くときの参考にしてください。

年の計画

1年間の発達を見通し、I～III期に分け、それぞれの時期にどのような保育内容を考えていくかについて、明らかにします。月の計画立案時のよりどころとなる重要な物なので、折にふれ参考にしましょう。

各項目について

A 子どもの姿
その時期、月齢ごとの具体的な子どもの姿を記載します。特に、発達の節となる部分は、忘れないように押さえますが、集団としての育ちも意識して書きます。

B ねらい
全体的な計画を念頭に置き、この時期に育てたいことを、子どもの実態を踏まえて具体的に示しています。

C 内容
ねらいをより具体的にし、子どもが生活や遊びの場面で経験してほしいことを記載しています。

※子どもの月齢は4月時点のものです。

月の計画

年の計画を踏まえ、その月における子どもの生活の流れを見通して作成するものです。子どもが充実した生活を送ることができるよう、具体的なねらいや内容、環境の構成、援助を考えていきます。0歳児は月齢により個人差が大きいため、個別の計画を掲載しています。

各項目について

A 前月末（今月初め）の子どもの姿
その時期、月齢ごとの具体的な子どもの姿を記載します。特に、発達の節となる部分は、忘れないように押さえますが、集団としての育ちも意識して書きます。

B クラス作り・ねらい・内容
子どもの姿から育ちつつあること（もの）と保育者が育てたいこと（もの）を記載しています。クラス作りはクラス全体としてどのようになってほしいかの方向性を養護の視点を含めて記入しています。ねらい・内容は一人ひとりの興味や関心に目を向けて設定しましょう。内容には、ねらいをより具体的にしたものを示し、食育に関する内容には🍴を付けています。

C 環境と援助・配慮
子どもが発達に必要な経験をしぜんに積み重ねるために適切な環境構成、援助・配慮などを記載しています。子どもが主体的に活動を展開できるような具体性が大切です。

D 保護者への支援
保護者との「共育て」の観点から、個別の親子関係の援助や家庭・地域との連携について記載しています。

E 健康・食育・安全への配慮
健康・食育・安全それぞれについて、その月において大切な配慮を具体的に記載しています。

F 保育士等のチームワーク
保育者をはじめとする子どもに関わる様々な職種の人が、スムーズに保育できるように大切にしたいことを記載しています。

G 延長保育を充実させるために
延長保育が計画的・弾力的に運営できるように、通常保育との関連性や生活リズム、くつろげる保育環境、家庭との連携、そのほかの配慮について記載しています。

H 反省・評価
計画のねらいや援助などと、子どもの中に育っている姿とを付き合わせて、保育実践の振り返りを、保育終了後の文例として記載しています。

I 書き方のポイント
指導計画の書き方に関する理解がより深まるよう、「指針を踏まえて」「学びの芽を意識して」の2つの視点からの解説を記載しています。

※a、bといった記号を指導計画の表中に示して、リンクできるようにしています。

この本の見方・使い方

保育マップ

イラスト付きで保育の展開の様子を示しています。環境づくりや援助がイメージしやすくなっているので、具体的な立案にお役立てください。

各項目について

A その月の「ねらい」「クラス作り」から

月の計画の「ねらい」「クラス作り」とつながった保育のポイントを示しています。

B 保育の内容

月の計画中に出てくる環境と援助・配慮の部分を取り出しつつ、それにまつわるねらいや内容についても示しています。

C 週案として

日々の保育の参考となるよう、保育の内容とリンクしながら、緩やかな生活の流れを週案として示しています。

連絡帳

連絡帳は、保護者と保育者の人間関係のパイプとなります。左頁はA児、B児、C児の3名を、右頁はD児1名の12か月を追った例を紹介しています。1年間を通した子どもの成長も読み取れます。

各項目について

A 具体的なテーマ

保護者からの連絡したい概要です。こんなときにどう対応するかの参考になります。

B 生活の表

食事、睡眠など子どもの24時間の生活の表です。家庭と園が連絡しながら、24時間体制で見守る例を示しています。

C 家庭から

家庭の様子を保護者からの連絡事項として掲載しています。

D 園から

保護者からの連絡に対して、園での子どもの様子を伝える保育者からの応答例を示しています。

E 書き方のポイント

保育者からの応答について、書き方のポイントを詳しく解説しています。

F 発育・発達メモ

連絡帳の内容に関連しています。保育者が発育・発達を理解し、保護者に伝えていきましょう。

おたより

子どものことを家庭と共有・共感できるツールの一つです。イラストや文例など、おたよりの素材を12か月分たっぷり掲載しています。読みやすく、分かりやすいおたより作りにお役立てください。

CD-ROM収録

レイアウト例
おたよりのレイアウト例を掲載しています。おたより作成時の参考にしてください。

保護者に伝わるポイント
保護者に伝わるおたより作りのポイントを示しています。

囲みイラスト付き文例
そのまま使える囲みイラスト付き文例です。CD-ROMにはイラストとテキストの両方が入っているので、「囲みイラスト付き文例」「囲みイラストだけ」「文例だけ」のどの方法でも使っていただけます。

イラスト
その月にぴったりの飾り枠、季節・子ども・行事に関するイラストカットをたくさん掲載しています。CD-ROMには画像データ（PNG）で入っています。ペイントソフトで色を付けることもできます。

書き出し文例
月のあいさつ文や行事のお知らせなどの書き出し文例を掲載しています。

文章の最後にチェック！
おたよりを書くときのポイントや気を付けたい漢字・文法などを記載しています。

0歳児の保育 もくじ

- はじめに ……………………………… 2
- この本の特長 ………………………… 49
- この本の見方・使い方 ……………… 50

❋ 保育のきほん ❋

- 環境を通した保育 …………………… 5
- 3歳未満児の保育 …………………… 6
- 5つの領域 …………………………… 7
- 養護 …………………………………… 8
- 計画・評価 …………………………… 9
- いろいろポイント …………………… 10

❋ 0歳児保育のきほん ❋

- 0～5歳児の発達を見通そう ……… 18
- 発達と生活 …………………………… 20
- 発達と遊び …………………………… 33
- 指導計画のきほん …………………… 40
  - ●指導計画を書いてみよう ………… 43

環境とあそび

春

- 環境づくり ……………………………………………………………………… 64
- 保育資料 ………………………………………………………………………… 66
- 手作り玩具
  - ❋ にぎにぎセット ❋ フリフリボトル ………………………………… 67
- 春のあそび
  - ★ チューリップで「ばぁ～」 ★ ぎゅっ ぎゅっ ゴロリン ……… 68
  - ★ おててがチョンチョン ★ ロケットごっこ ………………………… 69
- ごろごろタイプのあそび
  - ★ ちょうちょうがピタッ！ ★ だ～れだ！ …………………………… 70
  - ★ あっぷっぷ～でこんにちは ★ ふわふわ～で「ばぁ～っ」 ……… 71

おすわりタイプのあそび
- ★ おっき　おっき　★ ちょこっとぐんぐん ... 72
- ★ ひっ・ぱっ・てっ！　★ ころころギュッ！ ... 73

ハイハイタイプのあそび
- ★ はい・ハイ・はいっ！　★ ハイハイ「は〜い！」 ... 74
- ★ さわさわ　さわわ〜　★ 手を上げてこんにちは ... 75

たっち・よちよちタイプのあそび
- ★ 1・2のヨイショ！　★ よいしょ　よいしょ　み〜つけた！ ... 76
- ★ バリバリとって〜！　★ おはなをギュッギュッ ... 77

夏

環境づくり ... 78

保育資料 ... 80

手作り玩具
- ❀ パクッ！とBOX　❀ ひっぱりんこカタカタ ... 81

夏のあそび
- ★ シートでお水パシャパシャ　★ パチパチ　パチン！ ... 82
- ★ にぎにぎボーッ！　★ ツンツンボーッ！！ ... 83

ごろごろタイプのあそび
- ★ ふわふわベッド　★ さわってみよう！ ... 84
- ★ ここ　ここ　ここよ〜！ ... 85

おすわりタイプのあそび
- ★ カキコキひんやり　★ 水風船でポヨヨ〜ン ... 86
- ★ おなまえすりすり　★ 5歳児と ゴーゴー・ドライブ ... 87

ハイハイタイプのあそび
- ★ シャカシャカ・ふりふり　★ なにがでるかな？ ... 88
- ★ ぴょんぴょんハイハイ　★ 凸…凹… ... 89

たっち・よちよちタイプのあそび
- ★ ぴたっとくん　★ 「えがお」がでたよ〜！ ... 90
- ★ 異年齢児と トンネルくぐって　トン！　★ よいしょ！　よいしょ！ ... 91

0歳児の保育 もくじ

秋

環境づくり ... 92

保育資料 ... 94

手作り玩具
★ カラからコロころ　★ プチプチころころ ... 95

秋のあそび
★ ぐいっとピョン　★ にぎにぎハンドル ... 96

ごろごろ＆おすわりタイプのあそび
★ うちわそよそよ　★ ぺっこんボード ... 97

ハイハイタイプのあそび
★ グーとパーの歌あそび　★ かわいくなでなで ... 98
★ 紙コップで『ばぁ〜』　★ コロコロお山を越えよう！ ... 99

たっち・よちよちタイプのあそび
★ よいしょ〜でタッチ！！　★ カタことカタこと ... 100
★ ふわふわピョンピョン　★ ふわふわ〜っ！ ... 101

冬

環境づくり …… 102

保育資料 …… 104

手作り玩具
- ❋ きらシャカケース　❋ ふわふわキャッチ …… 105

冬のあそび
- ★ お返事タッチ！　★ どっこらしょ！ …… 106

おすわりタイプのあそび
- ★ おもちつんでド〜ン！　★ ゴンドラ GO！GO！ …… 107

ハイハイタイプのあそび
- ★ パチパチぐるぐる …… 108
- ★ ころころあそび …… 109

たっち・よちよちタイプのあそび
- ★ 回ってバ〜ッ！　のぞいてバ〜ッ！　★ がったんごっとん …… 110
- ★ いろいろトンネル　★ ぎゅーっ、ポトン！ …… 111

早春

環境づくり …… 112

保育資料 …… 114

手作り玩具
- ❋ ピンポ〜ン！　❋ お手玉ポトン！ …… 115

早春のあそび
- ★ 卒園児と ほっぺ さわろう！　★ トンネルごっこ …… 116

おすわりタイプのあそび
- ★ するするポン！　★ ビニールパン！で紙ふぶき …… 117

ハイハイタイプのあそび
- ★ タオルをぎゅ〜っ！ …… 118
- ★ なみなみハイハイ …… 119

たっち・よちよちタイプのあそび
- ★ 卒園児と ボールぽと〜ん！！ …… 120
- ★ たまごパッチン　★ 卒園児と おウマの王子様＆お姫様 …… 121

0歳児の保育 もくじ

指導計画・連絡帳

✸ 指導計画 ✸

0歳児の年の計画 …………………………… 124

4月
4月の計画 ……………………………………… 126
4月の保育マップ …………………………… 128

5月
5月の計画 ……………………………………… 130
5月の保育マップ …………………………… 132

6月
6月の計画 ……………………………………… 134
6月の保育マップ …………………………… 136

7月
7月の計画 ……………………………………… 138
7月の保育マップ …………………………… 140

8月
8月の計画 ……………………………………… 142
8月の保育マップ …………………………… 144

9月
9月の計画 ……………………………………… 146
9月の保育マップ …………………………… 148

10月
10月の計画 …………………………………… 150
10月の保育マップ ………………………… 152

11月
11月の計画 …………………………………… 154
11月の保育マップ ………………………… 156

12月
12月の計画 …………………………………… 158
12月の保育マップ ………………………… 160

1月
1月の計画 ……………………………………… 162
1月の保育マップ …………………………… 164

2月
2月の計画 ……………………………………… 166
2月の保育マップ …………………………… 168

3月
3月の計画 ……………………………………… 170
3月の保育マップ …………………………… 172

✽ 連絡帳 ✽

4月
A児(3か月)　ミルクを飲む量が増えました ……… 174
D児(2か月)　熟睡できないようです ……… 175

5月
B児(7か月)　離乳食がマンネリ… ……… 176
D児(3か月)　仕事で帰りが遅く ……… 177

6月
C児(12か月)　昨日はお誕生日でしたが… ……… 178
D児(4か月)　会話しているようです ……… 179

7月
A児(6か月)　寝返りができるように ……… 180
D児(5か月)　姉とおっぱいの取り合いに ……… 181

8月
B児(10か月)　よく食べます ……… 182
D児(6か月)　食欲より睡眠!? ……… 183

9月
C児(15か月)　外遊びが大好きです ……… 184
D児(7か月)　脱水症が心配です ……… 185

10月
A児(9か月)　つかまり立ちが始まりました ……… 186
D児(8か月)　つかまり立ちをしました ……… 187

11月
B児(13か月)　危なくてハラハラします ……… 188
D児(9か月)　姉弟仲良く絵本を ……… 189

12月
C児(18か月)　友達の後ろをついて回ります ……… 190
D児(10か月)　中耳炎になっていないか心配 ……… 191

1月
A児(12か月)　友達の物を欲しがっていないか心配…
　　　　　　 ……… 192
D児(11か月)　寝るのが遅くなってしまいました … 193

2月
B児(16か月)　少し体調が悪いようです ……… 194
D児(12か月)　おもちゃの出し入れが好きなようです
　　　　　　 ……… 195

3月
C児(21か月)　目が離せません… ……… 196
D児(13か月)　「あそんで」アピールが… ……… 197

0歳児の保育 もくじ

おたより

レイアウト例 …………………… 198	**10月** …………………………… 212
4月 ……………………………… 200	イラスト・囲みイラスト付き文例・書き出し文例
イラスト・囲みイラスト付き文例・書き出し文例	文章の最後にチェック！ ひらがなと漢字を使い分けよう … 213
文章の最後にチェック！ 読みやすい文章とは …… 201	**11月** …………………………… 214
5月 ……………………………… 202	イラスト・囲みイラスト付き文例・書き出し文例
イラスト・囲みイラスト付き文例・書き出し文例	文章の最後にチェック！ 正しい送りがな …… 215
文章の最後にチェック！ 「ず」「づ」の使い分け① …… 203	**12月** …………………………… 216
6月 ……………………………… 204	イラスト・囲みイラスト付き文例・書き出し文例
イラスト・囲みイラスト付き文例・書き出し文例	文章の最後にチェック！ 「が」「の」の連続 …… 217
文章の最後にチェック！ 「じき」3通り …… 205	**1月** ……………………………… 218
7月 ……………………………… 206	イラスト・囲みイラスト付き文例・書き出し文例
イラスト・囲みイラスト付き文例・書き出し文例	文章の最後にチェック！ 正月のいろいろ …… 219
文章の最後にチェック！ 文体を統一しよう …… 207	**2月** ……………………………… 220
8月 ……………………………… 208	イラスト・囲みイラスト付き文例・書き出し文例
イラスト・囲みイラスト付き文例・書き出し文例	文章の最後にチェック！ 敬語の「お」「ご」の使い分け …… 221
文章の最後にチェック！ 重複表現 …………… 209	**3月** ……………………………… 222
9月 ……………………………… 210	イラスト・囲みイラスト付き文例・書き出し文例
イラスト・囲みイラスト付き文例・書き出し文例	文章の最後にチェック！ 「ず」「づ」の使い分け② …… 223
文章の最後にチェック！ 正しい漢字を ……… 211	

\ もっとサポート /
計画・資料データ集 ……………… 224
CD-ROMの使い方 ……………… 229

環境とあそび

保育のねらいに合わせた環境やあそびを紹介しています。
春・夏・秋・冬・早春それぞれの季節にピッタリ!

- ●環境づくり　執筆／塩谷 香(國學院大學特任教授、NPO法人「ぴあわらべ」理事)
- ●手作り玩具・あそび　執筆／小倉和人(KOBEこどものあそび研究所所長)

※本書掲載の『環境とあそび』の一部は、『月刊 保育とカリキュラム』2013～2015年度の連載『写真でわかる 環境づくり』『0～5歳児ふれあいあそび&運動あそび』『こどものあそび0～5歳児』に加筆・修正を加え、再編集したものです。

環境づくり

日ざしや風が気持ち良く、外遊びが楽しい時季です。ベランダなどでの外気浴も積極的に行ない、自然にふれながら遊べるよう戸外の環境を工夫します。また、保育者との安定した関係の下で安心して生活できるよう、担当制を生かした生活づくりを心掛けます。

あそび　春の心地良さを感じながら、自然にふれて十分に遊べる環境

じ〜っ…

初めて手にするサクラの花びら

入園当初は泣いている子どもも多く、生活が落ち着かないものです。しかし、不思議なことに外に出ると興味がひかれるものがたくさんあるようで、ピタリと泣き止み遊びだす子どももいますね。春は外遊びに絶好の季節です。特に、0歳児には衛生上の配慮が大事ですので、手足をすぐにきれいにできるように外に出る前にタオルやお湯の準備をする、砂や石などを口に入れないようにするなど、保育者の連携協力体制を考えていきましょう。

生活　担当の保育者との信頼関係で安心して生活できるように

モグモグ、カミカミ…

こっちだよ〜

入園当初は特に同じ保育者が主に関わるように配慮しましょう。担当の保育者を決めて、保護者にも継続的に関わるようにすると子どもの生活も早く安定します。子どもとの信頼関係を築くことが第一です。

いないいないばあ

毎日繰り返す生活面の介助も、ことばがけなどの方法を一定にして変えないようにすることで、生活も落ち着いてきます。

あそび／生活　家庭と緩やかにつながる生活環境で安心して過ごせるように

　子どもの生活は家庭と保育の場になりますが、両者の生活があまりにも違っていると子どもの不安や戸惑いが大きくなります。緩やかに家庭の環境とつながり、家庭を思い出せるような環境をつくることで安心して過ごすことができます。保護者の協力がなければできないことなので、子どもの日々の生活の様子を詳細に伝えるとともに、なぜ家庭の生活が子どもにとって大事なのか、分かりやすく保護者に伝えることも重要です。

保護者に作成してもらった携帯電話の玩具を手に取りやすい所に

家族写真を持参してもらい、いつでも見られるように

環境とあそび　春　環境づくり

あそび　個々の発達に合わせた環境で十分に遊べるように

　0歳児は発達の個人差が大きく、遊びの環境も個々に合わせて変えていく必要があります。個別の計画にきちんと明記して教材の準備や環境の工夫をしましょう。発達の変化も早いので日々様子をよく見ながら柔軟に対応します。遊びながら、寝返りやハイハイなど意欲的に体を動かせるような環境や、五感に働き掛けるような玩具などの工夫をしてみてください。

握ったり引っ張ったり

- ゴム
- 荷作り用の持ち手

ペットボトル転がし

- ビニールテープ
- 洗濯のりを溶いた水
- カラーセロハン
- ビーズ

シール貼り＆はがし

ビニールテープの端を折り返しておく

保育資料

📖 おはなし

とんとんとん
作：上野与志
絵：末崎茂樹
ひさかたチャイルド

あっぷっぷ
文：中川ひろたか
絵：村上康成
ひかりのくに

まねしてあそんで だっこでぎゅっ
作・絵：山岡ひかる
ひかりのくに

ゆっくとすっく しあげにはみがき もういっかい
絵：さこ ももみ
文：たかてら かよ
ひかりのくに

いないいないばあ
文：松谷みよ子
絵：瀬川康男
童心社

あめぽったん
作・絵：ひろかわ さえこ
アリス館

✋ 手あそび

- ちょちちょちあわわ　わらべうた
- いっぽんばし こちょこちょ　わらべうた
- ゆらゆらたんたん　作詞：不詳　外国曲
- たまごのうた　作詞・作曲：不詳
- ちっちここへ　わらべうた

♪ うた

- 七つの子　作詞：野口雨情　作曲：本居長世
- こいのぼり　作詞：近藤宮子　作曲：不詳
- 子守唄　わらべうた

❤ ふれあいあそび

- にんどころ　わらべうた
- だるまさん　わらべうた
- うまはとしとし　わらべうた
- ぼうずぼうず　わらべうた

🍃 自然

- サクラ
- チューリップ
- メダカ
- チョウチョウ
- アリ
- イチゴ

手作り玩具

🍀 にぎにぎセット

床に置いたり、壁に掛けたりして、触って遊びます。ごろごろタイプの子どもには、手が届く所まで保育者が近付け、握れるようにしてもいいですね。「ふわふわしてるね〜」「ボール柔らかいね〜」などと声を掛け、子どもと一緒に感触を楽しみましょう。

ポイント
いつも遊んでいる保育室で遊び始めることが、夢中になるカギです。

作り方

傘袋、タオル、プチプチシート、ボール（硬い物と柔らかい物）

- 傘袋にそれぞれを入れてねじって留め、にぎにぎセットを作る。

- タオルを畳んだ物
- プチプチシートを畳んだ物
- 柔らかいボール
- 硬いボール

ふわふわしてるね〜

🍀 フリフリボトル

子どもの前にペットボトルを置きます。子どもは手に取って、不思議そうに見るでしょう。逆さにしたときに、スプーンの持ち手が出てきます。それを引っ張ったり、ペットボトルごとマラカスのように振ったりして遊びます。

ポイント
短時間でいいので、集中して遊ぶ時間をつくりましょう。いつでも手に取って遊べるようにしましょう。興味・関心をもち、自ら遊ぼうとする姿を大切に。

作り方

500mlのペットボトル、粉ミルクのスプーン（20ml用）

- スプーンの持ち手を上にして入れる。

でてきた！

環境とあそび　春　保育資料／手作り玩具

春のあそび

★ チューリップで「ばぁ～」

『チューリップ』の歌で遊ぶ

❶ さいた「ばぁ～」 さいた「ばぁ～」
チューリップのはなが「ばぁ～」

子どもを抱っこしてゆらゆらあやしながら、顔をのぞき込んで笑顔で「ばぁ～」と声を掛ける。

あそびのコツ
初めは立った状態で抱っこする方が遊びやすい！

❷ ならんだ「ぽっ」 ならんだ「ぽっ」
あかしろきいろ「ぽっ」

同様にあやしつつ、驚いた表情で子どもの顔をのぞき込む。

❸ どのはなみてもきれいだな
「ぎゅ～っ」

揺らしながら、最後にぎゅ～っと抱きしめる。

慣れたら座って遊んでも！

あそびメモ ゆったり、ゆっくり遊んで
ゆったりとした雰囲気の中で、ゆっくりと歌って遊ぶことが大切です。信頼関係を築いていく大切な時期です。保育者と子どもの1対1をじっくり楽しんでください。

『チューリップ』
（作詞／近藤宮子　作曲／井上武士）

★ ぎゅっ　ぎゅっ　ゴロリン

『小さな庭』の替え歌で遊ぶ

❶ 1234 おててをぎゅっぎゅっ
じょうずにおててをにぎれたよ

子どもは親指を握り、保育者は子どもの手を包む

保育者の膝の上に子どもが座り、手を握る。保育者はリズムに合わせて、手を握ったり緩めたりする。

❷ うしろにゴロリン
ごろごろゴロリン

両手を持ってそっと後ろに寝かせる。

❸ はいはいおきて
こんにちは　パッ！

ゆっくり起こし、「こんにちは」で目を合わせる。

あそびのコツ
起き上がったときの「パッ！」を楽しく！

あそびメモ 反射を促す
指をぎゅっと握る、起き上がるという動きには、反射の要素が含まれています。それらを促すことで今後の活動がスムーズになっていくでしょう。

『小さな庭』（作詞・作曲／不詳）のメロディーで　作詞／小倉和人

⭐ おててがチョンチョン

『サンタクロース』の替え歌で遊ぶ

❶ ちいさいおててが

子どもを寝かせ、子どもの手のひらに保育者の人さし指を入れ、リズムをとる。

あそびのコツ
手のひらに保育者の親指を入れ、外側からそっと手を握ってもOK。

❷ チョンチョンチョン（2回）

左右の手を6回合わせる。

❸ かわいいおてて（2回）

子どもの右手をぷるぷる振る。左手も同様に。

❹ チョンチョンチョン（2回）

保育者の頬に6回触れさせる。左手も同様に。

環境とあそび

春 春のあそび

『サンタクロース』（フランス民謡）のメロディーで　作詞／小倉和人

ちいさい おててが チョン チョン チョン　チョン チョン チョン
かわいい おてて　かわいい おてて　チョン チョン チョン　チョン チョン チョン

あそびメモ　安心して過ごせるように
オムツの交換時など、コミュニケーションをとり、子どもが安心して過ごせるように心掛けながら遊ぶといいでしょう。

⭐ ロケットごっこ

1　『あたまかたひざポン』の替え歌で遊ぶ

♪○○ちゃんのロケットが
　はっしゃしま〜す！　はっしゃしま〜す！
　○○ちゃんロケットが

あそびのコツ
リズムに合わせて揺れるとよいでしょう。

子どもを抱っこして、リズムをとりながらゆったり歌う。歌はここまで。歌の前に、「○○ちゃんロケット発射しま〜す！」の合図を言ってたかいたかいをしてもいいですね。

2　たかいたかいする

「3・2・1ドッカ〜ン」と言って、子どもの顔を見ながら、たかいたかいをする。下ろしたら「おかえり〜」と言ってあげましょう。

あそびメモ　安心感で信頼関係を
いきなりたかいたかいをすると体が固まってしまう子どもが多いですが、遊びの道筋をつくることで「何か始まる？」と感じられます。「先生の顔が遠くなったけど近くなった！良かった」と安心感が生まれ、信頼関係も深まるでしょう。

『あたまかたひざポン』（イギリス民謡）のメロディーで　作詞／小倉和人

ごろごろタイプのあそび

★ ちょうちょうがピタッ！

『ちょうちょう』の歌でスキンシップ

❶ ちょうちょう　ちょうちょう　なのはに

保育者は子どもを抱っこし、歌いながらゆらゆら揺らす。

❷ とまれ

「♪とまれ」の後に「ピタッ！」と言いながら頬を寄せたり、体をギュッと抱きしめたり。続けて歌い、「♪とまれ」の後で「ピタッ！」「ギュッ！」を繰り返しましょう。

『ちょうちょう』訳詞／野村秋足　スペイン民謡

あそびメモ　一人ひとりとゆったり遊ぶ

一人ひとりとの時間をとることと、ゆったりとした雰囲気づくりが大切です。「ピタッ！」「ギュッ！」という子どもが思わず笑顔になるポイントを含んでいます。

★ だ〜れだ！

『おちたおちた』で遊ぶ

❶ お〜ちた　おちた　だ〜れが　おちた

抱っこをしてリズムをとる。

❷ 「○○くん（ちゃん）！」

保育者の体に沿わせながら、呼ばれた子どもをズルズルと滑り下ろす。1人ずつ遊んでいき、最後は「□□ぐみのおともだち！」で終わります。

あそびメモ　信頼感と安心感

保育者に抱っこされ、名前を呼ばれるとズルズルと落っこちます。でも大好きな保育者がいるから大丈夫！　ドキドキとホッとする気持ちの交差を楽しめる遊びです。1対1で信頼関係を築きましょう。

『おちたおちた』(わらべうた)

★ あっぷっぷ〜でこんにちは

『だるまさん』でスキンシップ

❶ だるまさん　だるまさん　にらめっこしましょ

あお向けになった子どもの足を保育者が手で持ち、親指で子どもの足の裏を交互にリズム良く押す。

❷ わらうとまけよ

押しながら、両足を子どもの顔に近付ける。

❸ あっぷっぷ

子どもの足を軽く広げて、いないいないばぁのように顔を見合わせる。

> **あそびメモ　足の裏でリズムを感じる**
> 足の裏を刺激する一定のリズム感が心地良く、繰り返し遊んでいくと笑顔がたくさん増えることでしょう。

『だるまさん』（わらべうた）

環境とあそび　春　ごろごろタイプのあそび

★ ふわふわ〜で「ばぁ〜っ」

準備物　赤・青・黄・白などの不織布（20×25cm）、もしくはガーゼハンカチ

不織布をつかんで遊ぶ

寝ている子どもの上に、不織布を「ふわふわ〜」と言いながら落とします。子どもがつかんだら「上手に取れたね」「じゃあ、今度は何色かな？」と言いながら、違う色の不織布を落とします。一人ひとり興味を示す色があるので、繰り返し遊びましょう。

> **あそびのコツ**
> 子どもは淡い色よりも、はっきりとした色に興味を示すでしょう。

> **あそびメモ　興味を示す色を最後に出す**
> 何度も遊ぶうちに色の好みが分かってくるので、興味を示す色を最後に出して遊びの中にメリハリをつけていくと、喜びも一層高まります。

おすわりタイプのあそび

⭐ おっき おっき

『ピヨピヨちゃん』の歌で遊ぶ

❶ ○○ちゃん なんですか

保育者が長座し、子どもはその上にあお向けになり、下線部で子どもの頬を4回ツンツンする。

『ピヨピヨちゃん』（作詞・作曲／不詳）

❷ こんなこと こんなこと できますか

保育者の親指を子どもに握らせて外側から包み込むようにして、下線部で握る。

❸ こんなこと こんなこと できますよ

ゆっくりと起こし、その後「できたね〜」と共に喜びましょう。

> **あそびメモ　情緒の安定を促す**
> 「今から何が始まるのだろう？」という期待感と、「できた！」という保育者との共感が大切。リズムにのって心地良い雰囲気の中で遊んでいくことで保育者との信頼関係や情緒の安定を促します。

⭐ ちょこっとぐんぐん

『小さな庭』の歌で遊ぶ

❶ ちいさなにわを よくたがやして

座っている子どもの背中などをさする。

❷ ちいさなたねをまきました

子どもの頭を優しくなでる。

❸ ぐんぐんのびて はるになって ちいさなはなが さきました

子どもを抱え、少しずつ持ち上げていきます。「さきました」でたかいたかいをする。

❹ ポッ！

顔を近付けて「ニコッ」。

> **あそびメモ　メリハリを大切に**
> 信頼している大人に触られるだけでも、子どもは安心して笑顔になります。少しずつ目線が上がっていくことで大好きな保育者が遠くなるけれど、「ポッ！」で近付いて安心できる、このメリハリを大切にしましょう。

『小さな庭』（作詞・作曲／不詳）

⭐ ひっ・ぱっ・てっ！

紙を引っ張って遊ぶ

牛乳パックの側面に蛇腹の一部を出しておき、子どもは出ている部分を少しずつ引っ張ります。出し切れば、保育者が再び牛乳パックにセットして繰り返し遊びます。

準備物
牛乳パック2個、色紙

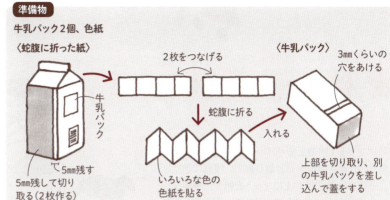

あそびのコツ
初めは蛇腹を短めに、幅も狭くすれば引き出しやすくなります。

あそびメモ　長さ、幅を調節する
力を入れて横に動かします。慣れてきたら引き出すことも簡単になってくるでしょう。徐々に長くしていくことで、持ち直して引き始める遊びへと展開していくので、一人ひとりに合わせて楽しみましょう。

環境とあそび　春　おすわりタイプのあそび

⭐ ころころギュッ！

ボールをキャッチする

巧技台と踏切板で坂道を作り、坂の下に子どもが座ります。保育者が上からボールを転がし、子どもはキャッチします。大きさや素材の違うボールを転がして繰り返しましょう。

あそびのコツ
子どもの正面に転がすと上手にキャッチできます。

準備物
巧技台、踏切板（ロイター板でもよい）、いろいろなボール（ゴム製、布製、プラスチック製　など）

あそびメモ　視野の広がりを促す
初めは床で、足元にボールを転がすことから始めて、次に踏切板を使うと、視野の広がりを促すきっかけに。その後、自分からボールを取りに行こうと手を出すなどするでしょう。また、大きさや素材の違うボールを転がすことで活動意欲が増します。

⭐ はい・ハイ・はいっ！

ハイハイで進む

初めはマット1枚の上をハイハイで移動して、床とマットの硬さの差を感じ取ります。慣れてきたら、巧技台と踏切板の上にマットを敷き、平坦な所から坂道を上って進んでいきます。毎日少しの時間でいいので繰り返し遊びましょう。

準備物
巧技台、踏切板、マット

あそびメモ　運動発達に寄り添って
子どもたちの運動発達に寄り添って遊びを進めることが大切です。遊ぶうちに保育者も子どもの動きを理解していき、子どもが遊びの中に入り込めるような環境を整えることが望ましいでしょう。

⭐ ハイハイ「は〜い！」

保育者に呼ばれてハイハイして遊ぶ

保育者はマットと積み木で作った小さな山の反対側から、「○○ちゃ〜ん」と鈴を鳴らして名前を呼び、子どもはマットの上をハイハイします。子どもが保育者の元へ来たら、「ハイハイできたね〜」と共に喜びます。

準備物
マット、大型ソフト積み木（または巧技台　など）、鈴（またはタンブリンやガラガラ　など）

あそびのコツ
鈴を鳴らしながら声掛けを続けて行ない、子どもがどんな状態でも褒めよう！

あそびメモ　山でのハイハイが楽しい
平坦な所でのハイハイも必要ですが、山を上って下りての繰り返しと、保育者に名前を呼んでもらって進んでいく楽しさの経験が、この時期の子どもには大切でしょう。

⭐ さわさわ　さわわ～

カーテンをくぐる

子どもはマットの上などに座り、保育者がカーテンを持ってゆっくりと動きます。繰り返し遊び、慣れてきたらトンネルに見立ててくぐって遊んでみましょう。

準備物
スズランテープ、マット
● スズランテープを結び、カーテンを作る。

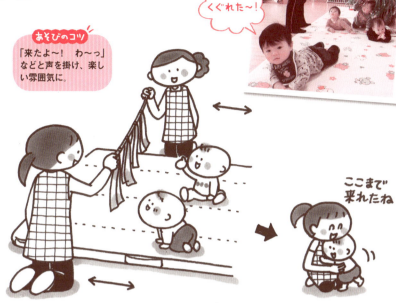

あそびのコツ
「来たよ～！　わ～っ」などと声を掛け、楽しい雰囲気に。

マットの端まで来てくぐり終えたら子どもを抱きしめ、折り返して再びスタート！

あそびメモ　興味・関心をもって
頭上を通り過ぎていくカーテンに興味・関心をもち、触って自ら進んでくぐれるようになるといいでしょう。

環境とあそび　春　ハイハイタイプのあそび

⭐ 手を上げてこんにちは

『あがりめさがりめ』の替え歌で遊ぶ

❶ てをあげて　てをあげて

あそびのコツ
慣れてきたら、子どもが自分で手を上げられるように促していきます。

向かい合わせで腹ばいになり、両手を握って片方ずつ上げて下ろす。

❷ りょうてをあげて　こんにちは

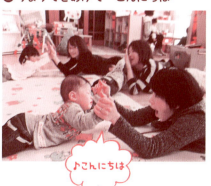

両手を上げ、顔を見合わせて「こんにちは」と挨拶。

♪こんにちは

あそびメモ　ふれあいと全身の運動遊び
腹ばいになると、しぜんに顔が上がるのは、反射的要素を含んでいるからです。そこに保育者とのふれあいと、全身の運動遊びの要素をプラスしています。

『**あがりめさがりめ**』(わらべうた)のメロディーで　作詞／小倉和人

てをあげて　てをあげて　りょうてを　あげて－こん　にち　は

★ 1・2のヨイショ！

枠に入って遊ぶ

子どもは保育者の手を握り、枠の中に入って遊びます。2〜3セットつなげて前に進んでもOK。バスごっこをしたり、おうちやお風呂に見立てたりして遊んでもいいでしょう。

準備物
牛乳パック12個、新聞紙

● 牛乳パックに新聞紙を入れた物6個を図のようにテープでつなぐ。

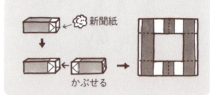

あそびのコツ
バランスをとるために、保育者が両手を持って援助しましょう。

あそびメモ　たくさん活動できるように
動くことの楽しさ、できたときの喜びを味わい、保育者と一緒に安心して力を発揮できる環境をつくって、子どもたちがたくさん活動できる場にしましょう。

★ よいしょ　よいしょ　み〜つけた！

絵を見ながら進む

保育室や廊下、階段などの壁に絵を貼り、子どもたちは絵を見ながら少しずつ進みます。時間をかけて遊びましょう。

準備物
クリアフォルダー、紙

紙にアリ、タマゴ、テントウムシ、カエル、サカナなど（少しずつ大きくしていく）を描き、クリアフォルダーに挟む。ラミネート加工でもOK。

あそびのコツ
絵同士の距離を離しすぎないように。

あそびメモ　できたことを共に喜ぶ
それぞれの発達の段階が違っても、環境を整えることで子どもは力を発揮することができます。保育者が付き添って、できたことを共に喜ぶことが何より大切です。

★ バリバリとって〜！

スポンジを取ったり貼ったりして遊ぶ

保育室の壁にスポンジを付けた段ボール板を養生テープで貼っておきます。子どもが興味をもって、立って手を伸ばし、スポンジをバリバリとはがします。保育者が貼り付け、子どもが取る、を繰り返して遊びます。

環境とあそび

春 たっち・よちよちタイプのあそび

あそびのコツ
いろいろな高さを準備しておこう！

ペタッ

準備物
段ボール板、面ファスナーの硬い面、ナイロン不織布が付いたスポンジ
- 段ボール板に面ファスナーを貼る。

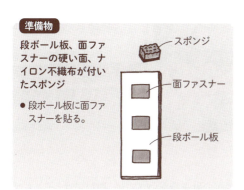

スポンジ
面ファスナー
段ボール板

あそびメモ　繰り返して遊ぶ
子どもは立った高さにあるスポンジに気が付き、手を伸ばします。取っておしまいではなく、保育者が声を掛けながらペタッとくっつけてみることで、子どももまねして遊んでいきます。手のひらで握ったり押したりする運動を促します。

★ おはなをギュッギュッ

つかんだり、引っ張ったりして遊ぶ

鼻をつかんだり、引っ張ったりして遊びます。『ぞうさん』(作詞／まどみちお　作曲／團伊玖磨)の歌をうたってもいいでしょう。

準備物
段ボール板または厚紙、ゾウの鼻に見立てられる物(ハンカチ、タオル、フェルト、ビニールなど)
- 段ボール板に色画用紙のゾウを貼り、鼻の部分は穴をあける。裏からハンカチなどを穴に通す。

あそびのコツ
初めに保育者が鼻を少しずつ伸ばしていくと興味をもって取り組めます。

びよ〜ん

素材を変えたり、音の鳴るものを付けたりして、興味をもてるようにしました。

あそびメモ　たくさんの素材に触れられるように
興味をもって引っ張る動きを楽しめるので、たくさんの素材に触れる環境をつくることが大切です。個々の興味・関心に合わせて素材を調整していきましょう。

夏

環境づくり

梅雨明けとともに暑い夏がやってきます。寝苦しさや食欲不振などから体調を崩す子どももいますので、健康には十分に注意しましょう。室温調整や水遊び・もく浴などを随時行なって、快適な生活を目指しましょう。

生活 毎日の生活の流れに気付き、安心して生活できるように

担当の保育者が分かり、積極的に要求を伝えようとします。

まんまるボールみたいなお花だね

生活面は主に担当者が介助を行ないますが、遊びでは、子どもが興味をもった物や場所で遊べるように他の保育者とも大いに関わるようにしていきます。自分の物、好きな玩具などがある場所が分かってくるので、マークや写真などを使って分かりやすくしておきます。

あそび 水あそびを十分に楽しめる環境

一人ひとりが楽しめるように

暑い夏の水遊びは本当に楽しいものです。心も解放され、心地良い疲れに食欲も出て、ぐっすりと眠ることもできるでしょう。一人ひとりが楽しめるようにスペースに余裕をもってビニールプールや大きめのタライなどを準備します。

○○ちゃんのプールはここよ

クルクルまわった…

水遊びを存分に楽しむ玩具

水に十分に触れられるようなグッズを用意しましょう。軽くて持ちやすいペットボトルなどの容器もおすすめです。

環境とあそび

夏　環境づくり

あそび 好きなあそびに集中して楽しめる室内環境

梅雨時は天候が変化しやすく、全員が室内遊びをするという状況が続くこともあります。発達に合わせて、室内の様々な場所に遊びが生まれるように教材などを工夫しましょう。保育者のアイディア1つで様々な遊びが展開できます。また、発達の差によって子どもの目線は違います。どこにどのような物を設定するか、子どもたちの様子をよく見て考えてみてください。

なにこれ…ストン！

サークルに、牛乳パックで作った立方体を通します。目線の先にあるので、興味津々！

「カチャ」って鳴ったね

……

蓋に切り口を作ったタッパーに、チップを落として「カチャ」と音がするのを繰り返し楽しみます。

ねんねん…

マットでまったり…

まったりできるスペースとしてマットを敷いています。自ら横になったり、布団に人形を寝かしつけたりします。

あそび 戸外で興味をもった物や場所で十分に遊べるように

生活にも慣れて興味も広がってきます。梅雨の晴れ間、水遊びをするほど暑くないときは積極的に戸外で遊びましょう。歩き出した子どもには、段差や階段など、安全に十分に注意してください。

よいしょ！

砂場なども衛生的に整備しておきましょう。自然の色や形、匂いなどを感じながら楽しく遊べるようにしていきます。

じゃー

保育資料

📖 おはなし

ぞうさん
詩：まど・みちお
絵：にしまき かやこ
こぐま社

ゆっくとすっく Baby ころん！
文：たかてら かよ
絵：さこ ももみ
ひかりのくに

おいしい おと！ なんの おと？
作・絵：ふくざわ ゆみこ
ひかりのくに

やさい もぐもぐ
作・絵：ふくざわ ゆみこ
ひかりのくに

な〜でなで
作・絵：かしわら あきお
ひかりのくに

じゃあじゃあ びりびり
作・絵：まつい のりこ
偕成社

✋ 手あそび

- **ゆらゆらタンタン**
  作詞・作曲：不詳
- **とんとんとんとん ひげじいさん**
  作詞：不詳　作曲：玉山英光
- **ピヨピヨちゃん**
  作詞・作曲：不詳
- **あたまてんてん**
  作詞：阿部 恵
  作曲：家入 脩

🎵 うた

- **手をたたきましょう**
  外国曲
- **たなばたさま**
  作詞：権藤はなよ
  補詞：林 柳波
  作曲：下総皖一
- **さかながはねて**
  作詞・作曲：中川ひろたか

❤ ふれあいあそび

- **いないいないばあ**
  わらべうた
- **いちりにりさんり**
  わらべうた
- **ぐるぐる洗濯機**
  作詞：有吉有巳子
  作曲：平田明子
- **いもむしごろごろ**
  わらべうた
- **おすわりやす**
  わらべうた

🌿 自然

- ヒマワリ
- セミ
- キンギョ
- スイカ
- キュウリ
- トマト

手作り玩具

環境とあそび / 夏 / 保育資料／手作り玩具

🍀 パクッ！とBOX

底にあけた穴から保育者がのぞいて、子どもの名前を呼びます。子どもが手を入れてきたら保育者は優しくつかみ、「パクッ！」と言います。ふれあいを楽しみましょう。

作り方

ティッシュペーパーの空き箱
● 底を大きくくり抜く。

ポイント
手をつかまれる驚きが、遊ぶ楽しさに変わっていく過程を一緒に楽しみましょう。

🍀 ひっぱりんこカタカタ

保育者が手に取って引っ張って遊んでみせ、子どもが興味をもてば手渡します。手を広げる運動と、引くと音が鳴る不思議さを体験できるでしょう。

ポイント
まずは子どもが玩具自体に興味をもてるように促してあげましょう。

作り方

ボトルキャップ5個、ひも
● キャップの真ん中に穴をあけてひもを通す。
※ひもの長さを子どもに合わせて調節する。

結ぶ / 結び目を作る / 結ぶ

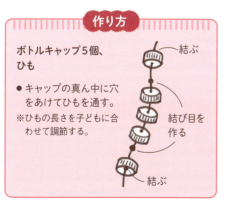

カタカタ…！

夏のあそび

★ シートでお水パシャパシャ

水を触って遊ぶ

ためた水の中で、座ったり腹ばいになったりして遊びます。「♪どーん どーん」「♪とんとんとん」など『おおきなたいこ』の歌に合わせて水面をたたいてもいいですね。

あそびのコツ
滑って転ばないように子どもの様子を見守りましょう。水をバケツで足していくようにすると、安全に遊べます。

準備物
園庭の土を盛って枠を作り、上にシートを敷いて、水たまり程度（水深1〜2cmまで）の水をためる。

あそびメモ　まずは水慣れ
子どもは水を見ると、好奇心や関心から手で触れようとし、自分から水に慣れようと活動する姿が見られます。このような活動を繰り返すことが、水に慣れる大きな一歩になるでしょう。

『おおきなたいこ』　作詞／小林純一　作曲／中田喜直

★ パチパチ パチン！

『十人のインディアン』の替え歌で遊ぶ

❶ おててとおててで　パチパチパッチン
両手を広げてリズムをとりながら歌う。

❷ （パチパチパチ）　ゆっくり手を3回鳴らす。

❸ おててとおててで パチパチパッチン（パチパチパチ）〜
❶❷を3回繰り返す。

❹ おててでパーッチン（パチン！）
❶を繰り返し、最後は1回大きく「パチン！」と手を鳴らす。

あそびメモ　みんなで一緒に
大好きな保育者と様々に遊ぶ中で、1つでもみんなと一緒にできる場面があることが喜びにつながります。最後の「パチン！」をみんなで楽しみましょう。

『十人のインディアン』（アメリカ民謡）のメロディーで　作詞／小倉和人

⭐ にぎにぎボーッ！

「にぎにぎボーッ」で遊ぶ

準備物
プチプチシート（30×30cm）、アルミホイル（30×30cm）
- プチプチシートの裏面にアルミホイルの光沢面をくっつけ、端から巻く。巻き終わり、両端（丸みをつける）はテープで留める。

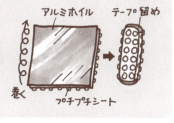

にぎにぎ

あそびのコツ
保育室に置いておき、興味をもった子から遊べるように！

曲げる

振る

電話　もしもし？

ポンポンたたく

あそびメモ　興味・関心をもって遊ぶ
子どもが興味・関心をもつ簡単手作りアイテムです。手のひらで感じるプチプチの感覚、キラキラ光って興味を引くアルミホイル、曲げるとそのままの形で残る不思議さなどを感じて遊べます。

環境とあそび　夏　夏のあそび

⭐ ツンツンボーッ！！

「にぎにぎボーッ」で遊ぶ

にぎにぎボーッを持って、風船をツンツンします。
※風船はひもでつるしても、保育者が持ってもいいでしょう。

準備物
「にぎにぎボーッ」、風船

あそびのコツ
子どもが座った状態で遊べる高さに！

あそびメモ　子どもの様子を見守って
いろいろな所をポンポンとたたいてから遊ぶとより楽しめます。距離感を捉えたり、当てたときの風船の反応を楽しんだり、目一杯体を伸ばして遊んだりと、たくさんのねらいがあります。子どもの成長を見守りながら楽しく遊びましょう。

ごろごろタイプのあそび

⭐ ふわふわベッド

ふわふわベッドに乗って遊ぶ

木陰や日よけのある所にふわふわベッドを置き、触ったり腹ばいになったりして感覚遊びを楽しみます。

あそびのコツ
袋の中に、おはじきやスパンコールなどを入れてもOK！

きもち～！

準備物
ジッパー付きポリ袋（A3サイズ）
- 空気が入らないように水を入れて、ふわふわベッドを作る。
※水の入れ過ぎに注意。

あそびメモ　感覚遊びを楽しむ
「これなんだろう？」と興味をもつ瞬間から活動はスタートします。指でつついたり、上に乗ってふわふわしている感覚を楽しんだりすることが大切でしょう。間接的に水に触れるだけでも、水慣れの第一歩です。

⭐ さわってみよう！

触って遊ぶ

寝ている子どもが手を伸ばして届く位置で、レジ袋をシャカシャカ鳴らしながら見せます。手を伸ばしてつかめたら、褒めましょう。布製のボールや風船などでも同様に遊び、手の感覚遊びを楽しみます。

準備物
レジ袋を膨らませた物、布製のボール、風船（または柔らかいゴムボールなど）

あそびメモ　感じ取る経験
子どもの手の届く範囲での探索行動を経験することが大切です。手で触れて、音が鳴ったり、ふわふわしていたりと、様々に感じ取ることができるでしょう。単に触れるだけでもうれしくなる雰囲気づくりも大切です。

⭐ ここ ここ ここよ〜！

『とうさんゆびどこです』の替え歌で遊ぶ

❶ ○○ちゃん どこです

保育者（リーダー）は子どもを探す動作をする。

❷ ここよ ここよ

あそびのコツ
自分をアピールできるようにフォローしよう。

もう1人の保育者が呼ばれた子どもの手を取り、一緒に手を上げる。

❸ ごきげんいかが ありがとげんきです

保育者（リーダー）が手をつないでリズムをとる。

❸ ではまた さよなら

バイバイをする。
※歌い終わったら、「○○ちゃん」と名前を呼んで、手を上げたり返事をしたりする機会をつくりましょう。

あそびメモ　返事をすることがうれしい

初めは戸惑いの表情を見せるかもしれませんが、保育者と共に手を上げ、返事をすることを楽しんでほしいと思います。

パンッ

タンブリンを取り入れてみると表情が豊かになり反応もよくなりました！

『とうさんゆびどこです』（外国曲）のメロディーで　作詞／小倉和人

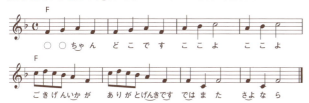

環境とあそび

夏　ごろごろタイプのあそび

おすわりタイプのあそび

★ カキコキひんやり

冷たい物を触って楽しむ

袋を子どもの前に置き、自由に触れるようにします。触る→冷たい！ の繰り返しを楽しみましょう。水遊びができないときに最適です。

※水が出ないように注意してください。

準備物

ジッパー付きポリ袋×2、保冷剤、水

● ジッパー付きポリ袋に水と凍らせた保冷剤を入れる。それを一回り大きいジッパー付きポリ袋に入れる。

つめたーい！

あそびメモ　子ども自身が興味を示すように

まず、子どもが興味を示すことが大切です。「ん？　なんだろう？」と子ども自身が心の中でつぶやいて触れるほうが、楽しみも驚きも増えます。遊びを通して子どもの心の変化を感じられるようにしましょう。

★ 水風船でポヨヨ〜ン

水風船を触って遊ぶ

水風船を持ったり触ったり握ったりして遊びます。
水風船の中にある水への不思議さを感じて楽しみましょう。

準備物

水風船、タライ

● 水風船を水が入ったタライに浮かべておく。

あそびメモ　手を使って

水風船を持って握る・振るなど、様々な運動が経験できるうえに、持とうとしたら風船がツルンと逃げるので、集中力を養う機会にもなります。

もてるかな…

あそびのコツ
子どもに合わせて、タライと風船に入れる水の量を調整しましょう。

子どもたちの集中力にびっくり！

⭐ おなまえすりすり

『あなたのおなまえは』の歌で遊ぶ

❶ あなたのおなまえは〜

保育者は子どもの手を取って、上下に揺らしてリズムをとる。

❷ 〜「○○くん（○○ちゃん）」

名前を呼んで、その子の頬を手のひらでスリスリする。3人ぐらいに繰り返す。

❸ あらすてきなおなまえね

手を上下に揺らし、最後は子どもの手のひらを上に向けておしまい。

あそびメモ / 子どもの様子に合わせて

手を上下させ、子どもなりにその場の雰囲気やリズムを感じて遊んでいる様子が見られるでしょう。幼いからまだ難しいかな？　と思わずに一度試してみることが大切です。試してみてから子どもに合わせていきましょう。

『あなたのおなまえは』(インドネシア民謡)

⭐ 5歳児とゴーゴー・ドライブ

0歳児が乗り、5歳児にゆっくりと引っ張ってもらう

準備物
段ボール箱（子どもが座れる物）、クッション、短縄
- 段ボール箱に穴をあけ、短縄を結び付ける（背もたれ側まで縄を回してもOK）。
- クッションを入れる。

「しゅっぱつしまーす！」

あそびのコツ
短い距離を回って帰ってくる程度にしよう。

「くるまにのっていいね！」

「5歳児の発想で廊下も探検する姿が見られました。」

あそびメモ / 刺激をプラスして新しい遊びへ

段ボール箱に入ることは、子どもにとって居心地の良いものです。更に異年齢児の力を借りることで、遊びの展開が新しいものになります。少しの環境の変化を良い刺激へと変えていくことも大切でしょう。

環境とあそび　夏　おすわりタイプのあそび

 ハイハイタイプのあそび

★ シャカシャカ・ふりふり

水をはじいて遊ぶ

テーブルの上にビニールをかぶせ、その上に水を注ぎます。手や腕を左右に振り、車のワイパーのようにシャカシャカと水をはじいて遊びます。

準備物
テーブルなどの台（子どもの胸の辺りの高さ）、ビニールもしくはビニール製のテーブルクロス

あそびメモ　手をスムーズに動かして
子どもが手をスムーズに動かすことがポイントです。ビニールの上に水を流し、繰り返し遊んでいけば、しぜんに水に慣れてくることでしょう。

★ なにがでるかな？

手を入れて遊ぶ

保育者は手を入れ、子どもに穴があいていることを伝えます。子どもが興味をもち、手を入れてくると、保育者は牛乳パックを通してお手玉を手渡します。子どもが手にしたお手玉を確認したら、保育者は「〇〇ちゃん取れたね」と声を掛け、共感し、繰り返し遊びます。

準備物
牛乳パック2本、お手玉（紅白玉）
● 牛乳パックの底と上の部分を切り取り、2本をつなげる。

あそびメモ　動きを楽しむ
牛乳パックをのぞき込んだ時点で子どもはこの遊びに興味をもっています。お手玉を見せてから中に入れると、「中に今見た物が入っているのかな？」と思いながら手を入れてきます。これを繰り返し、楽しみましょう。

⭐ ぴょんぴょんハイハイ

ピョンピョンボールをハイハイで追い掛ける

保育者がボールを引っ張って、子どもの前に置き、手を離します。飛んでいったボールをハイハイで追い掛けていきます。次は反対側からスタートします。

準備物
丸めた新聞紙（乳児用のボールでもOK）、平ゴム（マットの⅓の長さ）、マット2枚、積み木

〈ピョンピョンボール〉
● 丸めた新聞紙のボールに平ゴムをしっかり貼り付け、ピョンピョンボールを作る。

● 平ゴムを挟むようにマットを並べる。マットの両端に積み木など、子どもが座りやすい高さの物を置く。

あそびのコツ
ボールに興味をもってから、ゴムを付けてみよう。

あそびメモ：豊富な室内運動を楽しむ
手を離すとボールが前方へ飛んでいくことに、初めは驚くかもしれません。しかし、繰り返すうちにボールを追い掛けることの楽しさを見いだします。座って待つ、飛ぶボールを見る、追い掛けるを繰り返すことで、室内でも豊富な運動量を確保できます。

⭐ 凸…凹…

凹凸を確認しながら進む

とび箱などを設定し、初めは1つ目の山を乗り越えることにチャレンジ。マットをハイハイで進み、次のお山にチャレンジ。ゴールしたら初めから繰り返して遊びましょう。

準備物
とび箱、巧技台、マット

あそびのコツ
少しずつ着実に進んで遊べるようにしていきましょう。

あそびメモ：子どもの進み方をよく見る
山になっている部分でも気に留めず、ただ前に進んでいる子どもたちも、繰り返し遊ぶうちに山を認識し、自分の意志で上り下りするようになります。そういった子どもの成長をしっかり把握しておきましょう。

環境とあそび／夏／ハイハイタイプのあそび

たっち・よちよちタイプのあそび

★ ぴたっとくん

流れる水で遊ぶ

シャワーホースでビニールシートの上から水を流します。子どもは水の音、太陽の光でキラキラ光っている水の流れ、プールに流れた泡などに興味をもちます。水を止めたり出したりして繰り返します。

準備物
簡易式鉄棒やつい立てなど、ビニールシート、シャワーホース、水を入れたペットボトル、ミニプール
●右図のように、プールの中にペットボトルの重しを付けたビニールシートの端が入るようにセットする。

あそびのコツ
プールの水深は5cm程度にしましょう。

あそびメモ　自分から水に触れる
ビニールの上を水が流れるようにすると、子どもは手を前に出して水に触れようとします。自分から進んで水に触れる姿は、後のプール遊びへとつながるきっかけとなるでしょう。

★ 「えがお」がでたよ～！

『あおむしでたよ』の替え歌で遊ぶ

❶ おてて～を　ふりふ～り

手をブラブラさせる。

あそびのコツ
みんなで歌いながら雰囲気を楽しもう！

❷ ほっぺにくっつけよう　ピッピッ

指を頬にくっ付ける。

❷ すてきなえがおです～　ニコッ

指を頬に付けたままリズムをとり、最後は笑顔に。

あそびメモ　繰り返すことで遊びに慣れる
子どもは、遊びに慣れることと、笑顔が出るまでに時間差があります。繰り返し遊んでいくうちに「なんだか楽しい！」と感じるようになれば、笑顔もしぜんに出てくるでしょう。

『あおむしでたよ』(作詞・作曲／不詳)のメロディーで　作詞／小倉和人

異年齢児と トンネルくぐって　トン！

トンネルをくぐる

年上の子どもがフープを立ててトンネルにします。トンネルの先で保育者または年上の子どもがタンブリンを持って0歳児の名前を呼びましょう。くぐれたらタンブリンにタッチ。音が鳴らなくても、くぐったことを示せればいいでしょう。

準備物
フープ（または巧技台など）、タンブリン

あそびメモ　自ら動こうとする環境を
くぐる動きには、個人差があります。異年齢児が0歳児を呼んだり、0歳児がくぐった後に大好きな動きを取り入れたりして、子どもが自ら動こうとする環境を整えることも大切でしょう。

よいしょ！　よいしょ！

伝い歩きをする

棚を横に3個つなげ、縄などでしっかりと縛ります。端に人形など子どもが興味をもっている物を置き、子どもは伝い歩きをして、人形にタッチします。慣れてきたら、棚の高さに変化を付け、同じように端から伝い歩きをします。

準備物
棚（または巧技台など）、縄、人形など

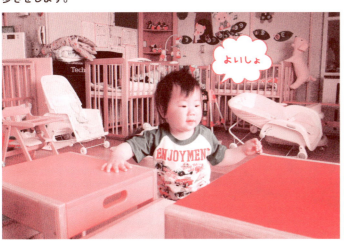

あそびメモ　遊びの変化が気持ちの変化に
遊びの変化は、子どもに良い刺激を与えます。「いけるかな？　ん〜すこしムリかな？　でもいってみよう！」と子どもの気持ちが変化し、それが遊ぶ姿となって現れます。そうした視点で子どもと遊びを見ることも大切でしょう。

秋

環境づくり

色とりどりの木々や葉っぱ、木の実など自然の色が美しい季節ですね。歩行もしっかりとしてきた子どもも多いかと思います。安全には注意して自然を楽しみながら、戸外へ出てみましょう。いろいろな動きを経験することで、健康な体づくりにつながります。

生活　食べることに意欲をもてるように

月齢によって食の形態は違いますが、重要なことは食べることに喜びを感じて楽しみにする、ということです。食欲の秋、食の環境を見直してみましょう。子どもたちが食に集中できるように、他の子どもの遊ぶ様子が視界に入らないようにしたり、保育者が頻繁に立ち歩かなくてよいように準備したりします。イスやテーブルも子どもたちに合った高さにする、背中を合わせるなど、細かいところも調整しましょう。

半円形の机を使って

あそび　身体を動かす楽しさを知る環境

個人差はありますが、動きが活発になってきた子どもたちです。歩行前の子どもは、ハイハイを十分に行なってから1人歩きへ移行したいですね。歩き出した子どもでも、はって階段を上り下りするなどの動きができるよう工夫することで、いろいろな体の動かし方を経験できます。ソフト積み木やボールなどを使っても同様にできるので、工夫してみましょう。

ボールを追い掛けて

ボールまてまて〜

ソフト積み木の上で

マットとブロックで坂をつくっています。

よいしょよいしょ

あそび　秋の自然にふれながら戸外あそびを楽しめるように

　秋の彩りの美しさ、風に葉っぱが飛ばされていく様子など、子どもたちは興味津々で見ています。指さしで伝えようとしたり、何かに気付いたりする様子があれば、保育者はそのことを受け止めながら言葉にして表現するようにしましょう。共感してもらう楽しさが伝えようとすることにつながっていきます。

手をつないで歩こうね

カサカサ…

落ち葉の上を歩いたり、落ち葉を触ったりする体験を

メダカさんどこにいるのかな…

あそび　いろいろなあそびに興味をもてるように

　簡単な歌や手遊び、絵本などにも興味が出てきます。日頃の生活によく出てくる物や事柄や子どもたちにとって身近な物を認識できるような絵本や紙芝居は大切な教材です。型はめやパズルなどにじっくり取り組む子どももいるので、発達に合った物を用意しましょう。

同じ型にはめることが楽しく、繰り返し行ないます。

おんなじだね～

おんなじね～

ドーンドーントントントン

子どもたちが、棒を持ってトントンたたく姿から、太鼓をイメージして、手作りのバチを用意

環境とあそび　秋　環境づくり

秋 保育資料

📖 おはなし

ぱくっ！
著：かしわら あきお
ひかりのくに

だるまさんが
作：かがくい ひろし
ブロンズ新社

くっついた
作・絵：三浦太郎
こぐま社

おつむ てん てん
作：なかえ よしを
絵：上野紀子
金の星社

ゆびをさしてあそぼう どうぶつしゃしんずかん
写真：内山 晟
絵：かいちとおる
ひかりのくに

あけて・あけてえほん れいぞうこ
作・絵：新井洋行
偕成社

✋ 手あそび

- あたまかたひざポン
  作詞：不詳
  イギリス民謡
- パンダうさぎコアラ
  作詞：高田ひろお
  作曲：乾 裕樹
- だるまさん
  わらべうた
- やきいもグーチーパー
  作詞：阪田寛夫
  作曲：山本直純

🎵 うた

- こんこんクシャンのうた
  作詞：香山美子
  作曲：湯山 昭
- 松ぼっくり
  作詞：広田孝夫
  作曲：小林つや江

💗 ふれあいあそび

- おふねがぎっちらこ
  わらべうた
- こりゃ どこの
  わらべうた
- あがりめさがりめ
  わらべうた
- 大きな栗の木の下で
  外国曲

🍃 自然

- マツボックリ
- 落ち葉
- サツマイモ
- ホウレンソウ
- カキ
- ミカン

手作り玩具

🍀 カラからコロころ

握ったり音を鳴らしたり、中に入っている物を見たりと、いろいろな興味を引き出します。

作り方

ペットボトル（500ml）、手提げホルダー、ひも、内容物（ビー玉・ドングリ 2～3個、ストロー（½）10本 など）

- 手提げホルダーをひもなどでペットボトルに取り付け、内容物を入れる。ビニールテープで蓋を補強する。

にぎにぎ
ふりふり

ポイント 素材その物の音が分かるように、内容物は入れ過ぎない。

なにがはいっているんだろう？

🍀 プチプチころころ

ギュッと握ったり、両手の手のひらでコロコロしたり、指を入れたりして遊びます。手のひらや指先の感覚遊びで、指先の微細運動を促します。

作り方

プチプチシート、ペーパー芯

- ペーパー芯を1か所切って細く絞り、直径を2.5cm程度にしてテープで留める。芯にプチプチシートを巻き、穴の中に折り返しておく。

※プチプチシートを巻く前に、芯に色紙やシールなどを貼ってもいいでしょう。子どもの興味・関心がアップします。

切る → 細く巻いてテープで留める → プチプチシートを巻く → 中に入れる

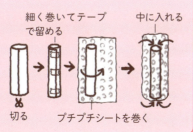

ポイント 子どもが興味をもって握っているだけでも、手のひらへの刺激が促されます。

ゆびはいったー！

環境とあそび / 秋 / 保育資料／手作り玩具

秋のあそび

⭐ ぐいっとピョン

引っ張って、離して遊ぶ

子どもは壁を伝って立ち上がり、スズランテープを引きます。手を離すと「ピョ～ン！」と戻ります。不思議さで何度も触り、引っ張って遊びます。

準備物

平ゴム、スズランテープ

平ゴムにスズランテープを3～5本束ねてくくり付ける。平ゴムがたるまないように保育室の窓枠や、柵などに取り付ける。

あそびのコツ
スズランテープの色は赤や青、黄、白などカラフルに！

あそびメモ

発達に合わせて環境の構成を

この遊びは握って引くだけでも力を入れて遊べ、離すとピョンピョンはねて楽しい雰囲気になります。「たっちできるかな？」伝い歩きしそうだな、など子どもの様子を見ながら環境を構成していくといいでしょう。

⭐ にぎにぎハンドル

にぎにぎハンドルで遊ぶ

あそびのコツ
子どもの人数分以上用意すると楽しさアップ！

準備物

プチプチシート(30×60cm)、アルミホイル

プチプチシートのツルツル面にアルミホイルのキラキラ面をくっつけ、端から巻く(p.83の「にぎにぎボーツ」と同様に)。巻き終わりテープで留め、両端をくっつけて輪にする。

持つ	腕に通す	保護者の腕に通す

のぞく		頭に載せる	

あそびメモ

自分から遊ぶ姿に注目して

信頼関係ができている保育者と遊んでいくと、自分から「バッ！バッ！」と遊びに取り組む姿が見られます。子どもが楽しめることをたくさん示し、自分から遊ぼうとする姿を大切にしたいですね。

ごろごろ＆おすわりタイプのあそび

⭐ うちわそよそよ

うちわで遊ぶ

保育者はうちわをあおぎ、子どもはスズランテープがひらひら舞うところを見ます。次に子どもがうちわを持ち、自分であおいで遊びます。

準備物

うちわ、スズランテープを裂いた物（2cm×15cm）

- うちわの先に、3〜5本程度スズランテープを貼り付ける。セロハンテープなどで留める

あそびメモ　「気付き」によって楽しさが分かる

子どもはスズランテープの動きが気になり、興味をもちます。その後自分で持つことで、うちわやスズランテープが動くことにも気付いていきます。このような気付きによって、繰り返すことが楽しくなってくるのです。

⭐ ぺっこんボード

指先で押したり、つまんだりして遊ぶ

タマゴパックは指先で押し、ミニゼリーカップは親指と人さし指でつまみます。へこんだら、裏の穴から鉛筆などで押し返して、繰り返し遊んでみましょう。

あそびのコツ　まず保育者が子どもの前で遊んでみましょう。

準備物

タマゴパック、ミニゼリーカップ、段ボール板（A4サイズ程度）

- 段ボール板にタマゴパック、ミニゼリーカップを接着剤などで貼り付ける。
- 凸部分の裏側から、鉛筆大の穴を段ボール板にあける。
※ミニゼリーカップは、2種類以上使えば硬さの違いを楽しむこともできます。

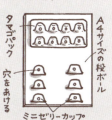

（ぷすっ！）（ぎゅっ！）

音を楽しみながら感覚遊びを喜んでいました！

あそびメモ　遊びの中で違いに気付く

タマゴパックを押してへこませてもミニゼリーカップは同じようにはできず、つまむ活動へと転化することが必要になります。指先を使うことは同じでも力の加え方の違いを遊びの中で身につけることができるといいですね。

環境とあそび / 秋　秋のあそび／ごろごろ＆おすわりタイプのあそび

⭐ グーとパーの歌あそび

『グーチョキパーでなにつくろう』の替え歌で遊ぶ

1番

① グーグーグーグー〜
なにつくろう

両手をグーにして、リズムをとる。

② おててはおなか
おててはおなか

握った手をおなかに当てる。

③ ポンポコポン
ポンポコポン

おなかをポンポンたたく。

2番

① パーパーパーパー〜
なにつくろう

両手をパーにして、1番と同様に。

② おててはほっぺ
おててはほっぺ

手を頬に当てる。

③ スーリスリ
スーリスリ

頬をさする。

先生にスリスリしてもらっても楽しい♪

あそびメモ 心地良い時間を

聞き覚えのある歌と、把握運動でできるグーとパー。これだけで楽しい時間が過ごせます。自分のおなかや頬にポンポン・スリスリしているだけですが、こうした「なんだか心地良い」という時間をたくさんつくりましょう。

『グーチョキパーでなにつくろう』(フランス民謡)のメロディーで　作詞／小倉和人

⭐ かわいくなでなで

『十人のインディアン』の替え歌で遊ぶ

① バナナ　バナナ
バナナのおてて

保育者が子どもを抱っこし、手をさする。

② メロン　メロン
メロンのあたま

頭をなでる。

③ もも　もも
もものおしり

お尻をなでる。

④ おなかは　すいか
ポン！

おなかをさすって、最後に軽くタッチ。

ポン！

あそびメモ 楽しく部位を伝える

ここでのねらいは子どもとのふれあいですが、ただ子どもを触るのではなく、楽しい雰囲気の中で体の部位も伝えていけるようにしています。たくさんふれあい遊びをしてみましょう。

『十人のインディアン』(アメリカ民謡)のメロディーで　作詞／小倉和人

⭐ 紙コップで『ばぁ〜』

床に置いた紙コップを上げて遊ぶ

保育者と一緒に「いないいないばあ〜」と言いながら、紙コップを上げて遊びましょう。

あそびのコツ
保育者が初めに「いないいな〜い…ばっ！」と紙コップを上げて見せよう。

でてきた〜！

準備物
紙コップ、紅白玉（お手玉）、色画用紙

- 紙コップは子どもが興味をもてるように、ビニールテープなどで装飾をする（柄付き紙コップでもOK）。
- 紅白玉の上に紙コップをかぶせて置く。

ばぁ〜

伝い歩きができるようになったら、テーブルの上に置いた紙コップを順に上げて遊びましょう。

あそびのコツ
個々に合わせたコップの位置や距離などを考えよう。

あそびメモ　興味をもって活動する
子どもは、保育者の活動を見ると「楽しそう、やってみよう」と活動し始めます。「出てきたね〜」と、保育者もその活動ごとに共感することが大切です。

環境とあそび　秋　ハイハイタイプのあそび

⭐ コロコロお山を越えよう！

ハイハイで体に乗る

保育者があおむけに寝ます。保育者のおなかの上を子どもがハイハイで上っていき、子どもの胸辺りが保育者の体に乗ったときに、保育者は寝返りの要領でそっと動きます。子どもは床に手を着いて前に進みます。繰り返し遊びましょう。

あそびメモ　手を前に出せるように
保育者がそっと体を動かすと、子どもは反射的に手を前に出そうとします。ふだんの生活の中でも反射的に手を前に出せるように、こうした一連の遊びで刺激を与えることも大切でしょう。

ヨイショ…！

たっち・よちよちタイプのあそび

★ よいしょ〜でタッチ！！

準備物
園児用テーブル、卓上ベルまたは楽器（鈴やタンブリンなど）、大型積み木
● 保育室の壁際にテーブルを置き、端にベルを置いたり壁から楽器を下げたりする。

たっちタイプ
伝い歩きで進み、ベルなどにタッチして鳴らす

よちよちタイプ
積み木の上を歩いて行き、タッチして鳴らす

テーブル2台を並べて、周りを大型積み木で囲みます。積み木の上で足元を意識して歩いたり、上り下りしたりできます。

あそびのコツ
保育者が鳴らしながら声を掛けて、興味を促そう。

あそびメモ　発達を促す環境を整える
伝い歩きを促すには、何か目標があれば興味をもって行こうとします。ふだん目にしているぬいぐるみでもいいでしょう。自分で動いて進もうとする気持ちを大切にするためにも、発達を促す環境を整えていきましょう。

★ カタことカタこと

カタカタ鳴らして遊ぶ
子どもはラップの芯を持って上から下に動かし、カタカタ鳴らして遊びます。

準備物
片段ボール、割り箸、ラップ芯
● 片段ボールに等間隔に割り箸を木工用接着剤で貼り付け、壁などに子どもの目の高さに貼り付ける。

カタカタ…

あそびメモ　遊びの展開を工夫して
初めは縦方向に少し動かす程度でもいいでしょう。子どもの探索行動が増してくると、物足りなくなってきますので、割り箸の間隔に変化を付けるなど工夫し、遊びを展開していってもいいでしょう。

⭐ ふわふわピョンピョン

1 座布団でピョンピョン

マットの上に座布団(2枚程度重ねた物)と巧技台を置きます。保育者は子どもの手を持ち、子どもは座布団の上に立って、ジャンプするように膝を動かして遊びます。

2 巧技台でピョンピョン

座布団から下りて巧技台に上り、同様にジャンプします。また座布団に戻り、繰り返し遊びます。

準備物
マット、座布団(クッション)、巧技台

あそびメモ　感覚が体になじむ

繰り返し遊ぶことで、足の裏で硬さの違いを感じ、ジャンプしようとする膝の動きの感覚が体になじんでくるでしょう。これから必要であると考えられる動きを遊びの中に取り入れていくことは大切です。

秋　たっち・よちよちタイプのあそび

⭐ ふわふわ〜っ！

布を触って遊ぶ

布の四隅をそれぞれひもで結び、子どもの手が届くか届かないかの高さにつるします(斜めでもよい)。子どもは、布を見上げて触ろうとして遊びます。

準備物
布やテーブルクロスなど、ひも

プラスチック製の軽いボールを布の上に数個転がすと、おもしろさアップ！

あそびのコツ
子どもがつかんでも布が落ちないようにしましょう。薄手の布を使うと、蛍光灯の光でぼんやり明るくなります。

あそびメモ　楽しい雰囲気をつくる

指先で布に触れるだけでもおもしろいです。ボールを転がすことで、そこへ手を伸ばそうとする姿も見られ、意欲的に遊べます。楽しい雰囲気・環境づくりを常に心掛けましょう。

冬

環境づくり

風の冷たい季節、空気が乾燥し感染症の流行もあるので、健康管理には十分に注意します。しかし、室内で遊ぶばかりではなく、多少冷たい空気にふれることも大事です。遊びの中でも「寒いね」「冷たいね」という体験をぜひさせてあげたいものですね。

生活　冬の健康管理のために

温度・湿度に気を付ける

空気が乾燥すると感染症にかかりやすくなるので、室温に注意して、加湿器を使用するなど湿度も調整します。ただ、加湿器はカビなどが繁殖しやすいので常に清潔にしておきます。

手洗いを丁寧に

自分で立てる子どもは、保育者と一緒に手を丁寧に洗うようにします。泡状のせっけんは使いやすく、乳児向きです。せっけんを流すときはためたお湯で十分にすすぎます。保育者が水でさっと流して仕上げ、手拭きタオルで十分に拭き取ります。水分が残っていると冷たく感じ、あかぎれにつながることもあるので、丁寧に。

生活／家庭と　食への意欲・関心をもてるように

ほとんどの子どもが離乳食を卒業し、乳児食になってきます。改めて一人ひとりの子どもの食事状況をしっかりと確認しましょう。家庭とも密に連携しながら進めていくことが大事です。食材の選び方や献立、食べる環境、スプーンの使い方など家庭と園が同じように対応することが、子どもにとって混乱なく安心した生活につながります。

保育者が口に運んだり、一緒に食器を持ったりして、食べたいという気持ちを大切にしていきます。

園での離乳食の作り方や内容の説明を写真で分かりやすく掲示しています。送迎時に見ることができるので効果的です。

環境とあそび

冬 環境づくり

あそび 外気浴を十分に行ない、元気に過ごせるように

寒い季節ですが、比較的暖かい日は日なたに出て外気にふれましょう。室内ばかりではなく、園庭や近くの公園など危険のない場所で戸外の空気にふれて遊ぶ機会も必要です。少々の上り下りや小石の上など、いろいろな所を歩く体験をしたり、安全に留意しながら固定遊具などに挑戦したりするなど、新しい体験も取り入れたいですね。

ブッブー

滑っていいですよ〜

水道の流しの「へり」に、車を並べ、走らせて遊んでいます。

でんしゃですよ

保育者は、そばについてバランスを崩さないように見守り、順番を待つことも知らせていきましょう。

あそび 室内でもいろいろなあそびに興味をもって遊べる環境

寒い時季なので、室内で過ごすことが多くなりますが、様々なバリエーションで遊べるようにしましょう。思い切り体を動かせる遊びや指先や手先の遊び、簡単なごっこ遊び、素材の感触を楽しめる遊びなど、いろいろ組み合わせながら、素材を工夫して子どもたちが興味をもって遊ぶことができるように考えてみてください。

指先を使って紙ちぎり

ビリビリビリビリ

広告紙にちぎりやすいように切り込みを入れておきます。

プールごっこ

ジャブジャブ、ワニさんですよ

ちぎった紙をプールに入れて遊びます。

手作り玩具で

段ボール板を3か所切り抜き、そこに厚手のビニール袋にビー玉、ビーズを入れた物、洗濯板などを挟み込みます。感触の違いを楽しんでいます。

コロコロ

粘土を風船の中に入れた物。

保育資料

📖 おはなし

0・1・2さいのずかん はたらくのりもの だいすき！
監修・写真：小賀野 実
ひかりのくに

はくしゅぱちぱち
文：中川ひろたか
絵：村上康成
ひかりのくに

だるまさんの
作：かがくい ひろし
ブロンズ新社

おやこで ちゅっ！
絵：まつばら いわき
ひかりのくに

ごめんやさい
作：わたなべ あや
ひかりのくに

かお かお どんなかお
作：柳原良平
こぐま社

✋ 手あそび

- コロコロたまご
  作詞・作曲：不詳
- いとまき
  外国曲
- せんべせんべやけた
  わらべうた
- パンやさんにおかいもの
  作詞：佐倉智子
  作詞：おざわたつゆき

🎵 うた

- サンタはいまごろ
  作詞：名村 宏
  作曲：石川たいめい
- 雪
  文部省唱歌
- お正月
  作詞：東 くめ
  作曲：滝 廉太郎

❤ ふれあいあそび

- おもちつき
  作詞・作曲：町田浩志
- あなのなか
  作詞・作曲：植田光子
- ハイ！タッチ
  作詞・作曲：植田光子
- ごんべさんのあかちゃん
  作詞：不詳　アメリカ民謡
- どこかな？
  作詞・作曲：植田光子

🍃 自然

- 雪、氷
- 落ち葉
- ダイコン
- ハクサイ
- リンゴ

手作り玩具

環境とあそび

冬　保育資料／手作り玩具

🍀 きらシャカケース

クリスマスソングなど、身近な曲を歌ったり、聞いたりしながら、ガチャポンケースを振って鳴らして遊びます。

ポイント
子どもの手のサイズに合った物を選び、すぐに興味をもてるようにしましょう。

作り方

ガチャポンケース（大／小）、乾燥コーン（ポップコーン用トウモロコシ）…アズキ・ダイズでもよい

- ガチャポンケース（大）にコーンを30個、（小）に15個入れて蓋をし、ビニールテープで留める。

テープで留める

🍀 ふわふわキャッチ

子どもの前で、保育者はペーパー芯の下から「フッ」と勢い良く息を吹きます。子どもはティッシュペーパーがひらひら落ちてくるのを見て手を出したり、取ったりして遊びます。

作り方

ペーパー芯、ティッシュペーパー1枚（2枚重ねをはがした1枚）

- ペーパー芯を縦に切って絞り、上部を直径2cm程度に細くして留める。
- ティッシュペーパーの中央部分を上部の穴に軽く差し込んでおく。

ポイント
ティッシュペーパーは2枚重ねだと早く落ちてしまうので、1枚ずつはがして使いましょう。

冬のあそび

⭐ お返事タッチ！

準備物　タンブリン

『あなたのおなまえは』の歌で遊ぶ

❶ あなたのおなまえは×3
「○○くん（ちゃん）」

あそびのコツ
移動できない子どもには、保育者が寄り添い、タンブリンをたたいてもいいでしょう。

子どもは名前を呼ばれたら「は〜い」と言って（手を上げるだけでもOK）、保育者のタンブリンにタッチ。

❷ あら
すてきな
おなまえね〜

保育者が歌い、順番に遊んでいく。

あそびメモ　うれしいことの連続
「○○くん」「は〜い」このやり取りは、ふだんの園生活でも見られると思います。自分の名前が呼ばれるだけでうれしい、更にタンブリンをたたいて音が出せる、音が上手に出たらもっとうれしい、というように、うれしいことの連続が子どもの興味・関心を膨らませるカギになるでしょう。

『あなたのおなまえは』（インドネシア民謡）

⭐ どっこらしょ！

いろいろな山に登って進む

それぞれの山を登っていきます。積み木などはまたいで進んでみましょう。

準備物
マット、長イス、積み木など
（巧技台・とび箱でもOK）
● 子どもの目の前で一直線上にいろいろな山を作っていく。

あそびのコツ
「○○ちゃん、お山登れるかな？」など、声を掛けながら進めていきましょう。

ハイハイタイプ
ハイハイで進んで行きましょう。

たっち・よちよちタイプ
保育者と上ったり下りたりしてみましょう。

あそびメモ　遊びの中で活動の基礎をつくる
子どもは目の前にある物に登ったり、乗り越えたりする活動はとても大好きです。膝を上げて体を動かしていくなど、活動の基礎となる部分です。短時間でもいいので、毎日同じ時間に遊んでみましょう。

おすわりタイプのあそび

環境とあそび

冬　冬のあそび・おすわりタイプのあそび

⭐ おもちつんでド〜ン！

順番に積み重ね、倒して遊ぶ

ティッシュペーパーの空き箱、牛乳パック、紙コップの順に積んでいき、最後に紅白玉を乗せたら、ド〜ンと倒して遊びます。繰り返し行ないます。

準備物

ティッシュペーパーの空き箱、牛乳パック、紙コップ、紅白玉（または新聞紙を丸めた物、お手玉など）

- ティッシュペーパーの空き箱、牛乳パックをそれぞれ半分に切り、重ね合わせて½の大きさの箱にする。
- 紙コップの底は大きく穴をあける。

※箱は鏡餅を連想できるようにコピー用紙などで包み、玉もオレンジ色の紙で包んで柑橘系の果物に見えるようにしてもOK!

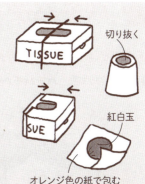

切り抜く / 紅白玉 / オレンジ色の紙で包む

あそびメモ　順序良く積み上げる

ここで大事なのは、積み上げるのに順序があるということです。保育者と一緒に、餅から柑橘系の果物へと順序良く積み上げる一連の動きを楽しみましょう。

⭐ ゴンドラGO！GO！

マットに入ってバランスをとって遊ぶ

フープに通したマット（ゴンドラ）に子どもが入ります。保育者は子どもがバランスを保ちながら立っている様子を見て、揺らしたり、フープを持って左右に動かしたりして遊んでいきます。

準備物

マット、フープ4本

- マットを丸めてフープを通しておく。

あそびメモ　楽しい雰囲気をつくる

何かおもしろいことが始まるよ！　という雰囲気づくりが大切です。つかまり立ちをしても、座っていても、マットの中なので安心です。楽しいね、おもしろいね、の気持ちを、表情やことばがけ、動きなどで伝えていくことが大切です。

ハイハイタイプのあそび

⭐ パチパチぐるぐる

『あがりめさがりめ』の替え歌で遊ぶ

❶ パチパチパチ　パチパチパチ

手をたたく。

❷ ぐるぐるぐるぐる　〇〇どこだ？

両手でかいぐりする。「〇〇」は、鼻・耳・目・口と部位を変えていく。

> **あそび メモ**
> **まねっこから学んでいく**
> 保育者のまねっこから始めて、手をたたく・かいぐりをするなどの運動発達の向上や、体の部位を覚えていくことができる遊びです。一緒に歌やリズムに乗って遊ぶことを楽しみましょう。

❸ ピッ！

ピッ！

繰り返し遊んでいくうちに、みずから指で触ろうとする姿が見られました！

> **あそびのコツ**
> 子どもの様子を見ながら、ゆっくりと進めましょう。

〇〇を指さして「ピッ！」と言う。
※遊びの中で自分から進んで指でさし示し、理解して遊んでいくことをねらいとしています。

『あがりめさがりめ』(わらべうた)のメロディーで　作詞／小倉和人

パチ パチ パチ　パチ パチ パチ　ぐるぐる　ぐるぐる　〇〇どこ だ

⭐ ころころあそび

一番上からガチャポンケースを入れて転がして遊ぶ

ケースを入れる保育者の姿や転がっているケースなどを、目で追う姿が見られるといいですね。ハイハイで取りに行ってもOK！

準備物

牛乳パック3本、大きめのガチャポンケース（ゴムボールでも可）、積み木（10〜15cm程度の高さ）

- 牛乳パックの一面を切り取り、テープでつなげる（一番上は底を残し、他は切り落とす）。
- 積み木に載せて、坂道を作る（牛乳パック2本を横に重ねて置いてもOK）。

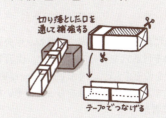

「きた〜！」

あそびメモ　不思議さを感じて興味をもつ

ケースが転がる不思議さを感じ取ることができれば、興味をもって取り組めます。何度も遊ぶことで、一定の動きを楽しむ、自分の意志で動いて遊ぶということができていきます。

あそびのコツ
初めは、保育者が転がす様子を見せます。

環境とあそび　冬　ハイハイタイプのあそび

「ころがれ〜！」　「よいしょっ！」

あそびのコツ
繰り返し遊んでから、ケースの中に鈴などの鳴り物を入れてもいいでしょう。

自分でケースを入れて、転がる様子を見て、取りに行きます。繰り返し遊んでいる姿が見られるといいでしょう。

たっち・よちよちタイプのあそび

★ 回ってバ～ッ！ のぞいてバ～ッ！

準備物
段ボール箱（いろいろな大きさの物）

穴をのぞき、テーブルを回って遊ぶ

テーブルの上に段ボール箱を幾つか重ね、中央辺りに子どもがのぞける穴を作っておきます。保育者は反対側から穴をのぞき、「○○くん（ちゃん）、ばあ～」と声を掛けます。子どもが興味をもってのぞいたところで、保育者が少し穴からずれていくと、子どもも動き出し、グルグル回って遊びます。

あそびのコツ
伝い歩きの子ども用に、テーブルの周囲は少しスペースをつくりましょう。

あそびメモ　運動量を確保する
子どもはのぞくことができるトンネルに興味をもちます。保育者が声を掛けて子どもが動く、この繰り返しにより、0歳児でも運動量が十分に確保できます。

★ がったんごっとん

バランスをとって進む

子どもはハイハイで歩いて進みます。ロイター板を上り、牛乳パックをある程度進むと、ガタンとシーソーのように動くので、バランスをとりながら遊びましょう。

あそびのコツ
進む方向は一方向にし、1人ずつ進むようにしましょう。

あそびメモ　保育者が共感する
遊びを進めていくと、子どもが慎重になる姿が見られます。うまくバランスをとって渡り終えたときに、一番信頼できる保育者が「わーっ、びっくりしたね。でも渡れたね」と共感することが大切でしょう。

準備物
牛乳パック32本、2ℓのペットボトル2本（それぞれ水を1ℓ入れておく）、マット、ロイター板

- 牛乳パックの中にもう1本牛乳パックを入れて口の部分をしっかりテープで留める。
- 牛乳パック4本×4列をつなげる。
- ペットボトル2本をテープで留めて裏側に取り付け、ロイター板とマットで図のように組み合わせる。

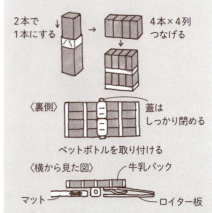

110

★ いろいろトンネル

トンネルをくぐって遊ぶ

初めは一番大きいトンネルでチャレンジ。それから小さいトンネルにもどんどんチャレンジしていきます。

準備物

段ボール箱

- 側面をあけてトンネルを作る（箱や穴の大きさを変えて3種類ほど）。

※上面に明かり窓、側面に窓をあけておくといいでしょう。

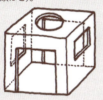

あそびメモ　頭を少しずつ下げていく

高さが違うトンネルであることがポイントで、子どもが頭を少しずつ下げていけるように工夫しています。反射的に頭を下げて進んでいくことができればいいでしょう。また、窓に興味をもって途中で止まっても、満足すれば保育者のことばがけにもスムーズに反応してくれることでしょう。

★ ぎゅーっ、ポトン！

新聞ボールを入れて遊ぶ

傘袋に新聞ボールを次々と入れていきます。いっぱいになったら、上から新聞ボールを押し込んで出します。これを繰り返し遊んでみましょう。

準備物

牛乳パック（一面を2枚）、傘袋、新聞ボール（新聞紙½を丸めた物）、輪ゴム

- 傘袋の底の部分を切り、牛乳パックの一面を切り取り、筒状にした物を両口に入れて、ホッチキスで留める。
- 片方の牛乳パックの少し上に輪ゴムを通して、ストッパーを作る。

（よいしょ！）

（ぎゅーっ！）

あそびのコツ
保育者も一緒に「ぎゅーっ！」と言いながら押し込みましょう。

（あっ！おちた！）

あそびメモ　学んで自発的に取り組む

握る、入れる、体を伸ばすなどの運動要素が含まれます。子どもがしっかりと握ることができる大きさの新聞ボールや、体を伸ばして入れるというような環境を整えることが大切です。個々の力の強さ、身長などを考慮しながら、子どもが学び自発的に取り組めるようにしましょう。

環境とあそび　冬　たっち・よちよちタイプのあそび

環境づくり

春が近付き、少しずつ暖かくなってきます。0歳児クラスの子どもたちは、途中で入園した子どもも含め、1年間を経て本当に大きく成長しました。新年度の進級に向けて、環境や保育者が変わることで混乱することがないように、少しずつ移行を進めましょう。

生活 / あそび / 家庭と
新しい生活の場でも安心して過ごせるように

サークルの中は、午睡前などにのんびり過ごせるスペースです。遊具棚のそばにはマットを敷き、いつでもまったりできるように。

落ち着いて過ごせるように

4月になって急に移行するのではなく、少しずつ新しい場で生活する機会を増やしていきます。どこに何が置いてあるか、どうすればよいかを子どもなりに理解していると落ち着いて過ごすことができます。分かりやすく表示をする、生活の場（食べる・寝る・遊ぶ）を緩やかに仕切るなど工夫してみてください。

進級へ向けて、保護者と子どもの成長を確認し合い、喜びを共有する

手形や足形を記録していくと成長がよく分かりますね。作品にして大切な記録にしましょう。

手形は手袋に！

一緒にペッタン！

作品とともにポートフォリオを掲示

さくらんぼ組（0歳児）

ゆき あそび

砂遊び、手作りのプレイボード等で感触遊びを楽しんできた子ども達。今回は、かわいい手型、足型を使って'ゆきだるま'と'ゆきうさぎ'を作りました。初めの頃はスタンプ台の感触に驚いて手や足を引っ込めていましたが、様々な感触遊びの経験を積んだことで、スタンプの感触の楽しさもわかるようになり、今では心待ちするようになりました。
かわいい手型、足型がどのように変身したか、どうぞお楽しみ下さい。

環境とあそび

早春　環境づくり

あそび　戸外で自然にふれながら、十分に遊べるように

　新年度に向けて戸外の環境を整備する時期です。0歳児クラスでも、入園してくる子どものためにベランダでもできる栽培物を購入したり、外気浴のためのマットやタオルを確認したりしておきましょう。進級する子どもは、1歳児クラスと交流して遊んでみるとよいですね。

子どもの視点に立って見渡しながら、子どもたちの遊ぶ姿を想像してみましょう。

やった！登れたね！

よいしょ！よいしょ！

あそび　いろいろなあそびに興味をもって意欲的に取り組めるように

　歩行もしっかりとして行きたい所へ行って、意欲的に探索活動を楽しむようになってきます。ソフト積み木などは、軽くて自分で持つことができ、ぶつかっても安全なのでダイナミックに遊びたいときにはオススメです。指先を使う型はめやパズルにも関心が出てくるので、簡単な物で自由に遊べるように設定します。

ソフト積み木で

ソフト積み木を積み重ねたり、倒したりして繰り返し遊んでいます。

型はめ・パズル

はまるかな？

保育資料

📖 おはなし

ゆっくとすっく Baby あむあむ
文：たかてら かよ
絵：さこ ももみ
ひかりのくに

あそびましょ
作：松谷みよ子
絵：丸木 俊
偕成社

ゆっくとすっく トイレで ちっち
絵：さこ ももみ
文：たかてら かよ
ひかりのくに

くだもの あーん
作・絵：ふくざわ ゆみこ
ひかりのくに

かわいい かくれんぼ
絵：わらべきみか
フレーベル館

もこ もこもこ
作：谷川俊太郎
絵：元永定正
文研出版

✋ 手あそび

- げんこつやまのたぬきさん
  わらべうた
- むすんでひらいて
  作詞：不詳　作曲：J.J.ルソー
- あおむしでたよ
  作詞・作曲：不詳
- おべんとうばこのうた
  作詞：不詳　わらべうた

♪ うた

- 豆まき
  作詞・作曲：
  日本教育音楽協会
- うれしいひなまつり
  作詞：サトウハチロー
  作曲：河村光陽
- チューリップ
  作詞：近藤宮子
  作曲：井上武士

❤ ふれあいあそび

- そうめんや
  わらべうた
- のねずみ
  外国曲　作詞：鈴木一郎
- じーじーばぁ
  わらべうた
- おすわりやす
  わらべうた
- むっくり熊さん
  スウェーデン民謡
  訳詞：志摩 桂

🍃 自然

- ナノハナ
- タンポポ
- チューリップ
- ツクシ
- ダンゴムシ
- ツバメ

手作り玩具

🍀 ピンポ〜ン！

初めは保育者が指先でギュッと押し込んで見せ、子どももまねして遊びます。「どこに行ったのかな？」と声を掛け、持ち上げてキャップを見せ、繰り返し遊びます。

ポイント
穴が大きくなったら、キャップにビニールテープを巻いて円周を大きくします。

作り方

牛乳パック、ボトルキャップ、鈴、ビー玉 など

- 牛乳パックの1面を切り抜き、その反対の面に穴をあける（キャップを押せば通るくらいの大きさ）。
- キャップ2個の中にビー玉などを入れてビニールテープで留める。

🍀 お手玉ポトン！

カゴに入ったお手玉を牛乳パックの中に入れていきます。玉が入らない仕掛けもありますが、空いている所にどんどん入れて楽しみます。

※差し込んだ牛乳パックを引き抜いて、玉が入らない仕掛けの場所を変えることもできます。

ポイント
玉は十分な数を用意することで、子どもが夢中になって遊べます。

作り方

土台の牛乳パック16本、差し込む牛乳パック3〜4本、お手玉（紅白玉やカラーボールでも可）、カゴ

- 牛乳パックの上部を切り取った物をまとめてテープなどで留めて土台にする。底面に指が入るくらいの穴をあけた物も3〜4本作り、土台の数か所に差し込む（玉が入らない仕掛けにする）。

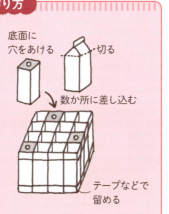

早春のあそび

★ 卒園児と ほっぺ さわろう！

『手をたたこう』の替え歌で遊ぶ

❶ ほっぺさわろう　ピッ！
　 ほっぺさわろう　ピッ！

❷ みんないっしょに ほっぺさわろう
　 ピッ！

あそびメモ　リズミカルにふれあって
子どもは触れられるとうれしくなります。初めは手遊びのようにすると、後のふれあい遊びにつながります。楽しく歌をうたいながら、リズミカルにふれあい遊びを楽しみましょう。

卒園児と0歳児が向かい合って座って手を握り、「ピッ！」のときに卒園児が0歳児の頬を人さし指で触る。

同様に「ピッ！」と触ってから、抱きしめる。

『手をたたこう』(作詞・作曲／不詳)のメロディーで　作詞／小倉和人

ほっぺさ わろう ピッ！ ほっぺさ わろう ピッ！ み ん ない っ しょに ほっぺさ わろう ピッ！

★ トンネルごっこ

準備物
マット、短縄またはフープ、積み木(固定用)
● マットを丸めて短縄で結び、トンネルを作る(丸めたマットをフープに通してもOK)。

ハイハイ・たっちタイプ
トンネルをくぐって遊んだり、中に入って保育者が揺らしたりして遊んでみましょう。

○○ちゃ〜ん、こっちにおいで！

あそびのコツ
必ず反対側で名前を呼びましょう。

出てきた〜！

たっち・よちよちタイプ
トンネルを転がして遊んでも楽しいでしょう。

ゆらゆら〜

あそびメモ　トンネルの揺れを楽しむ
大きなトンネルをくぐるとき、真ん中で止まってしまうことがあります。トンネルの中を十分に楽しんだら声を掛けていくといいでしょう。また、押したときの揺れ具合がとても楽しいと感じるでしょう。
※他の子どもに当たらないように、必ず広い場所で遊んでください。

おすわりタイプのあそび

★ するするポン！

ガーゼを引っ張り出して遊ぶ

容器の底からガーゼを引っ張って出します。初めは保育者が子どもと一緒に遊び、慣れてきたら子どもが引っ張って、繰り返し遊びます。

準備物

お菓子の空き容器（筒状）、大判ガーゼ（スカーフでも可）

- 容器の底に切り込みを入れ、ガーゼを中に入れる。
- ※ガーゼは結び目を作ったり、端に小さい鈴を付けたりしてもOK。

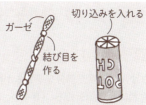

あそびメモ　引っ掛かる感覚を楽しむ

初めは結び目を作らずに遊ぶといいでしょう。その後、結び目を作り、容器の底に引っ掛かる感覚を楽しむことで、今まで以上に力を発揮する楽しみが増えます。

★ ビニールパン！で紙ふぶき

膨らんだビニール袋をたたいて紙を飛ばす

保育者がビニール袋に空気を入れて膨らませ、紙ふぶきを水切りネットにセットします。子どもがビニール袋をパン！とたたくと紙ふぶきが舞って落ちてくるので、拾って繰り返し遊びます。

準備物

ペーパー芯、ビニール袋、水切りネット、紙ふぶき（細かく切った紙テープ）

- ペーパー芯に水切りネットをかぶせ、図のようにビニール袋と組み合わせる。

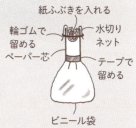

あそびメモ　見て楽しむだけでもOK

ひらひら舞う紙ふぶきを見て楽しむだけでも十分です。繰り返して遊んでいくと、ビニール袋を膨らませていることにも気が付き、保育者のしていることをまねしようとします。ほんの少しの活動ですが、時間をかけて遊びを続けていきましょう。

環境とあそび

早春　早春のあそび／おすわりタイプのあそび

ハイハイタイプのあそび

★ タオルをぎゅ〜っ！

1 タオルを引っ張り合って遊ぶ

タオルの結んだ部分を子どもが両手で握ります。保育者は反対側を持ち、「ぎゅっ、ぎゅっ、ぎゅっ」と言いながら子どもと一緒にタオルを握ります。保育者は少し引き、子どもはタオルで引っ張られている感覚を楽しみます。

準備物
フェイスタオル
● 両端を玉結びする。

あそびメモ　引っ張り合うことを楽しむ

初めはどこを持ってもOK。次第に引っ張られている感覚が分かると、握る力も強くなってきます。そのときに、結んだ所を持つように伝えてあげると、より引っ張り合うことを楽しめるでしょう。

ぎゅっ、ぎゅっ、ぎゅっ

よいしょ

2 歌に合わせて遊ぶ

♪おふねが ぎっちらこ

『おふねがぎっちらこ』など、リズムに合わせて交互に引っ張り合って楽しみましょう。

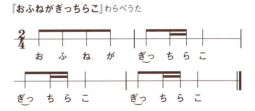

『おふねがぎっちらこ』わらべうた

⭐ なみなみハイハイ

ハイハイで進んで遊ぶ

マットの端から順にハイハイで進んでいきます。これを繰り返し遊んでみましょう。

※ハイハイの子どもは手を前に大きく出して遊びましょう。高ばいでもOKです。膝をしっかり上げて進みましょう。

準備物
マット3枚

● マットの端を折り、次のマットに重ねてウェーブを作る。

1・2・1・2！

あそびのコツ
ゴール地点にも保育者がいると、子どもは安心するでしょう。

よいしょ！よいしょ！

あそびのコツ
横から保育者が声を掛けましょう。

繰り返し何度も楽しむ姿が見られました！

あそびメモ

全身を動かして遊ぶ

いつものハイハイの動きよりも大きく動くことが大切です。手を伸ばす、膝を上げるなど、体を大きく動かして全身で遊べる環境をつくります。繰り返し遊ぶことで子どもの動きも活動的になってくるでしょう。

環境とあそび / 早春 ハイハイタイプのあそび

たっち・よちよちタイプのあそび

★ 卒園児と ボールぽと〜ん！！

準備物
紙袋、ボール（子どもが持てるゴムボールなど）
●紙袋の底を切り抜く。

1 卒園児が持つ紙袋にボールを入れる

卒園児は紙袋を床に着けて持ち、0歳児の名前を呼びます。呼ばれた子どもはボールを持って紙袋に入れます。卒園児が紙袋を持ち上げると、底からボールが転がります。

2 ボールを拾って入れる

子どもは床に転がったボールを拾って、また入れに行きます。卒園児はまた名前を呼んであげましょう。少し場所を移動してもいいでしょう。

場所を移動してボールを持って歩き、紙袋に入れる遊びをしていきましょう。

あそびのコツ
卒園児は少人数でランダムに広がり、0歳児に声を掛けてみましょう。

あそびメモ　不思議が興味を引き出す
入れたボールがすぐに足元に転がってしまうことに不思議そうな表情をするでしょう。「今入れたのになぜ出てくるの？」と子どもが感じると、繰り返し遊ぶようになっていくでしょう。

※ハイハイタイプの場合は、ボールを入れるときはお座り、転がったらハイハイで取ります。卒園児が近付くと、スムーズに入れることができるでしょう。

⭐ たまごパッチン

『コロコロたまご』の替え歌で遊ぶ

❶ グーグーたまごがコンコンコン

両手をグーにして、とんとんする。

❷ グーグーたまごが

❶と同様に。

❸ パチンになっちゃった

手をパーにする。

♪パチンになっちゃった

❹ パッチン！

手を1回たたく。

> **あそびメモ　簡単な遊びで**
> 乳児期では、簡単なグーとパーで、「ぼくにもわたしにもできる！」そんな内容とすぐに入り込めるメロディーが遊びのカギとなります。できたことを認めてあげると、子どもは喜んで何度も遊ぶことでしょう。

『コロコロたまご』(作詞・作曲/不詳)のメロディーで　作詞/小倉和人

⭐ 卒園児と おウマの王子様＆お姫様

おウマに乗って遊ぶ

卒園児がおウマになり、0歳児を乗せて、ゆっくり前に進んで遊びます。保育者はサポートに付きましょう。慣れてきたら踏切板とマットなどで傾斜を作って遊んでみましょう。

準備物
踏切板、マット

> **あそびメモ　初めは腹ばいで**
> 初めは卒園児が腹ばいになり、その上に0歳児がまたがる遊びをしましょう。卒園児は腹ばいでも懸命に動いてくれます。その後、保育者のサポート付きでゆっくりとおウマになってもらい、進んでみましょう。

環境とあそび

早春　たっち・よちよちタイプのあそび

指導計画・連絡帳

年の計画と、4月から3月まで12か月分の指導計画、連絡帳を掲載しています。これで、立案・作成はバッチリ！

- 年の計画、月の計画、保育マップ、連絡帳
執筆／『保育とカリキュラム』0歳児研究グループ
〈チーフ〉古橋紗人子（元・滋賀短期大学教授）
阿部誠子（堺市・龍谷保育園）、飯盛順子（保健師）、谷川 恵（管理栄養士）、坂本容子（茨木市・たんぽぽ学園）、塩田智香子（京都市・上京保育所）、多田めぐみ（枚方市・蹉跎保育園）、内藤幸枝（京都市・上京保育所）、中谷奈津子（神戸大学）、土師りさ（堺市・浅香こども園）、濱崎心子（高槻市・浦堂認定こども園）、濱崎 格（高槻市・浦堂認定こども園）、前川頼子（滋賀短期大学）、武藤美香（茨木市・たんぽぽtriangle学園）、森 孝子（大津市・近松保育園）
※所属は2017年12月現在

- 月の計画
書き方のポイント
 - 指針を踏まえて　執筆／清水益治（帝塚山大学教授）
 - 学びの芽を意識して　執筆／寺見陽子（神戸松蔭女子学院大学大学院教授）
- 連絡帳
 - 書き方のポイント　執筆／古橋紗人子（元・滋賀短期大学教授）、坂本容子（茨木市・たんぽぽ学園副園長）
 - 発育・発達メモ　執筆／川原佐公（元・大阪府立大学教授）、寺見陽子（神戸松蔭女子学院大学大学院教授）、古橋紗人子（元・滋賀短期大学教授）

※本書掲載の指導計画、連絡帳は、『月刊 保育とカリキュラム』2016～2017年度の掲載分に加筆・修正を加えたものです。

0歳児の年の計画

期		I期（4〜8月）	II期（9〜12月）
子どもの姿	6か月未満	●腹ばいにすると頭を上げるようになり、首が据わる。 ●あおむけで活発に手足を動かし、寝返りが打てるようになり、手の近くに物を持って行くとつかんでいたのが、自分から目の前の物に手を伸ばし始める。	●柵や人につかまって立ち上がり、やがてひとり立ちをする。次第に伝い歩きで移動するようになる。たたいたら音が出たなどの偶然の結果から、それを期待してたたくなど、行動と結果を結びつけ、楽しむようになる。
	6〜9か月未満	●ミルク（母乳）だけの食事から、離乳食も食べるようになる。7、8か月の頃から食品の種類や量も増え、かむ機能、飲み込む機能が発達する。 ●初めは腹ばいで後ずさりするが、次に前方へ進めるようになり、ハイハイで移動するようになる。	●自分の意思や欲求を喃語や身振りや指さしなどで伝えようとし、保育者の言葉を聞こうとする。 ●身近な人を区別し、安定して関われる大人を求めるなど、特定の保育者との関わりを基盤にして外界への関心が広がる。
	9〜12か月未満	●保育者の語り掛けに、うれしそうに声を出したり、「アーアー」「マンマン」などの喃語やしぐさで伝えたりする。 ●目の前にある物や、見つけた物を直接指さしする。 ●指さしによる三項関係も成立する。	●表情もはっきりしてきて、身近な人や欲しい物に興味を示し、自分から近付いて行こうとする。 ●喃語も、会話らしい抑揚がつくようになり、次第に幾つかの身近な単語を話すようになる。
ねらい		●生理的・心理的要求を満たされ、空腹・満腹、目覚めなどのリズムが整い、心身共に安定した状況になり、機嫌良く園生活を過ごせるようにする。 ●保健的で安全な環境の中で、特定の保育者とふれあい心地良く過ごす。	●特定の保育者が抱いたりほほえみ掛けたり、甘えなどの依存欲求を満たしたりしてゆったりと関わり、情緒が安定して過ごせるようにする。 ●共感的なコミュニケーションをとってもらい、発語の意欲をもつ。

期		I期（4〜8月）	II期（9〜12月）
内容（からだ・こころ・人との関わり）	6か月未満	●一人ひとりの状態に応じて5、6か月頃から離乳食を食べる。 ●オムツがぬれていたり、汚れたりしているときは、こまめに取り替えてもらい、気持ち良さを感じ、沐浴を喜び、爽やかになった気持ち良さが分かる。	●自分で食べようとし、おなかがいっぱいになったり、食べたくなかったりするときは動作や言葉で表し、衣服の脱ぎ着のときも、自分から手を動かす。 ●動く玩具を好み、押したり、引いたりして遊ぶ。
	6〜9か月未満	●離乳食（舌で潰せる硬さ）を、モグモグしながら飲み込むことに慣れる。支えてもらいながらコップからお茶などを飲む。 ●一人ひとり、ほぼ決まった時間に眠り、機嫌良く目覚め、寝返り、お座りなどをして体を動かして遊ぶ。	●軟飯から幼児食のご飯を食べ、コップでお茶を飲む。 ●介助されながら顔を拭いたり手を洗ったりして、気持ち良さが分かる。 ●戸外で、水・砂・石・泥や落ち葉などの自然物に触れて遊ぶ。
	9〜12か月未満	●食べられる物の種類や量が増えて、薄味や、いろいろな形態に慣れる。 ●自分の布団が分かり、そこへはって行き、一定時間眠る。 ●活動しやすい安全な場所で全身運動や探索遊びを喜んで盛んにする。	●幼児食に慣れ、手づかみ食べを盛んにし、コップやスプーンなども使って自分で食べる。 ●保育者に絵本を読んでもらったり、手遊び、まねっこ遊びをしたりしながら、簡単なやり取りを楽しむ。

子どもの月齢は4月時点のものです。

Ⅲ期(1〜3月)

- 歩行が始まる。一つの物を両手で持ったり、持ち替えたり口へ持って行ったり、二つの物を同時にいじったりするようになる。そして、親指と人さし指で小さな物をつまむようになる。
- 「ママ」「パパ」など身近な単語を話す。

- 母親からの免疫が落ち、風邪や冬の下痢などの感染症にかかりやすい。
- 安定して歩けるようになり、押したり、投げたりと運動機能も増す。
- 「マンマ、ホチイ」などの二語文も話し始める。

- つまむ、めくる、通す、外す、転がす、スプーンを使う、コップを持つなど運動の種類が確実に豊かになっていく。
- 大人の言うことが分かるようになり、呼び掛けたり、拒否を表す片言を盛んに使うようになったりする。

- 離乳食や幼児食を喜んで食べ、いろいろな食べ物を味わう経験を通して自分から進んで食べる。
- 自然物や身の回りの生活用品や玩具などを見たり、触ったり、聞いたりできるような豊かな環境の中で、感覚や運動的な遊びを楽しむ。

Ⅲ期(1〜3月)

- 食事の前後や汚れたときは、顔や手を拭いて、きれいになった心地良さを感じる。
- 保育者に見守られて、ひとり遊びを楽しむ。
- 好きな玩具や遊具、自然物に自分から関わり、十分に遊ぶ。

- 自分なりの生活のリズムを大切にしてもらいながら、安心して午睡などをし、適切な休息をとる。
- 登る、降りる、跳ぶ、くぐる、押す、引っ張るなどの運動を取り入れた遊びを楽しむ。

- 安心できる保育者と、食事、着替えなどの活動を通じて、自分でしようとする気持ちが芽生える。
- 絵本、玩具などに興味をもったり身近な音楽に親しみ、それに合わせた体の動きを楽しんだりする。

(0歳児研究グループ)

指導計画　年の計画

4月の計画

今月の予定: 入園式・身体計測・個人懇談

クラス作り 〜養護の視点も含む〜

一人ひとりの子どものありのままの姿を受け止めて、応答的に関わり愛着関係が築けるようにしていく。ゆったりと、ふれあい遊びを楽しめるようにしたい。

健康・食育・安全への配慮

- 入園までの家庭での様子を把握し、予防接種や既往症などの情報を確認しておく。
- 冷凍母乳の扱いや授乳、離乳食については、保護者、調理担当者と連携しながら個人差に配慮する。
- 室温・湿度・採光などに配慮し、快適に過ごせるようにし、SIDS（乳幼児突然死症候群）予防の環境構成を工夫する。

	今月初めの子どもの姿	ねらい	内容（🍴は食育に関して）
A児（3か月）	●ミルクを140mℓ飲むが、授乳後ダラダラと溢乳する。 ●ウトウトと寝ついたとき、他児の泣き声がすると目覚めて泣くが、すぐ寝つき、3時間以上眠るときもある。 ●機嫌良く目覚めたとき、手足を動かしながら「アー、アー」と声を出す。	●ミルクをゆっくり飲んで満足する。※b1 ●目覚めているときに、保育者とふれあって楽しむ。※b2 ●音声のやり取りを通して愛着関係を深める。※b2	●特定の保育者に抱かれ安心して飲む。 ●特定の保育者に抱かれて、心地良く過ごす。 ●保育者と音声のやり取りを繰り返す。
B児（6か月）	●空腹になると、握り拳の腹を、チュッパチュッパしゃぶりながら泣く。 ●オムツを替えるとき、マットに寝かせると大きな声で泣き、足をバタバタする。 ●腹ばいになると、キョロキョロ周りを見渡し、保育者の顔を見る。※a	●解凍して温めた母乳を十分に飲んで満足する。 ●オムツを替えた心地良さを感じる。※b1 ●腹ばいの姿勢になって遊ぶことを楽しむ。※a ※b3	●特定の保育者に抱かれて、満足するまで飲む。🍴 ●特定の保育者に語り掛けられながら、オムツを替えてもらう。 ●保育者や他児と腹ばいになり、手や頭を触れて遊ぶ。※a
C児（10か月）	●自分から食べようとしないが、保育者が介助すると全量食べる。 ●家庭では抱っこひもで寝ており、抱いていると眠るが、布団に下ろすと目が覚める。 ●腹を付けてハイハイし、保育室中を動き回り、止まって保育者の方を見てはにっこりする。	●手づかみなどで、自分から食べようとする。 ●新しい環境で、安心して眠る。※b1 ●ハイハイを楽しむ。※b3	●介助されて食べたり、自分からも少しずつ食べようとしたりする。🍴 ●特定の保育者に抱かれ、十分に睡眠をとる。 ●ハイハイしながら、体を十分に動かして遊ぶ。

保育士等のチームワーク

★ 入園前の生活の仕方を共通理解し、一人ひとりの姿や食事・排せつ・睡眠などの特徴を捉え、1日24時間を視野に入れたデイリープログラムを作成して、できるだけ特定の保育者が関われるように役割分担や勤務体制についても話し合う。

★ SIDS予防について、午睡中の姿勢（あおむけ）、呼吸、顔色など安全確認を5分ごとに行ない、「睡眠時点検表」に記録する。また、①入園まもなくから1〜2か月頃まで、②生後6か月まで、③病児　の発生が最も多いので、①②③は複数の保育者が観察するなど共通確認をする。

延長保育を充実させるために

★ 朝夕の送迎時も、できるだけ同じ保育者が関われるように配慮して、0歳児保育室で安心して過ごせるようにする。

書き方のポイント

※a 指針を踏まえて

aは、「健やかに伸び伸びと育つ」の内容②、「身近な人と気持ちが通じ合う」の内容①～⑤、「身近なものと関わり感性が育つ」の内容②と⑤を経験させることにつながります。援助にあるように、何度でも相手をして豊かな経験につなげていきましょう。

※b1～3 学びの芽を意識して

身体的、生理的にb1満足、安心、心地良さを感じ、手足を動かし機嫌よく声を出すなど、安定と自己発信を促しましょう。保育者との見つめ合いや声のやり取り、ふれあいを通して、b2安心感と愛着を深め、b3姿勢の変化を楽しみながら周りに目を向けることが育ちの第一歩です。

環境と援助・配慮	保護者への支援
● 優しく目や口元を見つめながら抱いて授乳し、飲み終えたとき溢乳したら、清潔なガーゼで拭き取り、様子を見ながらゆっくり縦抱きにして排気を促す。 ● 長時間眠った後は特に「Aちゃん、起きたのね」などと語り掛けながら、しっかり目覚めるように抱き上げる。 ● ベッドの中のA児の相手をしたり、抱き上げて視線を合わせたりしながら、音声のやり取りを楽しめるようにする。	就労を続けながら低出生体重児を出産した母親をねぎらう。そのうえで、体重増加不良の影響や、生後3～4か月くらいまでの母乳栄養の有用性について話し合う。溢乳と授乳後の排気の仕方は、まずは保育者がA児を抱いて示し、次は母親にも抱いてもらって、溢乳したときの対応を確認し合う。体重増加の確認方法についても具体的に支援していく。
● 授乳時間の間隔や、B児の様子を見ながら冷凍母乳を適温に解凍し、ゆったりと飲めるようにする。 ● 「オムツ替えよ…」と語り掛けて抱き、くすぐったりマッサージをしたりして落ち着いたら、両手で尻を持ち上げて汚れたオムツを交換し、「きれいになったね」と気持ち良さを共感する。 ● 目覚めているときは、腹ばいの姿勢で短時間、何度でも相手をして、メリハリのある保育内容を心掛ける。※a	母乳育児を希望する保護者には、冷凍母乳の受け入れを行ない、送迎時には保育室でゆったりと授乳できるよう専用コーナーを設ける。母乳の量が減ってきたことに悩む姿が見られた際には、朝晩しっかりと母乳を与える保護者の努力を認めつつ、離乳食の進み具合などを確認し、子育てに見通しをもてるようにする。
● 手づかみで食べやすいおかずを用意して、手に持たせて食べさせたり、介助して満腹になるまでゆっくりと食べさせたりする。 ● 特定の保育者が歌をうたいながら抱いて寝かせ、ぐっすり寝入ってから体を密着させた状態で布団に下ろし、眠れるようにする。 ● 牛乳パックや段ボール箱などで作った坂道や安定感のあるトンネルを用意し、保育者も一緒にハイハイを楽しむようにする。	食事の際、自分から食べようとしない子どもの保護者とは、家庭や園での食事の様子を話し合い、園では手づかみで少しずつ食べるようになってきた具体的な様子を伝え、家庭でも参考にしてもらう。離乳食懇談会などで「食事」をテーマに話し合う機会を設け、食事場面での関わり方を保護者同士で考え合えるようにする。

反省・評価（今月の保育終了後の文例として）

★ 一人ひとりの子どもの授乳や離乳食・睡眠の特徴を把握し、できるだけ特定の保育者が対応に努めたが、小さな物音ですぐに目覚める子どもが多かったので、ゆったりと過ごすまでには至らなかった。直射日光が当たらないときにはカーテンを開けて睡眠観察がしやすいように環境をつくりつつ、落ち着いて眠れるように工夫する必要がある。また、応答的な関わりをより意識してもつことによって、愛着関係を深め、安定して過ごせるようにしたい。

★ 個人懇談を通して家庭での様子を伺ったり、園での様子を伝えたりして情報交換をし、信頼関係を深めることができた。今後も保護者に安心してもらえるようにクラス便りなどでも情報を提供していきたい。

4月の保育マップ

●は子どもの姿やねらい ◆は環境
●は援助・配慮について記入しています

保育のポイント：特定の保育者と安心して心地良く過ごそう

0歳児クラスは、初めて園に通う子どもがほとんどなので、泣き声のオンパレードになって当然です。しかし、特定の保育者に抱っこやおんぶをしてもらったり、ベビーカーに乗せてもらったりして戸外に出ると気分転換になります。心地良く吹く風を感じ、保育者や年長児など大きい子どもたちにあやされることを楽しみましょう。

安心して眠る

- ●新しい環境で安心して眠る。
- ●特定の保育者が抱き、ぐっすり眠ってから、そうっと布団に寝かせるようにする。
- ●睡眠中も目を離さず安全確認を行ない、睡眠時点検表に記録しSIDS予防に努める。

おなかいっぱい

- ●特定の保育者に抱かれ安心して満足するまで飲む。
- ●優しく目を見つめながらゆったりと授乳する。
- ●飲み具合や溢乳などの様子を見て、ガーゼで拭いたり排気を促したり、優しく対応する。

特定の保育者と安心

特定の保育者との愛着を築けるように

- ●特定の保育者に関わってもらい、安心して過ごす。
- ●朝の受け入れはできるだけ同じ保育者が行ない、安心できるようにする。
- ●授乳・食事、オムツ交換、眠るときなどは、特定の保育者が関わるようにする。

音声や喃語のやり取りを楽しむ

- ●特定の保育者と音声や喃語のやり取りを楽しむ。
- ●目覚めたときなど、子どもの発声を聞き取り、笑顔で目を見つめながら、ゆっくりと応じる。
- ●機嫌良く目覚めたときに、子どもから「音声」が聞かれる。その「音声」に応えるように保育者が優しくまねる（子「アー」・保「アー」、子「ア、アー」・保「ア、アー」など）と、子どもからの主体的な音声のやり取りが繰り返される。

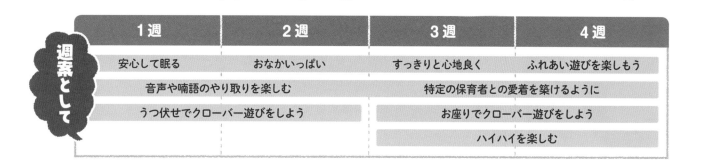

	1週	2週	3週	4週
週案として	安心して眠る	おなかいっぱい	すっきりと心地良く	ふれあい遊びを楽しもう
	音声や喃語のやり取りを楽しむ		特定の保育者との愛着を築けるように	
	うつ伏せでクローバー遊びをしよう		お座りでクローバー遊びをしよう	
				ハイハイを楽しむ

指導計画　4月の保育マップ

ふれあい遊びを楽しもう

- 『いっぽんばしこちょこちょ』を歌いながら、ふれあい遊びを楽しむ。

すっきりと心地良く

- オムツを替えたときの心地良さを感じられるようにする。
- 特定の保育者に語り掛けたり歌い掛けたりしてもらいながら、オムツを替えてもらう。

うつ伏せでクローバー遊びをしよう

- 腹ばいの姿勢になって遊ぶ。
- 保育者や他児と腹ばいになり、名前を呼んだり、ふれあいを楽しんだりする。
- ◆ 低月齢児にはタオルを丸めて胸の下に挟む。

※ クローバー遊びとは
クローバーの葉（3人なら三ツ葉、4人なら四ツ葉）のように、子どもが中心に向いて顔を見合わせながらする遊びです。
参考文献：田中昌人・田中杉恵(1981)『子どもの発達と診断　1乳児期前半』大月書店

して心地良く過ごそう

ハイハイを楽しむ

- ハイハイをしながら体を十分に動かす。
- ◆ 段ボール箱や牛乳パックなどで、安定感のあるトンネルや斜面・階段を作る。
- 「こっちだよ」「ばあ〜」と子どもが興味をもって遊べるようにする。

斜面の作り方

用意する物
・牛乳パック56本＋切れ端
・新聞紙
・クラフトテープ（幅広）、布テープ
・段ボール板

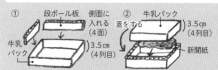

① 段ボール板 側面に入れる（4面）牛乳パック　3.5cm（4列目）
② 蓋をする　牛乳パック 3.5cm（4列目）　新聞紙

③ それぞれの大きさの牛乳パックを組み合わせて、クラフトテープでつなぐ。
④ 全体を大きい段ボール板で覆う。クラフトテープを全体に貼り、布テープで補強する。

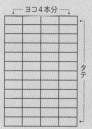

ヨコ4本分／タテ
- 12列目…牛乳パック1本＋3.5cm幅
- 11列目…1本＋2.5cm幅
- 10列目…1本＋1.5cm幅
- 9列目…1本＋切れ端
- 8列目…牛乳パック1本（7cm）
- 7列目…6cm幅
- 6列目…5cm幅
- 5列目…4cm幅
- 4列目…3.5cm幅
- 3列目…2.5cm幅
- 2列目…1.5cm幅
- 1列目…切れ端

お座りでクローバー遊びをしよう

- 座って円になって遊ぶ。
（♪：『チューリップ』『せんせいとおともだち』など）

5月の計画

今月の予定
- 身体計測　・離乳食懇談会
- クラス懇談会

クラス作り

特定の保育者が食事や排せつ、睡眠などの生理的欲求に応えていき、安心して過ごせるようにする。また、ふれあい遊びやわらべうたを楽しみ、愛着関係を深めていきたい。

健康・食育・安全への配慮

- ノロウイルスなどによりおう吐、下痢症状のときには、水分補給を心掛けて安静に過ごすよう配慮する。
- 連休明けには、家庭での授乳や離乳食の進み具合を確認し合い、食材の種類や形状を把握する。
- おしゃぶりや歯がためなどはなめたり口に入れたりするので、こまめに消毒して個人用とする。

	前月末の子どもの姿	ねらい	内容（🍴は食育に関して）
A児（4か月）	●ミルクは勢いよく飲み始めるが、だんだんペースが落ち、途中からゆっくり飲む。 ●顔や耳の後ろに湿疹ができ、しきりに手で耳の後ろを触ろうとする。 ●窓を開けると、木の葉をじっと見て「アーアー」と言う。※b1	●空腹を満たし、機嫌良く過ごす。 ●肌を清潔に保ち、心地良さを感じる。 ●保育者と揺れる葉を見て楽しむ。※b1	●自分のペースで、ミルクを満足するまで飲む。🍴 ●沐浴や清拭をしてもらって、肌を清潔に保ち、機嫌良く過ごす。 ●動く物に興味をもち、保育者と応答的な関わりをもつ。
B児（7か月）	●離乳食が配膳されると、アーッと大きな口を開けて、すぐに食べたがる。 ●特定の保育者が離れると、目で追いながら甘え泣きをする。 ●タオル地のリングを握ったり、なめたりしては、時折腰をひねって寝返りしようとする。※b2	●離乳食を満足するまで食べる。 ●特定の保育者に受け止められて、安心して過ごす。 ●あおむけやうつ伏せの姿勢で遊ぶことを楽しむ。※b2	●ゆっくりと離乳食を食べさせてもらい満足する。🍴 ●特定の保育者に見守られながら、機嫌良く過ごす。 ●玩具を持って、あおむけやうつ伏せの姿勢になって遊ぶ。
C児（11か月）	●ノロウイルスに感染し、1週間休む。休み明けは泣くことが多く、抱っこすると落ち着く。 ●つかまり立ちをしては、足を屈伸させたり、体を左右に動かしたりしてニコニコしている。『ちょちちょちあわわ』と保育者が手遊びをすると、まねをして指と指を合わせようとしては、手を見つめている。※a※b3	●一対一で関わってもらい、ゆったりと病後の回復を図る。 ●ハイハイを十分に楽しむ。 ●保育者と手遊びを楽しむ。※a※b3	●特定の保育者に抱いてもらい、心地良く過ごす。 ●傾斜やトンネルなどでハイハイをして遊ぶ。 ●保育者や他児のまねをして、手遊びを繰り返し楽しんで過ごす。※a

保育士等のチームワーク

★ 日頃から『おう吐物処理セット』の置き場所を保育者などで確認しておき、子どもにおう吐、下痢症状が発症したときの対応や処理の仕方など共通理解しておく。

★ 保護者から一人ひとりの授乳、離乳食、睡眠の状態を聞いて共通理解し、特定の保育者を中心に体調の変化に対応できるようにする。

★ 連休の過ごし方や、遊びの様子などを保護者から聞いて担任間で伝え合い、子ども一人ひとりが安心して楽しく遊べるように話し合う。

延長保育を充実させるために

★ 延長保育担当の中でも特定の保育者を決めて関わり、安心して過ごせるようにする。担任間との共通理解は伝達ノートを利用する。

書き方のポイント

※a 指針を踏まえて

aは、「身近な人と気持ちが通じ合う」の内容①②③、「身近なものと関わり感性が育つ」の内容⑤を経験させることにつながります。「身近なもの〜」の内容の取扱いの②に留意して、ふれあい遊びを一緒に楽しみましょう。保育マップも参照してください。

※b1〜3 学びの芽を意識して

生理的、情緒的安定を図り、機嫌よく活発に自己表出することを促しましょう。b1低月齢児では周りに視線を向け、物を見つめて声を出す、b2高月齢児では姿勢の変化を楽しみ、b3手遊びなどで手と手、指と指を合わせたり、回りの動きを視線で追ったりしていく体験を意識しましょう。

環境と援助・配慮	保護者への支援
●泣き声やしぐさなどで空腹のサインを受け止め、特定の保育者が抱っこをしてA児のペースで授乳する。 ●沐浴や清拭をするときには、首の下や耳の周りを丁寧に洗ったり拭いたりし、医師から処方された塗り薬を指示通りに塗る。 ●A児の目線になって「葉っぱ揺れているね」などと言葉を掛け、「アーアー」と音声のやり取りをして心地良さを共感する。	乳児湿疹の中でも脂漏性湿疹は多くの乳児が経験し、1歳くらいまでに症状が軽くなることを伝える。乳児の皮膚は汗や汚れに弱く、傷つきやすいので、清潔を保ち、爪を丸く短く切ることや、処方された軟こうの正しい塗り方、薬効についても一緒に確認し、保護者が安心してケアを続けられる方法を共通理解する。
●特定の保育者が「ゆっくり食べようね」と言葉を掛け、食べ物を嚥下したことを確かめて次の食べ物を促す。 ●特定の保育者が退室するときは、「すぐ戻るよ」と話し掛けて、戻ったときには「ただいま」としっかりと抱きしめて、安心するようにする。 ●いつ寝返りしても安全であるように、B児の周りの空間を保障し、呼び掛けたり玩具で誘い掛けたりして寝返りを促す。	寝返りする子どもの保護者には、寝返りが運動機能や情緒にとって重要であることに加え、窒息、転落、誤飲などの危険も増すため、安心して寝返りできる環境の整備が必要であることを確認し合う。また、おんぶについては、おんぶの良さを共感しながら、発達を促すおんぶの仕方について話し合う。
●消化の良い離乳食を用意して、C児のペースで介助する。特定の保育者が抱っこをして、安心して過ごせるようにする。 ●廊下や保育室に坂道やトンネルなどハイハイが楽しめるスペースを用意して、保育者も一緒にハイハイを楽しむ。 ●保育者は、リズム良く手をたたいたり軽やかに歌ったりして、繰り返し子どもと楽しめるようにする。※a	ハイハイをせずつかまり立ちをする子どもの保護者には、ハイハイを十分に経験することで、筋肉の発達を促し、また手足からの刺激は脳の発達を促し、全身の成長発達に良いことなどを伝える。C児の姿を伝え、ハイハイを促す家庭での環境づくりや、親子での楽しいハイハイを取り入れた遊びを具体的に提案する。

反省・評価

今月の保育終了後の文例として

★ 連休明けには不安定になる子どももいたが、特定の保育者が関わることで、一人ひとりの授乳、離乳食、睡眠について把握することができ、安心して生活することができた。これからも家庭との連携をさらに深め、安心して過ごせるように努めていきたい。

★ ふれあい遊びやわらべうたを繰り返し楽しんだ。特定の保育者との愛着関係も少しずつ形成されてきて、ハイハイをしたり、腹ばいの姿勢で手足を使って前進したりするなど活動的な姿も見られる。保育者自身がリズムにのって楽しくふれあいをしていきたい。

5月の保育マップ

●は子どもの姿やねらい ◆は環境
●は援助・配慮について記入しています

保育のポイント 生理的欲求を満たしてもらい安心して過ごす

連休明けには、特定の保育者との関係ができた担当の子どもたちと、ふれあい遊びや、わらべうたを楽しみましょう。また、つかまり立ちをする姿が見られるようになったときこそ、ずりばいやハイハイで足腰を鍛える遊びを取り入れるようにします。

おなかいっぱい

- 空腹になると大きい声で泣き、ミルクを勢いよく飲む。
- 空腹のサインに言葉を添えて受け止める。
- ゆったり抱いて顔を見つめ、A児のペースで授乳する。

ちょちちょちあわわ

- あおむけに寝転んでいるA児に『ちょちちょちあわわ』のふれあい遊びをすると、手足をバタバタと動かして笑顔を見せる。
- 安心して遊べるように、優しくゆったりと触れる。

ちょちちょちあわわ（わらべうた）

①ちょちちょち
両手をパンパンと2回たたく

②あわわ
両手または片手を口に

③かいぐり　かいぐり
両手を胸の前でぐるぐる回す

④とっとのめ
右手の人さし指で左手のひらをつつく

⑤おつむ　てんてん
両手で頭を2回トントンと触る

⑥ひじ　ポンポン
片手でもう一方の肘を2回たたく

生理的欲求を満たして

満足するまで食べよう

- 離乳食をスプーンに載せて下唇に当てると、アーッと大きい口を開けて食べる。
- 口の動きをよく見て、食べ物を嚥下したことを確かめてから、次の食べ物を促すようにする。

揺れる物を見ているよ

- 顔の前でガラガラを振ると、じっと見つめて動きを目で追う。
- ガラガラは見えやすいように顔の上30cmほどの高さから、ゆっくり揺らしたり振ったりするようにする。
- ゆっくりとガラガラを鳴らし、音を聞きやすいようにする。

ガラガラの選び方

- 手の大きさや握り方に応じて、素材や形を選ぶ。
- あおむけで寝転んでいる子どもには、落としても安全なように、タオル素材の物を選ぶ。
- フープ状になっている物は、両手でしっかりと握ることができるので、口に運んだときや、持ち方を変えたときにも落としにくく、満足するまで遊ぶことができる。

	1週	2週	3週	4週
週案として		おなかいっぱい　満足するまで食べよう		
		ちょちちょちあわわ　　触ってみよう!!		腹ばいで遊ぼう
		まねしてみよう		寝返りにチャレンジ!!
			揺れる物を見ているよ　　握って遊ぼう	

触ってみよう!!

- B児を抱いて座り、「ちょちちょちあわわ」と歌いながら指や唇に優しく触れると、保育者の顔に手を伸ばし触ろうとする。
- 顔を見つめて優しく触れ、繰り返しふれあい遊びをする。

まねしてみよう

- 保育者がC児と向かい合って座って『ちょちちょちあわわ』の手遊びをすると、パチパチと拍手して両手を見つめる。
- C児がまねやすいように、ゆっくり歌い、大きく手を動かす。
- 楽しめるよう、保育者も笑顔で手遊びをする。

もらい安心して過ごす

握って遊ぼう

- ガラガラを握ったり、なめたりしながら遊ぶが、落としては泣く。
- ◆ タオル地や木、プラスチックなど、いろいろな素材の玩具を用意する。
- ◆ 音や形の異なる物を用意し、形や音を感じられるようにする。
- 保育者の顔が見えるようにそばに寄り添い、安心して遊べるようにする。
- 耳元や顔の前でガラガラを振り、音や色、形を感じられるようにする。

寝返りにチャレンジ!!

- 腹ばいの姿勢で、特定の保育者の声やガラガラの音が聞こえると、体をグイッとひねり、寝返りしそうになる。
- 横から言葉を掛けたり、ガラガラを鳴らしたりして寝返りを促す。

腹ばいで遊ぼう

- 腹ばいになると目の前の玩具に手を伸ばそうとし、ガラガラを耳元で鳴らすと見ようとする。
- ガラガラは、ゆっくり振って鳴らす。
- 保育者も一緒にうつ伏せになり、腹ばいで遊ぶ楽しさを感じられるようにする。

指導計画　5月の保育マップ

6月の計画

今月の予定
- 身体計測
- 誕生会
- 仕上げ磨き教室

クラス作り

梅雨期は、室温・湿度を調整し、沐浴をするなどして、快適に過ごせるようにする。また、環境を整え、寝返り、ハイハイ、伝い歩きが十分にできるようにしていきたい。

健康・食育・安全への配慮

- 歯科健診で口内の状態を確認し、食後は湯茶を飲ませたり仕上げ磨きをしたりして虫歯予防に努める。
- 食中毒の発生を防ぐため、喫食時間は2時間以内にし、保管するときは必ず冷蔵庫に入れる。
- 腹ばいや、はうなどで安全に遊べるように、床面積を広くする工夫をして十分に楽しめるようにする。

	前月末の子どもの姿	ねらい	内容（🍴は食育に関して）
A児（5か月）	●下唇にスプーンを当てると口を開けるが、重湯に触れると舌で押し出す。 ●眠くなると指を吸って、泣く。※a ●足の指をつかんで、コロコロ左右に揺れて横向きになる。※b1	●重湯に少しずつ慣れ、食べる。 ●保育者に抱かれて安心して眠る。※a ●あおむけの姿勢で、機嫌良く過ごす。	●保育者の膝に抱かれて、重湯を食べてみる。🍴 ●特定の保育者に横抱きにしてもらい眠る。※a ●目覚めているときは保育者に言葉を掛けてもらい、それに応えるなどして過ごす。※b1
B児（8か月）	●歯が生え始め、よだれが多く出る。 ●特定の保育者が近付くと、「アッアッ」と呼び掛けたり、にっこりと笑ったりする。 ●腹ばいのとき、転がってきたボールをつかもうと手を伸ばし、※b3 前に進もうとする。	●口の中や衣服を清潔にしてもらい、心地良さを感じる。 ●特定の保育者とのやり取りを楽しむ。※b2 ●腹ばいの姿勢で十分に楽しむ。	●よだれが出たら、その都度拭いてもらい気持ち良く過ごす。 ●特定の保育者に関わってもらい、機嫌良く過ごす。 ●保育者と一緒に腹ばいになり、玩具に手を伸ばすなどして遊ぶ。※b3
C児（12か月）	●スライスした煮リンゴをつまんでは、ゆっくり口に入れる。 ●洗面台で伝い歩きをして端まで行くと、「ダダダー」と言って笑う。※b4 ●手作り玩具からハンカチを引っ張り出して、投げて落ちる様子をじっと見つめている。※b4	●意欲的に食べて満足する。 ●ハイハイを十分にし、伝い歩きも楽しむ。 ●手先を使った遊びを楽しむ。	●つまんだり、手づかみをしたりしておやつやご飯を食べる。🍴 ●ハイハイしたり、伝い歩きをしたりするなど全身を使って遊ぶ。 ●手作り玩具などで手先を使い、保育者と一緒に遊ぶ。

保育士等のチームワーク

★ 一人ひとりの発達の様子や興味のあることについて、担任間で伝え合い、適切な環境や関わりについて話し合うようにする。

★ 沐浴は特定の保育者が行なうようにし、手順や役割を話し合い、担任間で協力して安全に行なえるように共通理解しておく。

★ 雨の日の過ごし方を話し合い、ハイハイで十分に遊べるような室内環境を整え、手足や首の筋力、体幹を鍛える他、コミュニケーションツールとしての社会性の育ちについても確認し合う。

延長保育を充実させるために

★ 気温・湿度が高くなる時期なので、夕方もこまめに水分補給をして機嫌良く過ごせるようにする。

書き方のポイント

※a 指針を踏まえて

aは、「健やかに伸び伸びと育つ」の内容①④、「身近な人と気持ちが通じ合う」の内容①③を経験させることにつながります。特定の保育者が関わることにより、安心できる関係を構築したり、生活リズムの感覚を芽生えさせたりすることも意識したいものです。

※b1〜5 学びの芽を意識して

b1手足をつかむ・働き掛けに応じる、b2特定の保育者とやり取りする、b3注視し手を伸ばす・動く物をつかもうとする、b4端まで行く・変化をつくり追視するなど、自分を起点に起こることを見つめています。これが自己存在への気付きにつながります。変化を言葉にして関わりましょう。

環境と援助・配慮	保護者への支援
●舌で押し出すときには食べることを切り上げ、口元をきれいに拭いてから授乳する。 ●指吸いをしているときは、その手をそっと握り、歌をうたいながら眠りに誘う。※a ●「Aちゃ〜ん」と保育者に名前を呼んでもらい、ふれあい遊びなどをして一緒に楽しむようにする。	離乳食の開始時期について相談を受ける。大人が抱いて支えると座り、食べ物に興味を示したり、スプーンなどを口に入れても舌で押し出すことがなくなったりするなど、開始のサインを確認し合う。発達過程を共有しながら、共に離乳食の開始時期を考えて、保護者が安心して子育てに取り組めるようにする。
●よだれはおしぼりでそっと押さえるように拭き、よだれ掛けをこまめに交換し、顎のただれを防ぐようにする。 ●「Bちゃ〜ん、なあーに？」とB児の呼び掛けや笑顔に応え、やり取りを繰り返し楽しむ。 ●保育者も腹ばいの姿勢になって、ボールや音の出る玩具で誘い掛けて、様子を見ながらハイハイを促してみる。	よだれが多く、肌がただれやすい子どもの保護者には、よだれの対応を伝えていく。よだれはその都度、ガーゼなどでそっと押さえるように拭き、よだれ掛けを2枚重ねにする方法などを知らせていく。口の周りの筋肉が発達すればしぜんと治まるものであることを伝え、保護者が発達の見通しをもてるようにしていく。
●手づかみしやすいおにぎりなど、調理担当者と相談して用意し、「おいしいね、どうぞ」と優しく言葉を掛け、C児が満足するまで食べられるようにする。 ●保育者とハイハイ遊びをしたり、組み合わせた巧技台とミニすべり台の周りで伝い歩きをしたりして楽しめるようにする。 ●手作り玩具を用意して、十分に引っ張り出す遊びを繰り返し楽しめるようにする。	脱水症や熱中症を心配する保護者には、園での対策を具体的に知らせたうえで、家庭と園での水分補給の回数や量と、排尿回数を確認し合う。また、食欲や機嫌などへの配慮についても話し合う。温度・湿度の定期的な確認や、風通しを良くするための取り組みなどについても具体的に伝え、保護者の安心感につなげていく。

反省・評価 今月の保育終了後の文例として

★ 沐浴は、特定の保育者が担当するよう担任間で話し合って行なったので、子どもも安心して快適に過ごしていた。

★ 蒸し暑くなり、園生活での脱水症について心配する保護者がいた。日頃から丁寧に水分補給の方法・回数・量などを分かりやすく伝えられなかったと反省した。今後も保護者の不安に気付き、いち早く対応していきたい。

★ 環境の工夫に心掛けたが、寝返りやハイハイを楽しむだけのスペースの確保が難しかった。巧技台は幼児クラスも使用したのでミニすべり台で補った。ハイハイには手首や体幹を鍛える効果の他に、呼ばれた方に行ったり、自分から関わりたい人の方へ行ったりする社会性の育ちなど、教育的意義があることを再確認して環境も再構成していきたい。

6月の保育マップ

●は子どもの姿やねらい　◆は環境
●は援助・配慮について記入しています

保育のポイント　梅雨期を楽しく快適に過ごそう

梅雨の晴れ間には、園庭に出たり、近くへ散歩へ出掛けたりなどして、気分転換をします。散歩や外気浴の後は、水分補給をしっかりしましょう。室内では、巧技台を使ったり、保育者がトンネルや段差を作ったりして、体を使った遊びを楽しみたいと思います。

安心して眠る（A児）

- ● 特定の保育者に抱いてもらい安心して眠る。
- ● 保育者が横抱きにして、A児の指を握りながら、子守歌をうたって寝かしつけるようにする。

離乳食、ごっくん、もぐもぐおいしいね

- ● 特定の保育者に介助してもらい、離乳食を食べる。
- ● 一人ひとりの離乳食の進み具合を把握し、特定の保育者が子どものペースに合わせて食べさせるようにする。
- ● 離乳食後は満足するまでミルクを飲めるようにする。

特定の保育者の関わりで…

梅雨期を楽しく

じめじめを快適に…

- ● 沐浴をしてもらい、快適に過ごす。
- ● 気温の高い日は、特定の保育者が沐浴を行なうとともに、室温・湿度を調整するようにする。

晴れ間を見つけて…

- ● ベビーカーで外気浴を楽しむ。
- ● 梅雨の晴れ間には、散歩や外気浴をして気分転換できるようにする。

外気浴の後は、水分補給を…

- ● 白湯や茶を飲み、水分補給をする。
- ● おしぼりで顔や手を拭いてから、水分補給をするようにする。

指導計画　6月の保育マップ

週案として

	1週	2週	3週	4週
	じめじめを快適に…	離乳食、ごっくん、もぐもぐおいしいね		安心して眠る（A児）
		手作り玩具で遊ぼう		歯や歯茎を健康に保とう
		発達に合わせた遊びを楽しもう		
	晴れ間を見つけて…		外気浴の後は、水分補給を…	
		特定の保育者の関わりで…		

快適に過ごそう

手作り玩具で遊ぼう

- 手作り玩具で手先を使って、繰り返し遊ぶ。
- 安全な素材を使って手作り玩具を作り、保育者と一緒に十分に楽しめるようにする。

手作り玩具の作り方

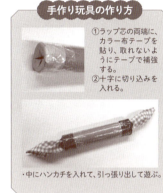

①ラップ芯の両端に、カラー布テープを貼り、取れないようにテープで補強する。
②十字に切り込みを入れる。

・中にハンカチを入れて、引っ張り出して遊ぶ。

歯や歯茎を健康に保とう

- 食後、仕上げ磨きをしてもらい、歯を清潔にする。
- 保育者の膝の上に寝かせて、口の中がよく見えるようにし、歯と歯茎の間を丁寧に磨くようにする。
- 歯の生え始めによだれが出るときは、よだれ掛けをこまめに交換するようにする。

発達に合わせた遊びを楽しもう〜安全なスペースを確保して〜

- あおむけで足の指をつかみ、左右にユラユラ揺れて横向きになって遊ぶ。
- 保育者がそばで言葉を掛け、ふれあいながら楽しめるようにする。

- 腹ばいで玩具をつかもうとする。
- 保育者も一緒に腹ばいになり、玩具で誘い掛け楽しめるようにする。

- 巧技台の上にマットを載せた坂道でハイハイをしたり、つかまって伝い歩きをしたりして遊ぶ。
- そばで見守りながら、十分に体を動かして遊べるようにする。

7月の計画

今月の予定
- 身体計測
- 避難訓練
- ミニプール開放

クラス作り

暑さで食欲不振や体調の変化が起こりやすいので、健康観察を丁寧にして快適に過ごせるようにする。また、一人ひとりに合わせて、沐浴や水遊びが楽しめるようにする。

健康・食育・安全への配慮
- 夏風邪など夏に多い感染症に気を付け、早期発見に努め、適切な対応を心掛ける。
- 喉越しの良い食材やメニューを、調理担当者と相談して提供する。
- 水遊びでは、紫外線予防に努め、水遊びの玩具に破損がないかなど安全点検する。

	前月末の子どもの姿	ねらい	内容（🍴は食育に関して）
A児（6か月）	●腹ばいになり、しばらくすると苦しそうに声を出す。 ●ペースト状の野菜をペチャペチャ音をたてて食べ、飲み込むと口を開けて欲しがる。 ●沐浴のとき、手で湯をたたき「アー、アー」と声を出す。※b1	●寝返りを楽しむ。 ●自分のペースで満足いくまで食べる。 ●沐浴をしてもらい、心地良さを味わう。	●短時間に、何度も寝返りを繰り返して遊ぶ。 ●口の中の物を飲み込んでから、次の物を食べる。🍴 ●清潔にしてもらい、機嫌良く過ごす。
B児（9か月）	●食事の支度が始まると、早く欲しがり、泣く。 ●担当以外の保育者が「Bちゃん」と話し掛けると泣く。 ●お気に入りのカエルの人形を見つめ「アブブブー」としきりに話し掛ける。※a※b2	●離乳食を楽しんで食べる。 ●特定の保育者との愛着を深めて安心して過ごす。 ●気に入った玩具で遊ぶことを楽しむ。※a	●食べたい気持ちに応えてもらい、満足するまで食べる。🍴 ●特定の保育者に抱かれたり、近くで見守られたりしながら遊ぶ。※a ●保育者に楽しさを共感してもらいながら、玩具で遊ぶ。※a
C児（13か月）	●食事中眠くなると、イスからずり落ちそうになる。 ●寝つきの悪いときには、体をさすってもらうと「アーダッ」と言いながら寝入る。 ●急に立ち上がり5〜6歩あいては転び、ハイハイで興味のある車の玩具に向かい、スピードを上げて進む。※b3	●その日の生活のリズムに合わせて、楽しく食べる。 ●気持ち良く眠る。 ●歩くことを楽しむ。	●食事前に短時間眠ってから、落ち着いて食べる。🍴 ●体をさすってもらい、眠る。 ●呼んだ人の方や興味のある物の方へ、ハイハイや、よちよち歩きで移動して遊ぶ。※b3

保育士等のチームワーク

★ 一人ひとりの体調や食事内容、食欲などについて細かく伝え合い、対応の仕方を共通理解しておく。
★ 沐浴や水遊びでは、できるだけ特定の保育者が関われるような工夫の仕方について話し合っておく。
★ 腹ばいやハイハイのときなどには、一人ひとりの活動に適切な関わりができるように役割分担し、ゆったりとした時間の中で、過ごせるようにする。

延長保育を充実させるために

★ 水分補給をこまめに行ない、暑さや湯水遊びなどの疲れから夕方眠くなった子どもが安心して眠れるようにする。

書き方のポイント

※a　指針を踏まえて

aは、「身近な人と気持ちが通じ合う」の内容①〜⑤、「身近なものと関わり感性が育つ」の内容①〜⑤を経験させることにつながります。「身近なもの〜」の内容の取扱いの①に留意して、感覚の発達や探索意欲も意識しながら、適切な玩具を選びましょう。

※b1〜3　学びの芽を意識して

飲み込んで・待って食べるなど、身体調整の開始です。生活や遊びの中で、b1もの（お湯）の変化を楽しむ、b2人形に話し掛ける、b3興味あるものに向かうなどは、自分から周りに働き掛け、「偶発的変化を楽しむ」から「自分で変化をつくり楽しむ」への育ちを意識しましょう。

環境と援助・配慮	保護者への支援
●腹の下に腕が挟まったときは抜いて遊ぶが、腹ばいの姿勢は短時間で切り上げて、繰り返し保育者も一緒に遊ぶ。 ●スプーンで食べ物を入れてから、口を閉じて奥の方へ取り込むまで待ち、ゆっくり食べられるようにする。 ●耳の中に水が入らないように親指と中指で押さえ、首の下や脇の下を丁寧に洗い清潔にする。	寝返りや腹ばいの時期にある子どもの保護者には、お座りやハイハイに向けての準備の発達過程で、発達の順序は重要である。特にハイハイは全身の筋肉や脳の発達を促すため、十分にハイハイできる安全な環境構成の必要性を伝え、そのための配慮や工夫についても話し合い、ゆったり成長を見守る必要性を共通認識する。
●「ごはんにしようね」などと話し掛けながら、手早く支度をし、他児より早く食事が始められるようにする。 ●特定の保育者が「F先生だよ」と抱き上げながら話し掛け、人見知りの不安を受け止める。 ●B児の言葉を受け止め、保育者も同じように「カエルちゃんかわいいね」などと話し掛けて共感し、言葉の応答が楽しめるようにする。※a	よく汗をかく子どもの保護者には、シャワー、沐浴、清拭、着替えなど発汗時の対応について様子を伝え合い、布団の汗取りパッドやバスタオルの交換、スキンケアの方法などを確認し合う。また、汗をかくことは体温調節や汗腺機能の発達に大事なことを伝え、あせもや皮膚トラブルの予防の仕方を話し合い、園でも予防に尽くすことを伝える。
●眠いときには口の中に食べ物が残っていないか十分に確認してから寝かせる。食事前に短時間眠ってから、落ち着いて食べられるようにする。 ●安心して寝付けるように決まった場所に布団を敷き、特定の保育者が一対一で関わって眠れるようにする。 ●床には危険な物がないようにしてそばで見守ったり、ハイハイが十分にできるように保育者も一緒に楽しむようにしたりする。	食事中に眠くなる子どもには、発達過程、その日の体調や就寝時間、食事時間などに問題がある場合があることを話し合う。また、家庭での服薬の有無などを確認する。他児より先に食べ始めたり、食事前にひと眠りしていることなど園での食事の様子を伝えて、ゆったりとした食事時間などについて一緒に考える。

反省・評価　今月の保育終了後の文例として

★ 夏風邪をひく子どもがいたので、エアコンの温度設定、湿度、風向きなどをこまめに調整するように共通認識した。今後も感染の拡大防止を引き続き行なっていく。

★ ハイハイやつかまり立ちをするなど活発な動きが出てきたので、一人ひとりの発達に合った遊びができるように、ゆったりとした環境を工夫して、行動範囲を広げられるようにしていきたい。

★ 水遊びでは担当の保育者と関われるよう工夫することで、安定して楽しくゆったりと過ごすことができた。

指導計画　7月の計画

7月の保育マップ

●は子どもの姿やねらい　◆は環境
●は援助・配慮について記入しています

保育のポイント　ゆったり夏を過ごそう

暑さのため、食欲が落ちたり寝つきが悪くなったりする子どももいます。一人ひとりの子どもの様子をよく見て、健康管理に努めながら夏の遊びを楽しみます。うつ伏せやハイハイは、体づくりと好きな人のところへ近付いていくコミュニケーションのツールと考えて楽しみましょう。

ゆったり夏

ゆっくり満足するまで離乳食を食べよう

- 離乳食を食べるようになり、口の中の物がなくなると口を開けて欲しがる。
- ◆ 喉越しの良い食材を準備する。
- 特定の保育者がゆったりとした落ち着いた雰囲気の中で、「おいしいね」など話し掛けながら食べられるようにする。

沐浴って気持ち良い！

- 沐浴をしてもらい心地良くなる。
- 視線を合わせて、「気持ち良いね」など言葉を掛けながら行なう。

ぞうさん

- 保育者と『ぞうさん』の歌をうたいながら、ゆったりと楽しむ。
- 保育者が、ゆっくり膝でリズムを取りながら子どもを見つめ、歌って楽しさを共有する。

保育者と一緒にハイハイで…

- ハイハイをし、興味のある玩具へスピードを上げて進む。
- 保育者も一緒にハイハイをして楽しむ。
- ◆ 室内のスペースを広く取り、床には危険な物がないようにしておく。

週案として

	1週	2週	3週	4週
		ゆっくり満足するまで離乳食を食べよう	沐浴って気持ち良い！	
		クローバー遊びをしよう	特定の保育者との愛着を深める	
			保育者と一緒にハイハイで…	
			♪にんどころ♪	
		ぞうさん		

クローバー遊びをしよう

- 『いもむしごろごろ』を聞きながら寝返りを繰り返して楽しむ。
- ◆ 触れると音が出る玩具などを用意する。
- 寝返りをした際に、腕がおなかの下に挟まったときは抜いて、保育者も一緒に腹ばいになって遊ぶ。

※ 肩の関節が外れないように、横向きの姿勢にしたり、おなかを上げたりして抜きましょう。

を過ごそう

特定の保育者との愛着を深める

- 特定の保育者に関わってもらい安心して過ごす。
- 担任以外の保育者がそばに来たときは、「○○先生だよ」と抱きながら話し掛け、人見知りの不安を受け止める。

♪にんどころ♪

- 『にんどころ』を歌いながら、ふれあい遊びをする。
- 「ほっぺ」「おでこ」「あご」「はな」「顔のまわり」を歌いながら、優しくなでるようにする。

①ここは　とうちゃん（※）　にんどころ
　（子どもの右ほほを4回ちょんとつつく）
②※＝かあちゃん（左ほほをつつく）
③※＝じいちゃん（額をつつく）
④※＝ばあちゃん（あごをつつく）
⑤※＝ねえちゃん（鼻をつつく）
⑥だいどう　だいどう（顔の周りをくるくるりと優しくなでる）
⑦こちょこちょこちょ（体をくすぐる）

指導計画　7月の保育マップ

8月の計画

今月の予定
- 身体計測
- ミニプール開放
- 避難訓練（火災）

クラス作り

一人ひとりの健康状態や生活リズムに合わせてゆったりと過ごしていきたい。保育者と一緒に、ハイハイやうつ伏せでの遊びや水遊びを楽しみたい。

健康・食育・安全への配慮

- 虫刺されの患部は炎症を起こしやすいので、沐浴やシャワーなどで皮膚を清潔にする。
- 調理担当者と相談し、夏野菜や口当たりの良い物を献立に取り入れるようにする。
- 水遊び場は滑りやすくなっているので、足拭きマットを用意したりそばで見守るようにしたりする。

	前月末の子どもの姿	ねらい	内容（🍴は食育に関して）
A児（7か月）	●離乳食を食べていると指を吸い、口から外すと泣いて怒る。 ●寝返りをよくして転がって移動したり、あおむけのまま足をグイッと押し出して頭の方に進んだりする。 ●歌いながらA児の手のひらに人さし指でトントンすると、保育者の顔を見て笑う。※a	●満腹になるまで食べる。 ●寝返りや体の移動を楽しむ。※b1 ●ふれあい遊びを楽しむ。※a	●タイミングよく口に食材を入れてもらい食べる。🍴 ●うつ伏せやあおむけの姿勢になって、手足を動かして遊ぶ。 ●保育者に手のひらや足の裏などに触れてもらって遊ぶ。※a
B児（10か月）	●トマトを食べるとすっぱい顔をするので、保育者がまねると何度もすっぱい顔をする。 ●パイル地のボールを見つけると、素早くハイハイして取りに行く。 ●B児の目の前でじょうろの水を流すと、両手を出してつかもうとする。※b2	●いろいろな味覚の物を、満足するまで食べる。 ●ハイハイを十分に楽しむ。※b1 ●水に触れて感触を味わい、楽しむ。	●保育者に見守られながら、楽しんで食べる。🍴 ●好きな玩具や保育者の所へハイハイで移動して楽しむ。 ●水面をたたいたり、流れる水に触れたりして遊ぶ。※b4
C児（14か月）	●突発性発疹で1週間休む。 ●食パンをかじったり、ちぎったりして食べ、手を添えると ※b3 コップを自分で持って飲む。 ●水遊びのとき、水の入ったバケツにスポンジを入れると、手で握っては、またバケツに入れることを繰り返す。	●ゆったりと園生活のリズムを取り戻す。 ●意欲的に食べたり、飲んだりする。 ●水に触れて遊ぶことを楽しむ。※b4	●特定の保育者に関わってもらい、安心して過ごす。 ●手づかみで食べたり、コップを持って飲んだりする。🍴 ●スポンジを握ったり、水をすくったりして、水の感触を味わって遊ぶ。※b4

保育士等のチームワーク

★ 担任が研修や休暇のときには、一人ひとりの生活リズムや健康状態を口頭や伝達ノートで詳しく伝え合い、子どもたちが安心して過ごせるように担任間で共通理解をしておく。

★ 沐浴や水遊びをするときには、安全に楽しくできるように特定の保育者が関われるように、役割分担について再確認する。

★ 特定の保育者とのふれあい遊びや、ハイハイ、腹ばいでの遊びを満足するまでできるように、デイリープログラムの見直しをする。

延長保育を充実させるために

★ 暑さから疲れやすい時期なので、夕方眠くなった子どもはゆっくり寝かせる。また、水分補給に努め、快適に過ごせるようにする。

書き方のポイント

※a　指針を踏まえて

aは、「健やかに伸び伸びと育つ」の内容①②、「身近な人と気持ちが通じ合う」の内容①②④、「身近なものと関わり感性が育つ」の内容⑤を経験させることにつながります。保育マップも参照しながら、「楽しい」という感覚を十分に味わえるようにしましょう。

※b1〜4　学びの芽を意識して

b1寝返りやb2ハイハイによる姿勢変化や身体移動は、視野を広げ、手を開放します。b2両手でつかむ、b3ちぎって食べる、b4手を伸ばして触れ物を使って楽しむなどは、体で触れ変化を生み出す主体が自分であることへの気付きが芽生え、自発性や関係認知の基盤になります。

指導計画　8月の計画

環境と援助・配慮	保護者への支援
●指吸いするほうの手をそっと握り「おいしいね」などと言葉を掛けながら、口元にスプーンを持っていくようにする。 ●マットを敷き、周りに玩具などが落ちていないように整理し、頭に物が当たらないようにそばで見守る。 ●保育者と一緒に『ゆらゆらタンタン』などふれあい遊びを通して関わりを深める。※a	急に指吸いを始めた子どもの保護者には、子どもの家庭での生活や食事の様子を尋ね、園での姿も伝えながら、急な指吸いの原因について共に考える。園では十分な栄養摂取のために、食事中に指吸いがひどいときは、優しく手を握って言葉を掛けていることなど、関わり方や方法を情報交換し、生活全体を温かく見守り支援する。
●「すっぱいね」と表情を添えて共感し、いろいろな味に慣れて、楽しく食事ができるようにする。 ●B児の好きな玩具を振って「まてまて〜」とハイハイで追い掛けたり、横に並んだりして関わって楽しむようにする。 ●タライの近くへ行くと、水をつかもうとしたり、たたこうとはしゃいで、身を乗り出したり体を反らしたりするので、滑ったりしないようにそばで見守りながら、水遊びを楽しめるようにする。	ハイハイで活発に動き回る子どもの保護者と成長を共に喜び、ハイハイが、特に頭を持ち上げて動く刺激が脳の前頭葉を育み、身体の発達や情緒の発達にも影響する重要な発達過程であることを確認し合う。同時に、転落、誤飲など事故のリスクも高いので、細心の注意が必要なことなど、事故防止について共通認識する。
●病後は特に、特定の保育者がゆったり関わり、食事の介助や寝かしつけるようにし、情緒の安定を図れるようにする。 ●パンは持ちやすい大きさにし、湯茶は2〜3口で飲み切れる量にし、さりげなくコップに手を添えて介助する。 ●一人用のバケツを用意したり、他児と少し離れて遊べるスペースを用意したりする。水しぶきが掛かることを嫌がるときにも、安心して遊べるように配慮する。	感染症で長期間休んだ子どもの保護者には、登園時の体調と、医師の診断や病状の経過について、記録と共に直接様子を聞き、万一の体調の変化に備え、連絡先や対応について再確認する。また、水遊びなど保育内容は、主治医の指示のもとに病後に適した遊びを具体的に話し合い、保護者が安心できるようにする。

反省・評価　今月の保育終了後の文例として

★ 暑い日が続いたが、一人ひとりの健康状態を配慮しながら、沐浴や水遊びを行なった。突発性発疹になる子どもがいたので、今後も、急な発熱や風邪症状に留意し、こまめな検温や水分補給に努めたい。

★ 担当保育者が研修や休暇で不在のときには、事前に役割分担を見直したり、一人ひとりの健康状態を確認したりすることで、体調の変化にも素早く対応することができた。

★ 寝返りやハイハイなど、活発に動く子どもも出てきているので、更に特定の保育者と一緒に、うつぶせでの遊びやふれあい遊びを行ない、今後の成長、発達につなげていきたい。

CD-ROM　指導計画　▼　8月の計画

8月の保育マップ

- ●は子どもの姿やねらい　◆は環境
- ●は援助・配慮について記入しています

保育のポイント　保育者や友達と一緒に遊ぼう

保護者の中には、夏季休暇を長期間取ったり遠方へ出掛けたりして、子どもの体調に変化が見られることがあります。一人ひとりの家庭との連携を密にして、口頭や連絡帳などで確認し合います。また、この時季ならではの沐浴や水遊びについては、安全に留意したうえで開放的な遊びを楽しみたいと思います。

まてまて遊び

- ● 特定の保育者と、ハイハイでパイル地のボールを追う。
- ● ハイハイでまてまて遊びをしたり、気に入った玩具を使ったりして、体を使った遊びや、やり取り遊びを楽しめるようにする。

保育者と一緒に楽しい！！

- ● 保育者が『いないいないばあ』や『ゆらゆらタンタン』の手遊びをすると顔を見て笑う。
- ● 手遊びやふれあい遊びを繰り返し楽しみ、関わりを深める。

『ゆらゆらタンタン』（座って向かい合う）
♪ゆらゆら　♪タンタン
（ゆらゆらで両手を胸の前で左右に揺らして、タンタンで2回拍手する）

♪おめめ
（人さし指で目の下を触る。同様に、鼻・口・頬・耳を触る）

保育者や友達と

水に触れてみよう

- ● タライの水の水面をバシャバシャとたたいては保育者の顔を見て笑う。
- ◆ 安全で、十分に遊べるように一人用のたらいを用意する。
- ◆ タライの周りは滑りにくいようにクッションシートを敷く。

シャワーの水に触ってみよう！

- ● じょうろやペットボトルシャワーから水が流れると両手を出し、水をつかもうとする。
- ● 子どもの目線の上から、少量ずつ水を流し、安心して遊べるようにする。

ペットボトルシャワーの作り方

①2ℓのペットボトルの上部を切り取る。
②切り口にビニールテープを貼る。
③ペットボトルに目打ちなどで穴をあける。
④ペットボトル上部にも穴をあけ、ひもを通す。

＊ひもを付けることで、どこかにぶら下げて使ったり、子どもたちが手に持ったりして使えます。

週案として

	1週	2週	3週	4週
	スプーンや食材に親しもう	一緒に食べるの楽しいな	自分で食べてみよう！	自分で飲んでみよう！
	保育者と一緒に楽しい！			
			まてまて遊び	
	水に触れてみよう		シャワーの水に触ってみよう！	感触遊び

8月の保育マップ

自分で食べてみよう！

- 食パンを手に持ってかじったり、ちぎったりしながら食べる。
- 食材を手づかみしやすい大きさにする。

一緒に食べるの楽しいな

- トマトを食べるとすっぱい顔をするので、保育者がまねると喜んで、何度もすっぱい顔をする。
- すっぱいことを共感するなど、語り掛けを十分にしながら、楽しい雰囲気で食事ができるようにする。

自分で飲んでみよう！

- 保育者が手を添えると、両手でコップを持って飲もうとする。
- ◆ 湯茶は、2〜3口で飲み切れる量を入れるようにする。

一緒に遊ぼう

感触遊び

- タライに入っているスポンジをギュッと握っては、またタライに入れる。
- ◆ スポンジは握りやすい大きさにする。
- ◆ タライを他児と少し離れた所に用意し、一人遊びを満足するまで楽しめるようにする。
- 新しい感触や素材に戸惑うときには、保育者がスポンジを握って見せ、まねして遊べるようにする。

水遊びの玩具
- ひしゃく
- バケツ
- じょうろ
- カップ

※これらの玩具は手先を使った遊びを繰り返し楽しむことができます。

スプーンや食材に親しもう

- 離乳食を食べながらも指を吸う。
- スプーンを軽く口に当て、食材を口に入れることを知らせる。
- 食材をタイミングよく口に運び、満足するまで食べられるようにする。

9月の計画

今月の予定
・身体計測 ・避難訓練
・災害時講座(非常食など)

クラス作り

残暑が厳しいので、こまめに水分補給を行ない、健康に過ごせるようにする。戸外では木陰などで遊び、保育者との応答的な関わりやふれあい遊びをして楽しめるようにしたい。

健康・食育・安全への配慮

- 子どもの体調やその日の気温により、沐浴やシャワー・水分補給を行ない、快適に過ごせるようにする。
- 子どもの食べる様子に合わせて、手づかみで食べやすいように調理の形態を工夫するようにする。
- 園庭や保育室内での危険な箇所を再確認し、けがを未然に防ぐようにする。

	前月末の子どもの姿	ねらい	内容（🍴は食育に関して）
A児（8か月）	●ベビーラックに座ると体を前に突き出し、目の前の皿を取りに行っている。※b1 ●あおむけで寝かせても、しばらくするとうつ伏せになっている。 ●腹ばいになると、ボールなどの玩具を目指して少し前に進んでいる。※b1	●落ち着いて食べる。 ●あおむけの安全な姿勢で、ぐっすり眠る。 ●頭を上げ、腹ばいを十分にする。	●口元を見ながら食べさせてもらい、満足するまで食べる。🍴 ●うつ伏せになったら、あおむけに戻してもらいぐっすり眠る。 ●腹ばいの姿勢で機嫌良く過ごす。
B児（11か月）	●ジャガイモの煮物を手づかみで口に入れながら、反対の手を伸ばし、つかもうとしている。※b1 ●散歩の途中にイヌを見つけ、指さしして保育者に知らせている。※b2 ●玩具を見つけると、つかまり立ちから一人で座って、ハイハイで取りに行っている。	●離乳食を手づかみで食べる。 ●指さしを保育者に受け止めてもらい、満足する。 ●目標に向けてハイハイを十分に楽しむ。	●食べさせてもらったり、手づかみで満足するまで食べたりする。🍴 ●指さしした先を保育者と一緒に見つめて共感する。※b2 ●欲しい玩具や人に向かってハイハイして楽しむ。※b1
C児（15か月）	●ご飯は全量つまんで食べるが、緑黄色野菜はイスから体をずらして食べようとしない。※a ●登園時、保育者が抱き上げると、すぐに保護者に「バイバイ」と手を振っている。※b2 ●「なーべー なーべー…」と歌うと、手を左右に振り、歌が止まると手を止めて笑う。※b2	●いろいろな食べ物を味わう。※a ●簡単な言葉でのやり取りを楽しむ。 ●わらべうたを楽しむ。	●手づかみや、保育者に介助されながら、最後まで食べる。🍴※a ●いろいろな言葉や動作をまねすることを楽しむ。※b2 ●保育者と一緒にわらべうたを楽しむ。

保育士等のチームワーク

★ 一人ひとりの体調を把握し、気温や活動に応じて、沐浴やシャワーを行なえるように、役割分担を話し合うとともに、すぐに水分補給ができるように確認し合う。

★ 一人ひとりの子どもの発達過程に沿った絵本やわらべうたなどについて情報交換をし、しぐさに応じる大切さや、言葉の発達についての教育的意義を共通理解しておく。

★ 災害時の役割分担について再確認するとともに、非常持ち出し袋の中身を点検したり、必要な物を再検討したりするように話し合う。

延長保育を充実させるために

★ 夕方に眠くなる子どものために、ゆっくり眠れる環境を整えたり、水分補給も十分に行なうようにしたりする。

書き方のポイント

※a 指針を踏まえて

aは、「健やかに〜」の内容③、「身近な人と〜」の内容①〜⑤、「身近なものと〜」の内容①②④を経験させることにつながります。食後に手を拭いてもらう場面では「健やか〜」の⑤も経験できます。15か月なので「健康」領域の内容②や④も意識しましょう。

※b1〜2 学びの芽を意識して

b1目にしたものを目標に身体を意図的に動かす、b2指さしやまねで人とやり取りする、自分の行為が結果をもたらすことを発見する、そうしたことが周りと自己への信頼感、自己存在感を育て、心の芽生えにつながります。乳児の学びの芽を意識した内容です。

環境と援助・配慮	保護者への支援
●口の中の食べ物を飲み込んだことをよく見て、「ごっくん」と言いながら、次の食べ物を勧める。 ●うつ伏せになったときにはあおむけに戻し、よく観察して記録をつけるようにする。 ●移動しやすいように周りの環境を整理し、玩具は手を伸ばすと届くように近くに置き、前に進む意欲をもてるようにする。	睡眠時にうつ伏せになる子どもの保護者には、乳幼児突然死症候群（SIDS）の予防の観点から家庭と園での様子を話し合う。園では5分おきに睡眠観察の記録を取っていること、緊急時の対応（胸骨圧迫と人工呼吸、小児用AED使用）について、定期的に訓練を行なっていること、またその内容を具体的に伝える。睡眠時の安全保育について保育者と共通認識をもつ。
●手づかみで食べているときは、口に入れすぎないように少しずつ皿に載せて、様子を見ながらスプーンで介助する。 ●指さした先を見て「ワンワン、見つけたね」と言葉に置き換えて、丁寧に応える。 ●つかまり立ちをしているときは、足元に玩具などがないように整理し、少し離れた所にお気に入りの玩具を置いてハイハイが十分にできるようにする。	発語の前に見られる発達過程の一つである指さしの重要性について、保護者と共通理解する。自分の要求や興味がある物を伝える手段として行なう大事なコミュニケーションであること、指さした先をよく見て思いを言語化することで、喜びを感じ、もっと伝えようとして発語につながることを伝え、その成長の喜びを共感する。
●好きなご飯と野菜を交互に勧め、少しでもいろいろな食べ物を味わえるようにする。※a ●生活の中での簡単な言葉をしぐさとともに丁寧に伝えながら、保育者とのやり取りを十分に楽しめるようにする。 ●気に入っているわらべうたを繰り返し、保育者と一緒に楽しめるようにする。	保育者との愛着関係が深まり、登園時よりよく遊ぶ子どもの保護者とは、成長の喜びを共感する。保育者の膝に抱かれて、顔を見つめながら歌ったりふれあったりして楽しんでいる「わらべうた」を紹介して、保護者の養育力の向上に期待する。園でよく遊ぶ『なべなべそこぬけ』について、家庭での保護者や兄姉との遊び方などを情報提供する。

反省・評価 — 今月の保育終了後の文例として

★ 月の前半は暑い日も多く、沐浴やシャワーで快適に過ごせるように心掛けた。後半は雨が多く、戸外に出られない日も続いたため、室内遊びの環境を整えたり、月齢に合った遊びを再検討したりする必要性を感じた。

★ 保育者との愛着関係も深まり安心して過ごし、指さしをして自分の思いを伝えるようになってきている。

★ あおむけに寝かせても、しばらくするとうつ伏せになる子どもの保護者に、乳幼児突然死症候群（SIDS）について詳しく伝えた。保育の専門職として、最新の情報や事故を未然に防ぐ知識を保護者に伝える役目の重要さを改めて感じた。

指導計画／9月の計画

9月の保育マップ

●は子どもの姿やねらい　◆は環境
●は援助・配慮について記入しています

保育のポイント　保育者とのやり取りやふれあい遊びを楽しもう

残暑がいつまでも厳しく暑い日には、シャワーを浴びて快適に過ごしましょう。また、台風が接近したら戸外遊びは控えますが、朝のうちはその気配がない場合には短時間にして、すぐにも切り上げられるようにしましょう。複数の保育者などによる慎重な判断のもと保育内容を考えたいと思います。

食べるの大好き

- ● 離乳食を食べさせてもらったり、手づかみで食べたりする。
- ● いろいろな食材に慣れる。
- ●「ごっくんね」と口の中の食べ物を飲み込んだことを確かめてから、次の食べ物を勧める。
- ● 食の好みが出てきたら、好きな物と交互に苦手な物も食べられるように介助する。

安全に眠ろう

- ● 安全な環境で眠る。
- ● 睡眠の様子を観察し、記録につけるようにする。
- ● うつ伏せになったときは、あおむけに戻すようにする。

保育者とのやり取りや

シャワーでさっぱり

- ● 汗ばむ日には、シャワーで汗を流してもらい、快適に過ごす。
- ● シャワーの後は、水分補給を行なうようにする。

お散歩楽しいね

- ● ベビーカーや避難車に乗って、散歩に出掛ける。
- ● 見つけた物を指さしで知らせる。
- ● 目を見ながら「ブーブー、車ね」と指さした物に丁寧に応えていくようにする。

	1週	2週	3週	4週
週案として		食べるの大好き	安全に眠ろう	
	先生大好き	しぐさや言葉でのやり取りを楽しむ	♪な〜べな〜べ　そ〜こぬけ♪	
	避難訓練		つかまり立ちをしたり、ハイハイで移動したりする	
	シャワーでさっぱり		お散歩楽しいね	

指導計画　9月の保育マップ

つかまり立ちをしたり、ハイハイで移動したりする

- 取りたい玩具を目指して、ハイハイで近づく。
- 離れた所から名前を呼ぶなどして、ハイハイを促す。
- つかまり立ちをしたときは、転倒などに注意して見守る。

避難訓練

- 避難訓練に参加する。
- ◆おんぶひもや避難用持ち出し袋の中身を点検し、用意しておく。

ふれあい遊びを楽しもう

先生大好き

- 特定の保育者に見守られ、安心して過ごす。
- 特定の保育者との更なる愛着を深める。

しぐさや言葉でのやり取りを楽しむ

- 特定の保育者と簡単な言葉でのやり取りを楽しむ。
- 繰り返し楽しめるようにする。

♪な〜べな〜べ　そ〜こぬけ♪

- 保育者と一緒にわらべうたを楽しむ。
- 子どもの要求に応じて、繰り返し楽しむようにする。
- 保育者の歌うリズムに合わせて、体を揺らしたり、しぐさをまねたりして楽しさを共感する。

10月の計画

今月の予定
- 身体計測
- 誕生会
- ミニ運動会

クラス作り

朝夕と日中の気温の差が出てくる季節なので、体調を崩さないよう、体調管理をしていく。また、ハイハイや散歩に出掛けて、室内や戸外での探索活動を楽しむ。

健康・食育・安全への配慮

- 日中は暖かい日が多く汗ばむこともあるので、引き続きこまめに水分補給を行なう。
- 発達に応じた食器を選んだり、手づかみで意欲的に食べられるよう工夫や配慮を行なったりする。
- 探索活動が盛んになるので、室内や戸外などの環境を整え、安全に遊べるようにする。

	前月末の子どもの姿	ねらい	内容（🍴は食育に関して）
A児（9か月）	●午前中には眠らず、離乳食を食べ始めると、4～5口食べたところで眠くなる。 ●すべり台の斜面におなかを付けて上ったり、後ろ向きで低い段差を下りたりする。 ●他クラスの保育者が保育室に入ってくると、ジーと見つめながら泣き出し、特定の保育者に"だっこして"と手を差し伸べる。※b1	●機嫌の良い状態で、よく食べる。 ●自分から体を動かすことを楽しむ。 ●特定の保育者に見守られ安心して過ごす。	●眠いときには、寝てから食べる。 ●斜面や段差を登ることを楽しみ、ハイハイを十分にする。 ●特定の保育者に抱いてもらい、落ち着いて過ごす。
B児（12か月）	●煮魚や肉の肉汁を吸いながら食べ、パサパサになった魚や肉が飲み込めず口に残る。 ●園庭で落ち葉を拾って遊び、小石を口に入れることもある。※a1 ●運動会の練習をしている兄を見て笑顔で手をたたいたり、「バイバ～イ」と手を振ったりする。	●ゆっくりと口を動かして離乳食を食べる。 ●手指で握ったりつまんだりして遊ぶ。※a2 ●やり取りの繰り返しを楽しむ。	●ぱさつく物は汁と共に口に運び、ゆっくりと食べる。🍴 ●自然物を握ったり、つまんだり、引っ張ったりして遊ぶ。※a3 ※b2 ●手を振ったり、振り返してもらったりして、やり取りの繰り返しを楽しむ。※b3
C児（16か月）	●他児が果物を食べていると、自分は食べた後でも、もっと食べたがって指をさす。 ●自分で靴を履いて、靴箱の前から園庭までトコトコと体を横に揺らして歩く。 ●避難車に乗ると、持ち手を握り、尻を浮かせて、ウキウキしている。	●自分から進んで食べる。 ●歩行を楽しむ。 ●安全な環境の中で心地良く過ごす。	●"食べたい"、"おなかいっぱい"など、動作やしぐさで表す。🍴 ●活動しやすい安全な場所で歩行や探索遊びをして喜ぶ。※b4 ●戸外や散歩に行くことを喜び、事物や動物に興味を示す。※b5

保育士等のチームワーク

★ 一人ひとりの体調の変化を担任間でこまめに伝え合い、朝夕と日中の気温差に適切に対応できるようにしておく。

★ 子どもの発達に合わせた食器や手づかみで食べやすい切り方・調理法についてなど、調理担当者も交えて話し合う。

★ 一人ひとりの発達について話し合い、「子どもの育つ力」の基礎づくりのための援助の仕方を共通理解する。

延長保育を充実させるために

★ 朝夕と日中の気温差の大きい日があるので、夕方など肌寒く感じるときは、薄手の上着などの着用に配慮する。

書き方のポイント

※a1〜5　指針を踏まえて

a1〜a5は、指針で示された3つの視点のうち「身近なものと関わり感性が育つ」の視点のねらいの①と②、内容の①②④に通じるところです。内容の取扱いの①にあるように、感覚の発達も促しながら、探索意欲を満たして自由に遊べるよう、常に十分な点検をしましょう。

※b1〜5　学びの芽を意識して

運動発達に伴う姿勢と視線の位置の変化は、新たな学びの機会になります。b1保育者への愛着、b2指先の活動、b3やり取り、b4探索活動、b5周りへの興味などを促す援助は、既知のものと未知のものの区別、新奇なものの発見など、認識の芽生えを意識したものです。

環境と援助・配慮	保護者への支援
●食事中に眠くなったときには、口の中に食べ物が残っていないか確かめ、ひと眠りさせてから、気分良く食事ができるようにする。 ●段差のある所にはマットなどを置き、転倒しないように配慮して、保育者がそばで見守るなど安全に配慮する。 ●人見知りの激しい時期には、特定の保育者がしっかりと受け止めて、落ち着いて過ごせるように見守る。	家では机やベッドの柵を持ってつかまり立ちをするようになったことを喜んでいる。保育者も成長の喜びを共感すると共にハイハイは体幹や首、手足の筋肉がつくことを共通認識する。また、好きな人の所へ行くなどのコミュニケーション能力がつき、探索行動が活発になる重要性を共通理解できるよう話し合う。
●調理担当者と相談をしながら、飲み込みやすい形状にし、飲み込めているか見ながらゆっくりと食べられるようにする。 ●つまんだり握ったりすることが繰り返し楽しめる玩具を用意し、誤飲のないように近くで見守る。※a4 ●「お兄ちゃんだね。頑張れ！」と応援の言葉を一緒に言ったり、「バイバ〜イ」と手を振ったりするなど、やり取りをするうれしさを共有する。	小さな物をつまんだり、はがした物を口に持っていったりすることがあるので、家庭と園での具体的な様子を話し合う。※a5特に小石や葉など自然物で遊ぶ機会も多いので誤飲に注意しながら、それらを並べる・積む・分けるなど構成遊びの重要性についても共通理解する。
●「Cちゃん、また食べようね」と、果物が好きという思いを受け止め、また今後に期待をもてるように介助する。 ●「くっくね、靴履いて行こうね」と一緒に靴を取りに行き、足全体がしっかり入り脱げないようにして、歩く楽しさを共感する。 ●あらかじめ安全な散歩のルートや、場所を確認しておき、散歩グッズを持ち、保育者も楽しみながら、出掛けるようにする。	不審者の出没や、交通状態の悪化などから園外保育を全く行なわない地域もあるようだが、散歩マップに散歩グッズ（防犯ブザー、携帯電話、季節によっては、お茶、コップ、オムツ、ティッシュペーパー　など）を明記して貼り出し、安全・安心な保育に努めていることを伝えて理解を求める。

指導計画　10月の計画

反省・評価

今月の保育終了後の文例として

★ 過ごしやすくなったこの時期は、朝夕と日中の気温差があり、鼻水やせきの出る子どもが増えてきた。朝の受け入れ時や、午睡前後には子どもたちの体調の変化をしっかりと把握し、体調の変化を確認した子どもには、保護者との連携をしっかりとって、早めに受診を勧めたので早期発見することができた。

★ 探索活動が盛んになってきたため、ハイハイがしやすいスペースを確保したり、室内、園庭とも環境の工夫をしたことで安全に遊ぶことができた。引き続き、保育者とのコミュニケーションを、ゆったりとした関わりの中で味わえるようにしていきたい。

10月の保育マップ

●は子どもの姿やねらい ◆は環境
●は援助・配慮について記入しています

保育のポイント 室内や戸外で探索活動を楽しもう

日中と朝夕の気温の変化には、ベストや靴下の着用などで対応して元気に過ごしましょう。また、心地良い秋晴れのもとで、園庭の小石や木の葉を積んだり並べたり、散歩に出掛けたりするなど、戸外遊びを楽しんでいきたいと思います。

眠たいよ…

- ● 離乳食を食べ始めると眠くなっている。
- ● 他児より早めに食べ始める。
- ● 食事中に眠くなったときは、口の中に食べ物が入っていないことを確かめてから寝かせる。

ゆっくりよくかんで

- ● ゆっくりとかんで離乳食を食べる。
- ● 飲み込みやすい形状にし、ゆっくり食べられるようにする。
- ●「カミカミ…、よくかんで食べようね」など話し掛けながら、よくかんで食べられるようにする。

よくかんで食べようね

室内や戸外で

ハイハイを楽しもう

- ● 緩やかな斜面をハイハイで上ったり下りたりして、体を動かすことを楽しむ。
- ◆ 段差のある所にはマットなどを置き、安全を心掛け保育者がそばで見守る。
- ● 保育者と一緒にハイハイ遊びを楽しめるようにする。

特定の保育者と安心して…

- ● 他クラスの保育者が保育室に入って来ると泣き出し、特定の保育者のそばへ近寄ってくる。
- ● 特定の保育者に抱いてもらい、落ち着いて過ごせるようにする。

週案として	1週	2週	3週	4週
		眠たいよ…	ゆっくりよくかんで	
	特定の保育者と安心して…		ハイハイを楽しもう	
		園庭で遊ぼう	お散歩、楽しい	
			ふれあい遊びを楽しもう	

ふれあい遊びを楽しもう

- 保育者と向き合い『いちりにり』(わらべうた)を歌いながらふれあう。
- 歌に合わせて繰り返しわらべうた遊びを楽しめるようにする。

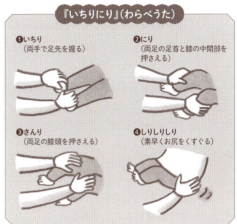

『いちりにり』(わらべうた)
1. いちり (両手で足先を握る)
2. にり (両足の足首と膝の中間部を押さえる)
3. さんり (両足の膝頭を押さえる)
4. しりしりしり (素早くお尻をくすぐる)

探索活動を楽しもう

- 保育者に見守られながら、ハイハイやよちよち歩きで探索する。

園庭で遊ぼう

- 園庭で座り込み、落ち葉を拾ったり、小石をつまんだりする。
- ◆ 落ち葉や小石を入れやすい玩具のバケツを用意しておく。
- 保育者も一緒に遊び、誤飲のないように見守る。

お散歩、楽しい

- 避難車に乗って、秋の自然に親しむ。
- ◆ 安全な散歩マップを作り、目的地を確認しておく。
- 安全な場所での散歩を保育者と一緒に楽しめるようにする。

11月の計画

今月の予定
- 身体計測
- 避難訓練
- クラス懇談会

クラス作り

旬の野菜を味わったり、暖かい時間帯に外気に触れたりして、機嫌良く過ごせるようにする。保育者と体を動かしたり、ふれあったりするなど、応答的な遊びを繰り返し楽しみたい。

健康・食育・安全への配慮

- 風邪や感染症にかかりやすい時期なので、おう吐・下痢の処理方法など再確認し、感染防止に努める。
- イモ類や旬の野菜を咀嚼しやすいように、調理法を工夫するようにする。
- 暖房器具や加湿器、空気清浄器などの点検を行ない、必要なときには安全に使えるようにしておく。

	前月末の子どもの姿	ねらい	内容（ 🍴 は食育に関して）
A児（10か月）	●野菜などを口に入れてもらうと、ほとんどかまずに飲み込んでいる。 ●特定の保育者の膝に座りに来たり、頻繁に抱っこを求めたりする。※a1 ●ピアノの音が聞こえてくると、体を左右に揺らし笑う。	●ゆっくりとかんで食べる。 ●特定の保育者に思いを受け止めてもらい安心して過ごす。※a2 ●体を動かして楽しむ。	●歯茎で潰せる硬さや大きさにして食べさせてもらう。🍴 ●甘えたいときには、特定の保育者の膝に座ったり抱っこされたりして、落ち着いて過ごす。※a3 ●音楽を聴きながら、体を動かすことを楽しむ。
B児（13か月）	●朝から軽くせきをし、午睡中にせき込んで途中で目覚めることがある。 ●保育者に履かせてもらった靴の面ファスナーをはがしては、脱ぐことを繰り返している。 ●幼児用の急なすべり台をハイハイで登ろうとしている。	●特定の保育者に見守られながら安心して過ごす。 ●靴を履かせてもらい、楽しんで遊ぶ。 ●ハイハイを十分に楽しむ。	●せきが出るときには、特定の保育者に背中をさすってもらったり、湯茶を飲んだりして落ち着く。 ●靴を履かせてもらったことや自分で脱げることを喜ぶ。 ●マットの山をハイハイで登り降りしたりトンネルくぐりをしたりする。
C児（17か月）	●自分で脱いだズボンを保育者に渡したとき、「ありがとう」と言われると、お辞儀して「ウンウン」とうれしそうにうなずいている。 ●他児が持っている車の玩具にそっと手を伸ばしては欲しそうにしている。 ●薄手の大きな布に隠れては、「バー」と言いながら出て来てニコニコしている。※b2	●言葉によるコミュニケーションに興味をもつ。 ●欲しい気持ちを簡単な言葉やしぐさで表す。 ●隠れたり出たりする遊びを楽しむ。※b3	●言葉としぐさで簡単なやり取りをする。※b1 ●貸してもらえるように保育者と一緒に他児に聞いてみる。 ●くぐったり引っ張ったりして体を動かした遊びを楽しむ。※b4

保育士等のチームワーク

★ 気温や体調に応じて衣類の調節をしたり、室内の適切な温度や湿度を理解して気を付けると同時に、換気をこまめに行なうなど話し合っておく。

★ ズボンや靴を脱いだり、すべり台や玩具で繰り返し遊ぼうとする姿が見られるようになってきたので、安全に気を付け、見守ったり何げない援助の仕方など具体的に理解をしておく。

★ 一人ひとりの興味のある遊びを把握し、タイミングよく応答的な関わりができるように共通理解する。

延長保育を充実させるために

★ 朝夕の気温の変化に伴い、暖房等を使用し、室温の調整をする。また、乾燥・脱水予防の水分補給を行なう。

書き方のポイント

※a1〜4　指針を踏まえて

a1〜a4は、「身近な人と気持ちが通じ合う」という視点の5つの「内容」の全てに通じるところです。「内容の取扱い」の2つを意識して関わりましょう。特に、ゆっくりと優しくことばがけをすることを大切にして、言葉を聞かせる習慣をつけたいものです。

※b1〜4　学びの芽を意識して

b1特定の保育者と言葉やしぐさでやり取りをする、b2「バー」と言ってb3隠れたり出たりする、b4くぐったり引っ張ったりする、などの遊びを楽しむことは、乳児が愛着を基盤に安心して周りとつながる経験を積み重ね、言葉の芽生えを促すことを意識しています。

指導計画　11月の計画

環境と援助・配慮	保護者への支援
●一口大で食べられる大きさや硬さについて調理担当者と相談し、「もぐもぐしようね」と言葉を掛け、ゆっくりと食べられるように介助する。 ●表情やしぐさで甘えたい思いを受け止め、十分にスキンシップをとるようにする。※a4 ●保育者も一緒に体を揺らし、A児と楽しさを共感する。	出生時に低体重児であったことから、9〜10か月頃行なわれる後期健診の必要性について改めて確認し合う。健診は成長の節目にあたる月齢の子どもの計測と同時に、発達の状況や疾病などの有無の診断の他に、子育ての悩みの相談も受けてもらえることに対して相互理解を図る。
●室温、湿度を確認して、保育者の机の横に布団を敷くなど場所に配慮し、せき込んで目覚めたときには背中をさすって落ち着かせ、再度眠れるようにする。 ●「びりびり〜ってはがすよ」「もう一回脱ぐの?」などと、言葉を添えながら靴を履かせたり、脱ぐことを見守ったりする。 ●ハイハイで登りたい気持ちが満足できるように、適切な高さのマットの山などを用意して楽しめるようにする。	熱が下がってもせきの症状が長引くことがある。体が冷えたときや布団に入って体が温まったとき、乾燥したときにもせき込む場合がある。せき込むときには、抱いて背中をさすり、水分補給をして喉を潤すなどの対応をすることや、室内が乾燥しないように心掛けることを共通認識しておく。
●しぐさで気持ちを伝えようとしているときには、応答的に関わり、言葉に置き換えて伝えるようにする。 ●「Fちゃんの車がほしいの?」「遊んでいるから、待ってみようか?貸してって言う?」と欲しい気持ちを察し、代弁しながらC児が気持ちを伝えられるように促す。 ●大きな布の下に保育者も一緒に隠れたり、「バー」と出たりしながら、やり取りを楽しめるようにする。	言葉で要求を伝えられない時期の子どもとの関わり方には、欲しそうにしている子どものしぐさを、保育者も行動をそのまままねたり、子どもの音声や単語をそのまままねたりするなどして、子どもの気持ちを代弁しながら関わる方法や考え方を具体的に保護者と伝え合う。

反省・評価（今月の保育終了後の文例として）

★ 離乳食を食べたいという意欲的な姿が見られるが、かみにくそうにしていたり、かまずに飲み込んだりする姿が見られたため、個人差に応じて食材の大きさや軟らかさなど、調理担当者と相談しながら工夫をしてきた。また、かまずにすぐに飲み込む子どもには、担当の保育者が小皿に食べ切れる量を取り分けたり、言葉を掛けたりして、しっかりかめるように引き続き援助を行なう必要がある。

★ 衣服の着脱の場面や遊びの場面でも自ら繰り返して楽しむ姿が見られたので、そばで見守りながらもタイミングよく介助したり、言葉を掛けたり、応答的対応を繰り返すことで、笑顔が多く見られるようになった。

CD-ROM 指導計画 ▼ 11月の計画

11月の保育マップ

●は子どもの姿やねらい　◆は環境
●は援助・配慮について記入しています

保育のポイント　保育者との応答的な関わりを楽しもう

朝夕と日中の気温差の大きい季節です。登降園時には厚着になりやすい時季ですが、昼間はぽかぽかと暖かいので、外気にふれる散歩は最適です。できるだけ薄着を心掛けて身軽に赤や黄色に色付いた木の葉の上を歩いたり、葉を集めたり並べたりして、子どもたちが秋を楽しめるようにしましょう。室内では言葉や動作で、保育者とやり取りを楽しみます。

安心して過ごす

- ● 特定の保育者に思いを受け止めてもらい、安心して過ごす。
- ● 表情やしぐさから甘えたい思いを受け止め、十分にスキンシップをとるようにする。

ゆっくり食べよう

- ● ゆっくりとかんで食べる。
- ●「もぐもぐしようね」とことばがけをする。
- ● 一口大で食べられる大きさや硬さを調理担当者と相談して進める。

もぐもぐしようね

保育者との応答的な

応答的なやり取りを楽しもう

- ●「ありがとう」と言われると、お辞儀して「ウンウン」とうれしそうにうなずく。
- ● 言葉によるコミュニケーションに興味をもつ。
- ● しぐさで気持ちを伝えようとしているときには、応答的に関わり、言葉に置き換えて伝えるようにする。

ありがとう

いいな〜　かして

- ● 他児が持っている車の玩具にそっと手を伸ばしては欲しそうにする。
- ● 欲しい気持ちを簡単な言葉やしぐさで伝える。
- ●「Fちゃんの車かっこいいね」「使っているから、待ってみようか？　貸してって言う？」と、欲しい気持ちを察し、代弁しながらC児が気持ちを伝えられるように促す。

貸してって言う？

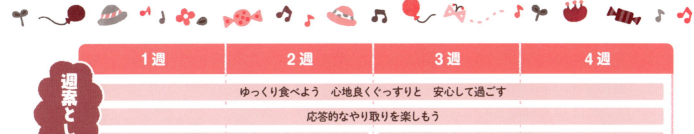

週案として

	1週	2週	3週	4週
	ゆっくり食べよう　心地良くぐっすりと　安心して過ごす			
	応答的なやり取りを楽しもう			
	繰り返して楽しもう①②		ハイハイを楽しもう	
		いいな〜 かして		

心地良くぐっすりと

- 朝から軽くせきをし、午睡中にせき込むことがあり途中で目覚めることがある。
- 特定の保育者に見守られながら安心して過ごす。
- ◆気温や室温などに配慮し、布団を敷く場所にも留意する。
- せき込んで目覚めたときには、せきが治まるように抱いたり、背中をさすったりし、眠そうなときには、もう一度寝かしつける。

ハイハイを楽しもう

- 安全な所でハイハイを楽しむ。
- マットの山などを用意し、ハイハイで登りたい気持ちが満たされるようにする。

指導計画　11月の保育マップ

関わりを楽しもう

繰り返して楽しもう①

- 面ファスナーをはがすことを繰り返し楽しむ。
- ◆面ファスナーが付いている手作り玩具の人形や果物を、ボードからはがして遊べるようにしておく。
- 「ビリビリ〜、はがすよ」などと、具体的な言葉を添えながら、繰り返し楽しめるようにする。

繰り返して楽しもう②

- 薄手の大きな布に隠れては「バー」と言って出て来てニコニコする。
- 隠れたり出て来たりする遊びを楽しむ。
- ◆布は柔らかく薄い物、もしくは半透明の物を用意し、安心して遊べるようにする。
- 大きな布から保育者も一緒に隠れたり「バー」と出たりしながらやり取りを楽しめるようにする。

12月の計画

今月の予定
- 身体計測
- 保育参加

クラス作り

一人ひとりの体調を見ながら、暖かい時間帯には外気にふれて、機嫌良く過ごせるようにする。また、活発に体を動かす姿があるので、室内での遊びも工夫していきたい。

健康・食育・安全への配慮
- 適度に換気を行ないながら室温・湿度に留意し、快適に過ごせるようにする。
- 手づかみで食べやすいよう、軟らかく煮た野菜をスティック状にするなど、調理の工夫をする。
- 探索活動が十分にできるよう室内に広いスペースをつくり、玩具などの安全点検をしておく。

	前月末の子どもの姿	ねらい	内容（🍴は食育に関して）
A児（11か月）	● スティック状のニンジンを握ったり、ハクサイをつまもうとしたりする。 ● 「ここはとうちゃん にんどころ」と保育者が歌いながら指先で顔に触れると笑う。 ● ハイハイでベッドの下を行ったり来たりして顔を出し、保育者が「バー」と言うと声を上げて笑う。※a1	● 離乳食を手づかみで食べる。 ● 保育者とふれあい遊びを楽しむ。 ● ハイハイを十分に楽しむ。※a2	● 食べさせてもらったり、手づかみで満足するまで食べる。🍴 ● わらべうたやふれあい遊びを楽しむ。 ● ハイハイで十分に体を動かして遊ぶ。※a3
B児（14か月）	● スプーンを使おうとしたり、手づかみで食べたりする。 ● 箱に入ったボールを全部出し、空になると中に入って遊ぶ。 ● 名前を呼ばれると、「あい」と手を挙げて返事したり、保育者のまねをして、マラカスを振ったりする。	● スプーンや手づかみで満足するまで食べる。 ● 一人だけの安心した空間で遊ぶことを楽しむ。※b3 ● 保育者とのやり取りを楽しむ。	● 保育者に手伝ってもらいながらも、自分のペースで食べる。🍴 ● 箱に入ったり出たりを繰り返し楽しむ。 ● 保育者の呼び掛けに応えたり、まねをしたりして遊ぶ。※b4
C児（18か月）	● 白飯は最後まで自分で食べるが、マヨネーズで和えた物は首を振って食べない。 ● いつもお気に入りの車の玩具を両手に持って、一人でニコニコ室内を歩いている。※b1 ● 「きゅうきゅうしゃ」の言葉を気に入り、繰り返ししゃべっている。※b2	● いろいろな味に慣れる。 ● お気に入りの玩具で十分に遊ぶ。 ● 共感的なコミュニケーションを取ってもらい、発語の意欲をもつ。	● いろいろな味の物を楽しく食べる。🍴 ● お気に入りの玩具で、保育者と一緒に遊ぶ。※b5 ● 簡単な単語を発する。

保育士等のチームワーク
★ 一人ひとりの体調を伝え合い、戸外遊びや室内遊びの内容について話し合って、安全に過ごせるように保育者の役割分担をする。
★ 保護者と子どもの成長について共感し合えるように、保育参加の目的について話し合い、共通理解しておく。
★ 冬季の感染症について話し合い、手洗いの徹底やおう吐の処理の周知など適切な処置ができるように確認し合っておく。

延長保育を充実させるために
★ 気温も低くなるため、室温・湿度に留意し、湯茶を飲むなど水分補給をして快適に過ごせるようにする。

書き方のポイント

❋ ※a1〜4　指針を踏まえて

a1〜3は、「健やかに伸び伸びと育つ」という視点の「内容」②に通じるところです。a4「内容の取扱い」の①を意識して関わりましょう。保育者が同じようにハイハイの姿勢をとったり、楽しさを共感したりすることで、自ら体を動かそうとする意欲が育ちます。

❋ ※b1〜5　学びの芽を意識して

b1〜2「お気に入り」ができると、周りに愛着をもち、それをよりどころに安心して関わるようになります。b3一人だけの空間で遊ぶ、b4呼び掛けに応えたりまねしたりして遊ぶ、b5お気に入りで一緒に遊ぶなどは、周りと活発に関わり、自己存在感を高めることを意識しています。

環境と援助・配慮	保護者への支援
●手づかみしやすい形状にして皿に入れ、自分から食べたり、タイミングよく食べさせてもらったりして一定量は食べられるようにする。 ●興味をもっているわらべうたやふれあい遊びなどを、保育者から歌い掛けて一緒に楽しむ。 ●保育者も一緒にハイハイの姿勢で物陰に隠れたり、「バー」と顔を出したりして、楽しさを共感する。※a2	大人がスプーンで介助することが多くなりがちだが、自分で食べることについて話し合う。具体的に、硬さや大きさを自分で触って、つまむ力加減や口の開け方などについて、栄養士を交えて情報提供する。少しずつ繰り返し経験することの大切さを共通理解する。
●スプーンですくう量を加減したり、大きい物を切ったりして食べやすく介助する。 ●一人ずつ入って遊べる安定した「みかん箱」などを複数用意し、玩具を出し入れしたり、自分が入ったりして楽しめるようにする。 ●保育者の丁寧な名前の呼び掛けに、他児の様子を見ながら返事をしたり、保育者のまねをして楽器を振ったりして、まねっこ遊びを繰り返し楽しめるようにする。	保育参加の目的と方法を共通理解する。参加することで、園生活と乳児期の育ちを理解する。具体的には、親子遊びや手作り玩具製作の機会を通して子育ての喜びを共感する。また、保護者の「子どもの様子をそっと見たい」意向に応える形での参観には、のぞき窓などからふだんの子どもの姿が参観しやすい方法を考え合う。
●苦手な味の食材は細かく刻んだり、好きな白飯と一緒にしたりして、少しでも食べられるようにする。 ●車の玩具の数を十分に用意して、満足するまで遊べるようにし、一緒に走らせたり、追い掛けたりして遊ぶ。 ●救急車を見て「きゅうきゅうしゃ」と何度も言うときには、生活の中での動作と言葉が一致するように伝えていく。	気に入った言葉を繰り返し言っていることも成長する過程の一つと伝え合いながら、丁寧な言葉で会話の楽しさを共有し、言葉でのコミュニケーションの大切さを共通理解する。また、園での玩具の遊び方と家庭での様子を聞きながら、発達を視野に入れた遊び方を共通理解する。

指導計画　12月の計画

反省・評価　今月の保育終了後の文例として

★ 暖かい時間帯には戸外に出て遊んだが、寒さが厳しい日も多く、戸外に出ることができない日もあった。しかし、保育室の環境を工夫し、段ボールの手作り玩具を複数用意することで、活発に遊ぶことができた。

★ 感染性胃腸炎やマイコプラズマ肺炎といった感染症にかかる子がいた。今後、おう吐の適切な処理など徹底していく。また、近隣の病院の年末年始休みの情報提供を行なうなど、保護者が不安のないように努めた。

★ 保育参加では、日頃歌っているわらべうたを紹介し、園で行なっている教育的なふれあい遊びを知ってもらえる機会となった。また、保護者と共に子どもの成長の喜びを共感し合うことは、今後も日々心掛けたい。

12月の保育マップ

● は子どもの姿やねらい　◆ は環境
● は援助・配慮について記入しています

保育のポイント　お気に入りの遊びでふれあいを楽しもう

寒い日が続きますが、子どもたちは目覚ましく成長発達しています。特に食べることに関して、秋からの旺盛ぶりが続くので、手づかみや食具を使って食べる子どもには適切に介助しましょう。暖房の入った室内では、おやつや食事以外にもお茶を与えるようにします。また、わらべうたなど保育者とのふれあいと、子どもからの探索行動を見守りましょう。

手づかみやスプーンで食べよう

- ● 握ったり、つまんだりして手づかみで食べる。
- ● スプーンを使って食べようとする。
- ● 食の好みが出てきて、首を振って食べようとしないことがある。
- ● 軟らかく煮た野菜をスティック状にするなど、手づかみで食べやすいようにする。
- ● スプーンですくいやすいように、食材の大きさを調節して食べやすく介助する。
- ● 苦手な物は細かく刻んだり、好きな物と一緒に食べたりするなど、少しでも食べられるように介助する。

こまめに水分補給

- ● 室内は乾燥しやすいので、こまめに水分補給をして、喉を潤し感染症を防ぐようにする。

お気に入りの遊びで

ハイハイでバー（A児）

- ● ベッドの下をハイハイで行ったり来たりして、顔を出し、保育者が「バー」と言うと声をあげて笑う。
- ◆ ベッドの下を使って遊べるように、保育室の環境を整える。
- ● 保育者もハイハイの姿勢になり、A児が顔をのぞかせるタイミングで「バー」と語り掛け、繰り返し遊び、楽しさを共感する。

お気に入りの玩具や場所で…

- ● 保育者に見守られ、お気に入りの玩具や場所で十分に遊ぶ。
- ◆ 玩具は十分な数量を用意したり、安全なスペースを確保したりする。

箱が大好き（B児）

- ● 箱の中からボールを全部出して、中に入って遊ぶ。
- ◆ 中に入って遊べるように、安定する丈夫な箱を用意しておく。
- ● 箱に入ったときは、転倒しないようにそばで見守ったり、箱を支えたりする。

	1週	2週	3週	4週
週案として		手づかみやスプーンで食べよう	こまめに水分補給	
		暖かい時間帯には外気にふれて		
		お気に入りの玩具や場所で…		
	お返事、は〜い		♪おふねがぎっちらこ♪	

指導計画　12月の保育マップ

♪おふねがぎっちらこ♪

- 保育者と一緒にわらべうたやふれあい遊びを楽しむ。
- 興味をもっているわらべうたやふれあい遊びを繰り返し、保育者も一緒に楽しむようにする。

お返事、は〜い

- 名前を呼ばれたら、「あい」と返事をする（B児）。
- 「きゅうきゅうしゃ」の単語を覚え話す（C児）。
- 目を見て、名前を呼び、繰り返し楽しめるようにする。
- 絵本などを見たりして、発する言葉と実際の物が一致するように、意識し関わっていくようにする。

ふれあいを楽しもう

お気に入りの車を持って（C児）

- お気に入りの車の玩具を両手で持ってヨチヨチ歩く。
- ◆破損などの危険のないように、ソフトな素材の車の玩具を用意する。
- 車の玩具を走らせたり、追い掛けたりして一緒に遊ぶようにする。

暖かい時間帯には外気にふれて

- 暖かい時間帯には、戸外に出て外気にふれる。
- 暖かい時間帯には防寒着を着て、戸外に出て、自律神経を鍛えられるようにする。

1月の計画

今月の予定
- 身体計測
- 避難訓練

クラス作り

長期の休み明けは、家庭との連携を大切にし、ゆったりとした雰囲気の中で過ごせるようにする。子どもたちが遊びを楽しめるように環境を整え、探索活動を満たしていきたい。

健康・食育・安全への配慮

- 感染症が流行する時季なので、室内環境を整え、玩具の消毒をこまめに行ない感染症予防に努める。
- 食べる意欲を大切にし、様々な食品や一人ひとりに合った調理形態に慣れ、楽しく食事ができるようにする。
- 玩具や遊具など室内外の安全点検を行なう。

	前月末の子どもの姿	ねらい	内容（🍴は食育に関して）
A児（12か月）	・おかずがなくなると、皿を持ち上げ「アーアー」と大きな声を出す。※a1 ※b1 ・子どもが入っている段ボール箱の縁を持ち、押そうとする。 ・ラッパを見つけると、ハイハイで取りに行き、お座りをして「プー」と吹いている。	・ゆったりした環境の中で食べる喜びや楽しさを味わう。※a2 ・自ら体を動かそうとする意欲が育つ。 ・ラッパの音の違いに気付き、吹くことを楽しむ。※b2	・よくかんで何度もお代わりして食べる。🍴 ※a3 ・体を十分に動かして楽しむ。 ・生活や遊びの中で、いろいろな音に気付き楽しむ。
B児（15か月）	・ホウレンソウをよけて食べ、口に入れてもべーっと出す。※b1 ・「にいに」「おいしいね」などと、発する言葉が増えている。 ・積み木を袋いっぱい入れると、保育者に笑顔を向けながら「じゃー」と出し、また「いれてー」を繰り返す。	・いろいろな味に慣れ、食べる楽しさを味わう。 ・発語を楽しむ。※b3 ・物の出し入れを楽しむ。	・食べたい物を選び、よくかんで満足するまで食べる。🍴 ・喃語や片言を受け止めてもらい、保育者とのやり取りを楽しむ。 ・お気に入りの袋に玩具を出し入れすることを繰り返し楽しむ。
C児（19か月）	・好きなごはんや汁など、スプーンを持ち、すくって食べようとする。 ・食事の前に「ごはんだから、片付けようね」と促すと、頭を床に付けて動かなくなる。※b1 ・くるくると一人で回っては、「あはは…」と笑って遊んでいる。	・自分から進んで食べる。 ・食事の前に片付けることに慣れる。 ・保育者と一緒に、感覚や運動的な遊びを楽しむ。※b4	・様々な食品に慣れ、ゆったりとした雰囲気の中で食事を楽しむ。🍴 ・保育者に促されて一緒に片付ける。 ・回ったり跳んだりするときには、保育者も手をたたいて楽しむ。

保育士等のチームワーク

★ 休み期間中の家庭での健康状態や生活リズムなどについて担任間で共通理解をし、一人ひとりに合わせた関わりをする。

★ 一人ひとりの興味のある遊びを把握し、子どもたちが意欲的に遊べるように環境構成を見直したり、玩具の準備について話し合ったりする。

★ はっきりとした思いの表出には、「もう食べたくないのね」「まだ遊びたかったのね」など、子どもたちの思いに受容的なことばがけができるように担任間で共通認識をする。

延長保育を充実させるために

★ 感染症が流行する時季には、拡大防止のため、異年齢児との合同保育は避け、疑いのある子どもには個別に付き添うようにする。

書き方のポイント

✿ ※a1～4 指針を踏まえて

a1～a3は、「健やかに～」という視点の「ねらい」③、「内容」①③に通じるところです。「内容の取扱い」の②を意識して関わりましょう（a4）。12か月なので、1歳以上3歳未満児の保育に関する「健康」領域の「内容の取扱い」の②にも目を通しておきましょう。

✿ ※b1～4 学びの芽を意識して

b1皿で食べ物を求める、よけて食べる、嫌で下を向くなど、自分の欲求で周りを拒否しています。b2ラッパ吹き、b3発語、b4感覚運動的な遊びなどにおいても、保育者を介して周りとつながりながら、周りとの関係の中で自己欲求を表現し、行動後の変化に気付く学びの芽です。

環境と援助・配慮	保護者への支援
● しっかりかんで食べられるように調理担当者と食材の切り方を相談する。※a4 ● 段ボール箱の中に子どもが入らないときには、ぬいぐるみや積み木などを入れて押せるようにする。 ● 保育者も一緒にラッパを吹き、「プーっと鳴ったね」「ブーっと鳴ったね」と伝えて音の違いを楽しんで遊べるようにする。	よく食べよく遊ぶ健康状態について、成長の喜びを共感しながら食事の適量について話し合う。よく咀嚼せずにすぐ飲み込み、次々と欲しがる様子を共通認識して、食材の大きさや硬さ、一回量の入れ方と、「ニンジン、よくかんで食べようね」など具体的な言葉の掛け方を共通理解し合う。
● 満足して自分で食べられるように見守りながら、苦手な物も、タイミングを見ながら誘い掛けるようにする。 ● 喃語や片言へは、B児の顔を見ながらゆっくり応答するが、正確ではっきりした言葉で返す。 ● 手提げの布袋を複数（人数分）用意し、玩具を入れたり出したり、持って歩いたりを十分に楽しめるようにする。	正月にはいろいろな人との応答的な関わりがあり、それが言葉数が増えた要因かと喜び合う。日頃は、両親ともに多忙で、第2子ということもあり、じっくりと関わっていなかったが、正月の頃の関わり方から丁寧に応え、言葉に共感したり代弁したりして応えることの大切さを共通理解する。
● 苦手な野菜をよけて食べているときは、さりげなくスプーンに手を添えて、食べられるようにする。 ● 「片付けが嫌だったのね」と思いを受け止めた上で、写真の貼ってある玩具コーナーへ連れて行き、保育者と一緒に片付ける。 ● 床には玩具などが落ちていないように危険のない環境を整え、保育者や他児と一緒に遊ぶ楽しさを味わえるようにする。	自分の思いを通したいC児の発達は正常な育ちの証拠と喜びを共感する。家庭と園での自分の思い通りにならないと機嫌が悪くなる姿を具体的に伝え合う。また、反抗的な態度に見えるときには、C児の気持ちを尊重して片付けやすい環境を構成したり、C児の思いを言葉にして共有する。

反省・評価　今月の保育終了後の文例として

★ 長期休暇明けには、特に一人ひとりの生活リズムに合わせて過ごし、特定の保育者がこまめに健康観察を行なったので落ち着いて過ごせた。引き続き、風邪の流行する兆しがあるので健康観察はしっかりしていく。

★ 寒い日が続き、戸外へ出る機会は少なかった。反省と課題として、暖かい時間帯には防寒具を着用して、短時間でも戸外での探索活動を楽しみ気分転換を図りたかった。

★ 室内でのふれあい遊びや好きな遊びを充実させるために、室内環境を見直し自分から遊ぶことができた。

★ 激しく自己主張する子どもへの対応については特定の保育者が中心となり職員間などで話し合っていきたい。

指導計画　1月の計画

1月の保育マップ

（●は子どもの姿やねらい　◆は環境
●は援助・配慮について記入しています）

保育のポイント：先生と一緒に遊ぼう

新しい年の始まりは、生活リズムが緩やかになっている家庭も多く、体調に変化のある子どももいますが、それは親子や祖父母などと長期休暇を過ごしたしぜんな姿といえます。特定の保育者を中心に絵本やわらべうたを語り掛けたり歌い掛けたりしながら、落ち着いた園生活を過ごしましょう。

よくかんで（A児）

- おかずがなくなると、「アーアー」と大きな声を出し、何度もお代わりをして食べる。
- 食べたいという気持ちを受け止めながら、「カミカミしようね、おいしいね」と話し掛け、よくかんで食べるようにする。
- 食材の硬さ、切り方などを調理担当者と相談する。

くるくるくる ～わらべうたで遊ぼう～

- くるくると一人で回って「あはは」と笑って遊ぶ。
- くるくる回る動きに合わせて、保育者がわらべうたを歌い、手をたたいて一緒に楽しむ。

『ぐるぐるみゃっこ』（わらべうた）
・くるくると一人で回れるようになったら、「くるくるくる　くるくるくる」と歌い掛け、手をたたく。
・上手に回れるようになったら、「ぐるぐるみゃっこ　ぐるみゃっこ」と歌い、保育者と一緒に回って遊ぶ。

先生と一緒に

いろいろな味に慣れよう（B児）

- 葉物野菜などいろいろな味に慣れ、食事を楽しむ。
- 「おいしいね」「食べられたね」と話し掛けながら、ゆったりとした雰囲気の中で食べられるようにする。

自分で食べてみよう（C児）

- 好きなごはんや汁は、自分から進んでスプーンを持ち、こぼしながらも食べようとする。
- 自分で食べようとする気持ちを大切にする。

週案として

	1 週	2 週	3 週	4 週
	よくかんで	いろいろな味に慣れよう	自分で食べてみよう	
	どんなおと？		おしゃべりを楽しもう	
		くるくるくる〜わらべうたで遊ぼう〜		
	入れたり出したり			
		一緒に片付けよう		

遊ぼう

入れたり出したり

- 積み木を入れたり、「じゃー」と出したりして、繰り返し遊びを楽しむ。
- ◆ 積み木の出し入れがしやすい大きな袋を、人数分用意する。
- 持ち歩いて遊ぶときに、床の玩具などでつまずかないように片付けておく。

一緒に片付けよう

- 「片付けようね」と言葉を掛けると、頭を床に付けて動かなくなる。
- ◆ 決まった場所に片付けられるように、玩具の棚に写真や絵を貼る。
- 「まだ遊びたい」という思いを受け止め、片付けの歌をうたいながら保育者も一緒に片付ける。

どんなおと？

- ラッパを見つけて取りに行き、吹くことを楽しむ。
- ◆ 個人用のラッパを用意しておく。吹いた後は、流水で洗い日光消毒をする。
- ◆ 音の違いが楽しめるように、吹いたとき、吸ったときに音色が違うラッパなどを用意する。
- 保育者も一緒にラッパを吹き、強弱をつけることで、音の違いや音色を楽しむ。

おしゃべりを楽しもう

- 「にいに」や「おいしいね」と発する言葉が増え、発語を楽しむ。
- 喃語や片言を受け止め、丁寧に応答する。
- 保育者がゆっくりと優しく語り掛け、やり取りを楽しめるようにする。

指導計画　1月の保育マップ

2月の計画

今月の予定
- 鬼遊び
- ビデオ発表会
- 身体計測

クラス作り

寒い時季なので、一人ひとりの体調、特に感染症の早期発見に努め、元気に過ごせるようにする。保育者や友達と物や言葉、しぐさなどでやり取りを楽しんでいきたい。

健康・食育・安全への配慮

- おう吐物処理セットの中身を確認し、補充をして安全対策を心掛ける。
- ブロッコリーや旬の野菜などの葉物が苦手な子どもには、小さく切って食べやすく工夫する。
- 磁石の付いた玩具などは、磁石が取れかけていないか確認し、整備する。

	前月末の子どもの姿	ねらい	内容（🍴は食育に関して）
A児（13か月）	・イモやカブは手づかみでパクパク食べるが、ブロッコリーは皿から出す。 ・保育者の膝に座っているとき、他児が座りに来ると「アーアー」と言いながら押しのける。※a1※b1 ・ズボンをはかせようとすると、自分で足を入れようとする。※a2	・様々な食材に慣れ、楽しんで食べる。 ・特定の保育者と共に過ごす喜びを感じる。※a2 ・自分でズボンをはいてみようとする。※a2※b2	・少しずつ食べようとする。🍴 ・応答的なふれあいやことばがけにより、要求が満たされ安定感をもって過ごす。※a1 ・保育者の助けを借りながら、ズボンをはこうとする。※a2
B児（16か月）	・午睡中、顔と手にじんましんが出て、かゆさで目覚める。 ・F児の持っているクマのぬいぐるみが欲しくて、F児の背中を押す。 ・積み上げていた積み木が倒れるとおもしろがって「えへっ」と言っては、積んでは倒すことを繰り返している。※b1	・見守られながら心地良く眠る。 ・自分の思いを表現する。 ・同じ遊びを繰り返し楽しむ。※b2	・かゆいときにはぬれタオルで抑えてもらい、心地よく過ごす。 ・保育者の仲立ちにより、他児と関わりながら遊ぶ。 ・繰り返し積んだり倒したりして遊ぶ。
C児（20か月）	・和え物のキャベツの千切りを、1本ずつつまんで食べる。 ・寝付くのに時間がかかり、いつまでも起きて遊んでいる。寝起きはグズグズと機嫌が悪い。 ・前と後ろに磁石が付いた木の車の玩具をつなげてほしいと保育者に持って来る。※b1 外れると泣いて怒る。	・楽しく食事をする。 ・睡眠と覚醒の生活リズムがつく。 ・様々な物に関わり、発見を楽しんだり、考えたりする。※b2	・様々な食品や調理形態に慣れ、食事を楽しむ。🍴 ・午睡や遊び、休息など、園での生活リズムが形成される。 ・つかむ、引っ張る、つなげるなど、手や指を使って遊ぶ。

保育士等のチームワーク

★ 一人ひとりの子どもの健康観察のポイントについて、感染症の早期発見の視点から、発しん、目やに、顔色などの初期症状について共通理解する。

★ 午睡前の着脱の介助をするときには、特に皮膚の変化に注意し、じんましんが出たときの対応の仕方について話し合っておく。

★ 月齢差のある子どもたちが、室内で十分に遊べるための環境構成としてコーナーの位置の見直しについて話し合い、つい立てを置くなど室内の環境を工夫する。

延長保育を充実させるために

★ 床暖房の設定温度や、室温と湿度（50〜60％）に配慮して、快適な環境の中で、安心してゆったりと過ごせるようにする。

書き方のポイント

❋ ※a1〜2　指針を踏まえて

a1は、「身近な人〜」の視点の「内容」①④に、「身近なもの〜」の内容⑤に通じます。13か月なので、1歳以上3歳未満児の「人間関係」領域の内容①②③、「言葉」の①、「表現」の②④も意識しましょう。a2は「健やか〜」の「内容」⑤につながります。

❋ ※b1〜3　学びの芽を意識して

b1「○○する(なる)と＊＊する」では、自分の思いが次につながっています。月齢に応じ、b2「自分からする・繰り返して楽しむ・発見を喜び、楽しみ考える」など、思いをつなぐおもしろさや楽しさを感じ、b3しぐさや言葉で伝えようとする視点が重要です。そうした視点からの保育者のことばがけが大切です。

環境と援助・配慮	保護者への支援
● 食べたくない思いを受け止め、小さく切ったり、ゆっくり進めたりするようにして自分で口に入れたときには「食べられたね」と言葉を掛け、楽しい食事になるようにする。 ● 「先生の膝、一つずつね」とA児と他児を両方の膝に座らせて、ゆったりとわらべうたや、ふれあい遊びをする。※a1 ● ズボンをはくときには、さりげなく介助して「足出たね」「はけたね」と一緒に喜び、「じぶんで」の思いを大切にする。※a2	家でサバ節の入っただしを使った食材を食べた後、顔に湿しんが出てきたことを受け、専門の医師に受診してもらい、その結果により保育者・保護者・調理担当と相談し対応を考えていくことを伝える。必ずしも食品でアレルギーが出るものではなく疲れなども原因になる、という医師の話を共有する。
● 布団に入り体が温まるとじんましんが出ることから、ぬれタオルでかゆみを取り、体をさすって眠りに誘う。 ● 興味に合わせてぬいぐるみの数を用意するが、取り合いになりそうなときには「貸してほしいの？」「"貸して"って言うんだよね」などと、しぐさや言葉で表現するように知らせる。※b3 ● 保育者の顔を見て「えへっ」と笑う姿をおもしろさに共感しながら見守り、繰り返し楽しんで遊べるようにする。	湿しんなどが見られたときには、症状を時系列で保護者に知らせる。湿しんがよく出ている部分を写真に撮って、迎えのときに保護者に見せて状態を共有する。受診したときには原因や対応を、園に知らせてもらうようにし、適切に対応できるようにする。
● 食具に慣れるように、スプーンにご飯やおかずをのせて持って食べやすいようにする。 ● 午前中にしっかり体を動かして遊び、午睡時は寝入りやすいように、オルゴールをかけて、体をなでて眠りに誘う。寝起きは少し早めからゆったり目覚められるように関わるようにする。 ● 棚や玩具などを片付けて床の面積を広くして、車の玩具を好きな所へ走らせて、意欲的に遊べるように、保育者も一緒に楽しむ。	制止の言葉を聞くと、急にひっくり返って大泣きする子どもの関わり方については、家庭と園での姿を共有し、受容的に受け止める言葉を話し合ったり、なぜ制止するのか、C児に分かりやすい話し方を考え合ったりする。また、気分転換やクールダウンの仕方について情報提供して保護者の子育て支援に努める。

指導計画　2月の計画

反省・評価
今月の保育終了後の文例として

★ ロタウイルスによる、おう吐下痢症について担任間で症状を共通理解していたことから、早期発見につながった。また、月初めにおう吐物処理セットの内容を確認したときに雑巾が不足していたことが分かり、補充してあったので速やかに安全な対応ができた。

★ 月末には、日中に暖かい日が続いたので、体調の良い子どもは10〜20分ほど園庭で遊び、気分転換につながった。来月も無理のない範囲で戸外遊びを取り入れていきたい。

2月の保育マップ

●は子どもの姿やねらい ◆は環境
●は援助・配慮について記入しています

保育のポイント 言葉と動作で伝えたり遊んだり

一年で最も寒い月ですが、暖かい時間帯には外気にふれる機会をもちましょう。日本古来の伝統行事には、無理のない参加の仕方を工夫しましょう。「ごはんイヤイヤ鬼はいないかな？」など身近なことを鬼になった保育者が聞くと、首を横に振って鬼から遠ざかる子どもが多いでしょう。非日常的な行事が、大人の自己満足にならないようにしたいものです。

パクパク食べるの、おいしいね

- 様々な食材に慣れ、楽しんで食べる。
- 食べたくない思いを受け止め、小さく切ったりゆっくり進めたりするようにして、自分で口に入れたときには「食べたね」と言葉を掛け、楽しい食事になるようにする。

「じぶんで」の思いを大切に…

- 自分でズボンをはいてみようとする。
- ズボンをはくときには、さりげなく介助して「足出たね」「はけたね」と一緒に喜び、「じぶんで」の思いを大切にする。

言葉と動作で

特定の保育者の関わりで…

安心感をもって過ごす（A児）

- 特定の保育者と共に過ごす喜びを感じる。
- 「先生の膝、一つずつね」とA児と他児を両方の膝に座らせて、『おすわりやす』を歌いながらふれあい遊びをゆったりする。

おすわりやす　いすどっせ
あんまりのったら
（子どもを上下に揺らす）

こけまっせ
（歌の後、子どもは保育者の脚の上に寝転がる）

保育者が仲立ちして…

- 自分の思いを表現する。
- 子どもの興味に合わせて、ぬいぐるみを十分に用意するが、取り合いになりそうなときには、「貸してほしいの？」「貸してって言うんだよね」など、しぐさや言葉で表現するように知らせる。

貸してって言うんだよね

週案として	1週	2週	3週	4週
	特定の保育者の関わりで…			
		パクパク食べるの、おいしいね	安心感をもって過ごす	
	鬼は〜外、福は〜内		つかむ・引っ張る・つなげる・積む	玩具で遊ぼう
		保育者が仲立ちして…	「じぶんで」の思いを大切に…	

指導計画 2月の保育マップ

鬼は〜外、福は〜内

- 5歳児が保育室から見えるテラスにやって来て、鬼の面を着けた保育者に、豆をまいている様子を見る。
- 子どもを抱っこし、怖がったときには少し離れて見るようにする。

伝えたり遊んだり

つかむ・引っ張る・つなげる・積む

- 同じ遊びを繰り返し楽しむ。
- 保育者の顔を見て笑う姿に、おもしろさを共感しながら見守り、繰り返し楽しんで遊べるようにする。

玩具で遊ぼう

- 様々な物に関わり、発見を楽しんだり考えたりする。
- 床の面積を広くして、車の玩具を好きな所へ走らせて意欲的に遊べるように、保育者も一緒に楽しむ。

3月の計画

今月の予定
- 個人懇談
- 身体計測
- 避難訓練（地震）

クラス作り

一年間の成長発達を振り返り、進級に向け一人ひとりの子どもの生活の場が広がるようにしていく。また、保育者や友達との関わりを楽しんでいきたい。

健康・食育・安全への配慮

- 鼻詰まりで息苦しそうなときは、温かいガーゼで鼻を温めるなどして拭き取り、心地良くする。
- 一人ひとりの子どもの食事の好みやアレルギーの有無などを次年度に引き継げるようにしていく。
- 遊具や玩具の整理や補充を含め、安全点検を注意深くする。

	前月末の子どもの姿	ねらい	内容（🍴は食育に関して）
A児（14か月）	●その場で立ち上がりパチパチと手をたたいて喜び、1～2歩あるく。 ●軟飯や野菜などをスプーンですくって食べようとする。 ●食べ物の汁が顔に付いたり、皮膚が乾燥してきたりするとかきむしり、かゆがる。	●伸び伸びと体を動かし、立つなどの運動をしようとする。 ●ゆったりとした雰囲気の中で食事を楽しむ。 ●清潔になることの心地良さを感じる。	●ひとりで立つ、歩くなど十分に体を動す。 ●手づかみやスプーンを使って自分で食べようとする。🍴 ●清潔にしてもらい、落ち着いて過ごす。
B児（17か月）	●鼻が出ると、ティッシュペーパーを一枚取って来て保育者に渡している。 ●ズボンをはかせようとすると、「Bちゃんが…」と言って自分ではこうとしている。※b1 ●スコップで砂をすくいバケツに繰り返し入れている。※a1	●鼻をかんでもらい心地良く過ごす。 ●簡単な身の回りのことを自分でしようとする。※b1 ●スコップやバケツを使って遊ぶ。※a1	●鼻が出たときには保育者に拭いてもらい、きれいになった心地良さを感じる。 ●保育者に手助けされながら、自分でした満足感を味わう。※b2 ●砂場での遊びを繰り返し楽しむ。※a1
C児（21か月）	●蛇口に手を当て、洗うしぐさをしてはハンドソープを指さしている。※b3 ●「リンゴリンゴ」と歌うと、ほっぺに手を当てたり、うれしそうに腕をごしごししたりしている。※a2※b3 ●1歳児の保育室に行くと、「あった、あった」と絵本を指さして言っている。	●手を洗ってもらい、清潔になった気持ち良さを味わう。 ●保育者と一緒に様々な手遊びを楽しむ。※a2 ●進級に向けて新しい環境での生活に適応していく。	●介助されながら手を洗い、気持ち良さを感じる。 ●保育者と手遊びしながら簡単なやり取りを楽しむ。※a2 ●自分なりの生活リズムの中で、新たな環境で過ごすことを楽しむ。

保育士等のチームワーク

★ 1歳児クラスで過ごす時間のもち方について話し合うと同時に、一人ひとりの発達過程を確認し合い、安心して過ごせるように共通理解する。
★ 子どものしぐさや喃語の理解、また好きな遊びなどについて情報交換しておく。
★ 成長・発達の記録を整理し、次年度の担当保育者への引き継ぎの準備をする。
★ 進級に対する保護者の不安や疑問点に応えることができるように共通理解をしておく。

延長保育を充実させるために

★ ふれあい遊びをしたり、見たりしながら、楽しさを保育者や他児と共有できるようにする。

書き方のポイント

※a1〜2　指針を踏まえて
a1は、B児が「環境」の①②③、「表現」の①③の内容を経験することにつながります。a2はC児が「言葉」の①⑤、「表現」の②③④の内容を経験することにつながります。手遊びでのやり取りの楽しさに共感しましょう。

※b1〜3　学びの芽を意識して
生活の諸場面で、b1自分ことを自分でし、b2その心地良さや気持ち良さ、満足感を味わう、b3蛇口で洗うしぐさや「リンゴ」というと頬に手を当てるしぐさをするなど、決まったところで決まったことをする、予期して動く学びが「自分から」の中に秘められています。

環境と援助・配慮	保護者への支援
●広いスペースを確保して立ったり、歩いたり、尻もちをついたりしてもよいように床を整理し、歩くことを楽しめるようにする。 ●スプーンにのせやすいように食材を小さく切ったり、食べやすく皿にまとめたりして見守り、自分で食べようとする意欲をもてるようにする。 ●かゆがるときはぬれたタオルで冷やし、かかりつけ医から処方された塗り薬を塗布するなど、気持ちが落ち着くようにする。	お座りの姿勢から、その場で立ち上がって「尻もち」をつくようになると、保護者はついうれしくなって子どもの手を引いて早く歩かせようとする姿が見られる。その際には、歩かせる前に足や腕や体幹を鍛えるようにハイハイを十分にすることの大切さを伝えながら、成長した姿を共に喜び合う。
●首の後ろに手を添えて「『フン』って、してごらん」とかむように促し、「きれいになったね」と心地良さを共感する。 ●ズボンをはきやすいように持たせて、シャツはさりげなく介助して入れ、自分でした達成感を味わえるようにする。 ●砂場は掘り返して軟らかくしておき、砂をすくうことを存分に楽しめるようにする。※a1	ズボンを自分ではきたがるときには、家庭と園での介助の仕方を具体的に話し合う。両手の親指をズボンやパンツの中に「ぎゅっと入れて力いっぱい握って…上にあげて…」など言葉を掛けるポイントや、さりげない介助の仕方も伝え合う。先輩保護者から、体形により脱ぎ着しやすい服のデザインの情報を得る。
●簡単な生活習慣は、落ち着いた雰囲気の中で行なうようにし、C児が自分でしようとする気持ちを尊重する。 ●お気に入りの手遊びを繰り返し楽しめるようにしたり、新しい手遊びを取り入れたりして遊びを広げるようにする。※a2 ●1歳児の保育室で過ごす機会をもてるように担任間で話し合い、進級を楽しみにできるようにしていく。	園で楽しんでいる遊びを保護者も共有する方法として家庭でも楽しめるように、①クラス便りで簡単な楽譜や遊んでいる写真を紹介する、②降園時に保育者と遊んでいるところを見たり、参加したりできるようにする、③家庭で遊んだ様子を連絡帳で知らせた保護者には、許可を得て紹介する。

指導計画　3月の計画

反省・評価
今月の保育終了後の文例として

★個人懇談を通して、保護者に子どもの成長発達を確認し、成長の喜びを確認した。なお、不安面の有無について丁寧に確認したところ、1名の保護者から父親の転勤に伴い転園の可能性を心配する相談があった。転園予定の園へゆっくりとしたF児のペースについて手紙を送付することを伝え安心された。他の保護者とは成長の喜びを共有し、1歳児クラスへの期待につなげることができた。

★一人ひとりの子どもの育ちをよく見て、タイミング良く語り掛け、やり取りを通じて、ふれあいを十分に楽しめた。今後も一人ひとりの思いを受け止め、通じ合えた喜びを味わえるようにしていきたい。

CD-ROM　指導計画　▼　3月の計画

3月の保育マップ

- ●は子どもの姿やねらい ◆は環境
- ●は援助・配慮について記入しています

保育のポイント：保育者とやり取り遊びを楽しもう

春の日差しが保育室にも差し込んでくる頃です。暖かい時間帯には保育者と手をつないだり散歩車に乗ったりして、園の周りの春を見つけに出掛けましょう。0歳児クラスの子どもたちは「進級」の意味は分かりませんが、新しい環境（保育室）での生活がスムーズに受け入れられるように工夫した保育をしたいと思います。

ゆっくり食べよう（A児）

- ● スプーンですくって食べようとする。
- ● 食べやすいように食材を小さく切り、ゆったりとした雰囲気の中で、スプーンにのせ、意欲的に食べられるようにする。

自分でズボンをはきたい！（B児）

- ● ズボンをはくときに保育者が介助しようとすると、自分ではこうとする。
- ● はきやすいようズボンを置いて、さりげなく介助することで、自分でできた満足感を味わえるようにする。

保育者とやり取り

歩くのだいすき（A児）

- ● その場で立ち上がり、うれしそうに1〜2歩あるく。
- ● 歩きたい気持ちを大切にしながら、ハイハイもしっかりできるように見守る。
- ◆ 玩具などを片付け、安全で広いスペースを確保し、歩いたり、尻もちをついたり、ハイハイしたりすることを十分に楽しめるようにする。

お散歩楽しい

- ● 保育者と手をつないだり、避難車に乗ったりして、暖かい日には散歩に出掛ける。
- ● 安全な場所での散歩を保育者と一緒に楽しめるようにする。
- ◆ 安全な散歩のルートや場所を確認しておく。

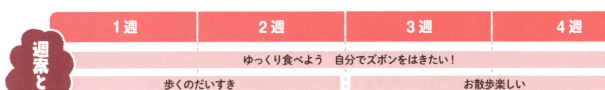

	1週	2週	3週	4週
週案として		ゆっくり食べよう　自分でズボンをはきたい！		
	歩くのだいすき		お散歩楽しい	
		ふれあい遊びを楽しもう	砂場で遊ぼう	
			1歳児クラスで過ごしてみよう	

指導計画　3月の保育マップ

ふれあい遊びを楽しもう

- 保育者と向き合い『きゅうりができた』を歌いながらふれあう。
- お気に入りのふれあい遊びで保育者と繰り返し楽しめるようにする。

①きゅうりができた　きゅうりができた
　きゅうりができた
　（子どもを抱っこして左右に揺らす）

②さあ食べよ
　（床に下ろす）

③塩ふってパッパパ　塩ふってパッパパ
　塩ふってパッパパ　パッパパ
　（塩をまぶすように全身を指でつつく）

④板ずりキュッキュキュ　板ずりキュッキュキュ
　板ずりキュッキュキュ　キュッキュキュ
　（体のあちこちを左右に揺らす）

⑤トントン切ってね　トントン切ってね
　トントン切ってね　トントントン
　（頭から下に向けて手の包丁で軽くたたく）

⑥おててを　ぱっちん
　いただきまーす
　（食べるまねをしてくすぐる）

『きゅうりができた』（作詞・作曲／不詳）

遊びを楽しもう

砂場で遊ぼう（B児）

- スコップで砂をすくい、カップやバケツに入れたり出したりし、「どうぞ」「ありがとう」のやり取りを楽しむ。
- ◆ 砂場の砂を掘り返して、すくいやすくしておく。

1歳児クラスで過ごしてみよう（C児）

- 保育者と一緒に他児との関わりを楽しむ。
- ◆ 1歳児クラスの担任と連携して、遊ぶ時間をつくる。

テーマ　ミルクを飲む量が増えました

A児（3か月）　4月27日（木）　天候（くもり）

	家庭から		園から	
	時刻	主食（またはミルク）、副食、その他	時刻	主食（またはミルク）、副食、その他
食事	前夜		給食	ミルク
	今朝			
睡眠	就寝　　起床 21:00 〜 6:00		午睡	10:30〜12:00 14:30〜15:50
機嫌	㊉ ・ 普 ・ 悪		㊉ ・ 普 ・ 悪	
排便	水・軟・㊉・堅　1回		水・軟・普・堅　0回	
入浴	㊉ ・ 無　｜検温 8:30 36.3℃		検温 9:50 36.6℃	14:00 36.7℃
連絡事項	最近は1回のミルクの量が増えて、いつもの量をあげて飲み終えても、まだ足りないと大泣きします。 40mlほど追加して飲ませると、いつも満足してそのまま眠ってしまいます。 後頭部は、病院で脂漏性湿しんといわれました。塗り薬を付けるとだいぶましになりました。園でも付けてやってください。		低体重で生まれたAちゃんが❶園でもよく飲むようになり、私たちもうれしく思います。このまま体重の増加につながればいいですね。❷授乳後の溢乳は続いていますね。だらだらとミルクを吐いたときには、すぐにガーゼで拭き取り、落ち着いてから縦抱きにしてゲップを出すようにしています。ゲップが出ると機嫌は良くなり、「アーアー」と声を出しながら眠ります。 頭の湿しん、かゆがっていたので、❸早めに受診され薬を処方してもらい、良かったですね。着替えのときに薬を付けました。	

書き方のポイント

❶ 低出生体重児として生まれたA児を、産休明けから保育所に入所させる保護者の気持ちには、保育者への信頼と期待が伝わってきます。授乳量の増加は、成長の喜びとして共感する素直な気持ちが書かれています。

❷ 溢乳は心配ないといわれますが、吐いた乳の始末や排気の仕方には配慮が必要です。連絡帳に具体的な内容を記すことで、保護者にとっても確認事項として印象に残ります。

❸ 湿しんを軽く考える保護者もいますが、かゆさを我慢する子どもにとっては大変不愉快なことです。保育者は子どもの代弁者として、早めに受診した保護者に「良かったですね」と感謝とねぎらいの気持ちを記しています。

保護者にも伝えよう

低出生体重児を保育するときの配慮について

2,500g未満で生まれた赤ちゃんは、以前は「未熟児」といわれましたが、「未熟」という言葉が誤解されやすいので、最近は「低出生体重児」と呼ばれています。正産期出産の場合、低出生体重児であっても2,000g前後であれば問題は少なく、園へ入園してくることもあります。低出生体重児は体重が少ないまま成長することが多いので、授乳には細心の注意が必要です。一定量の乳を与えるためには、途中で眠ったり飲むことをやめたりした場合、そっと縦抱きにして排気を促したり、解凍した母乳を湯煎し温めたりして続きを飲ませるよう試みましょう。入所後の健康管理については、保護者と共に保健センターやかかりつけ医、嘱託医などの指導を受けながら安心できる保育を行ないましょう。

テーマ 熟睡できないようです

D児（2か月） 4月17日（月） 天候（晴れ）

時刻	生活(食事・睡眠等)
19:00	お風呂　ウトウト
	母乳
20:00	↓
21:00	
22:00	母乳
23:00	↓
0:00	母乳
1:00	↓
2:00	
3:00	
4:00	母乳
5:00	↓
6:00	母乳
7:00	↓
8:00	母乳
9:00	登園
10:00	↓ 目覚める
11:00	↓
12:00	ミルク（スプーンで二口）検温
13:00	検温 ↓
14:00	目覚める 検温
15:00	母乳　降園
16:00	
17:00	ウトウト
18:00	↓ お風呂　母乳

連絡帳　4月

	家庭から		園から	
	時刻	主食(またはミルク)、副食、その他	時刻	主食(またはミルク)、副食、その他
食事 前夜		母乳	給食	ミルク
食事 今朝		母乳		
睡眠	就寝　　起床 20:00～7:20		午睡 9:00～10:00 12:30～14:00	
機嫌	㊛・普・悪		㊛・普・悪	
排便	水・軟・普・堅　0回		水・㊛・普・堅　2回	
入浴	㊛・無　検温 8:30 35.8℃		検温 12:30 36.1℃	

連絡事項

家庭から： 昨日は何度もオッパイを欲しがりながら寝ていました。眠っても30分ほどで起きてしまい、熟睡できていないようなので、眠くなるかもしれません。今朝も機嫌良くひとりで服や布団をはむはむして遊んでいました。起きても機嫌が良いので助かっていますが、このくらいの時期はぐっすり眠れず起きてしまうのでしょうか…。

園から： 登園時からウトウトしていたので、❶担当の保育者が抱っこするとすぐに眠りました。目覚めたとき同じ保育者が話し掛けると、顔をじーっと見てくれています。音の鳴る玩具が気に入っているようですね。いつも手足をよく動かしてご機嫌ですが、マラカスを鳴らすと、更にバタバタと動かして笑ってくれます。❷笑顔のDくんを見ると私たちもうれしくなります。園でも30分ほど眠ると目覚めます。❸睡眠については、お迎えのときにお話しさせていただきますね。

書き方のポイント

❶ 保護者は、登園時にウトウトしていたことは知っているはずです。きっと気にしながら職場に向かったことでしょう。そこで、「担当の保育者が抱っこするとすぐ眠りました」と伝えています。読んだとき、「良かった」と胸をなでおろしたことと思います。保護者との信頼関係は、このような記録が大切です。

❷ 2か月D児の笑顔は、何ものにも代えられない幸福相といえるでしょう。保護者と子育ての喜びを共有する一文です。

❸ 睡眠時間が短いことを気にしている質問には、この連絡帳では簡単に伝えられませんので、この担任のように「お迎えのときに、お話しさせていただきますね」と簡潔に書きます。

睡眠は子どもの成長発達にとって大切です

生後2か月児は、1日17時間は眠っているのが健康な子どもの標準です。昼も夜も眠る多相性なのです。睡眠中に脳下垂体から成長ホルモンの分泌が増加し、骨や筋肉、脳の発育が促進します。そして睡眠中にエネルギーの蓄積が行なわれるのです。目覚めているときは、成長ホルモンの分泌は抑制されます。寝る子は育つといわれるゆえんです。D児は寝ても30分ほどで起きてしまい、こまめにオッパイを欲しがり、熟睡できないようですが、1回のお乳を飲む量が少ないのではないでしょうか。保健所の指導を受けて、お乳の量を調べてもらったり、睡眠の環境に問題がないか検討したりしましょう。乳児の睡眠保障は大人の責任です。

5月

テーマ: 離乳食がマンネリ…

B児（7か月） 5月19日（金） 天候（晴れ）

	家庭から		園から	
	時刻	主食（またはミルク）、副食、その他	時刻	主食（またはミルク）、副食、その他
食事	前夜	おかゆ、野菜スープ	給食	おかゆ、野菜スープ（豆腐とニンジン）
	今朝			
睡眠	就寝 ～ 起床　21:00 ～ 6:00		午睡 12:00～14:00　17:00～18:00	
機嫌	㊥・普・悪		㊥・普・悪	
排便	水・軟・㊥・堅　1回		水・軟・普・堅　なし	
入浴	㊥・無　検温 6:30　36.3℃		検温 9:20　36.6℃	14:00　36.7℃
連絡事項	園でよく遊んでくるので、帰るとおなかがすいていて、離乳食を用意する時間が待ちきれないようです。手早く用意できるように、工夫しなくては。上の子の食事も用意しなくてはならないのでマンネリ気味です。		❶帰宅してからの離乳食作りは大変ですね。Bちゃんがおいしそうに食べる姿が何よりの励みですね。園でも❷大きく口を開けてよく食べ、「ごっくん」するたびに、にっこりと笑顔を見せてくれます。他の保護者の皆さんも離乳食作りには苦心されているようです。❸まとめて冷凍したものをレンジで温めたり、大人の献立から取り分けたりするなど、工夫されているようです。	

書き方のポイント

❶ 働きながら子育てをする大変さのランキング上位に、帰宅後すぐの離乳食作りが挙げられます。保護者の気持ちをねぎらいましょう。大変さを分かってくれる人がいると思えることで、保護者の気持ちは少しでも癒されます。

❷ 離乳食のときに「大きな口を開けて」「ごっくんと飲み込む」など意欲的な姿を書くことで、この時期の食事での具体的な発達過程を分かりやすく伝えています。

❸ 同じように苦労している他の保護者の様子も伝えながら、すぐに試せる離乳食作りの工夫を具体的に記入することは、保護者の精神的負担や肉体的負担の軽減にもつながります。

🍼 ミルク　👶 オムツ交換
⬇ 睡眠　🚽 排便

保護者にも伝えよう　発育・発達メモ

離乳食作りの時間短縮と楽しい食事

離乳食は、保護者と同じ食材を使って調理することを原則と考えている家庭では、調味料を入れる前に取り分けて煮込むなど、メニューに振り回されずに済みます。しかし、保護者の食事がラーメンやピザ、スパゲッティなどが多いと不向きです。みそ汁や煮魚など和食中心であれば負担は少なくなると同時に、子どもの「うす味」に合わせると健康的な食事となり、子育ての効用といえましょう。7～8か月の頃はモグモグと口を動かし、少しの塊をごっくんと飲み込む動きが大切となる「敏感期」と呼ばれる時期です。この時期だからこそ、保育者は、子どもの口の動きをよく観察しましょう。子どもの口の動きを中心とする発達を理解して、ポイントを押さえた介助を心掛けます。

テーマ　仕事で帰りが遅く

D児（3か月）　5月18日（木）　天候（晴れ）

時刻	生活（食事・睡眠等）
19:00	お風呂　ウトウト
	母乳
20:00	
21:00	↓
22:00	母乳
23:00	↓
0:00	母乳
1:00	↓
2:00	
3:00	↓
4:00	母乳
5:00	↓
6:00	母乳
7:00	↓
8:00	母乳
9:00	登園　白湯
10:00	↓目覚める
11:00	（オムツ）（排便）
	抱っこでご機嫌
12:00	（オムツ）
	ミルク
	（スプーンで40ml）
13:00	↓
14:00	目覚める（オムツ）（排便）
15:00	降園
	スプーンでパパから
	ミルク（40ml）
16:00	（オムツ）
17:00	ウトウト↓
18:00	お風呂　母乳
20:00	

	家庭から	園から
	時刻　主食（またはミルク）、副食、その他	時刻　主食（またはミルク）、副食、その他
食事	前夜　母乳	給食　ミルク
	今朝　母乳	
睡眠	就寝　　　起床　21:00 ～ 8:00	午睡　9:30～10:00　13:00～14:00
機嫌	ⓐ・普・悪	ⓐ・普・悪
排便	水・軟・普・堅　0回	水・ⓐ・普・堅　2回
入浴	ⓐ・無　検温 8:00 35.4℃	検温 12:30 35.8℃
連絡事項	昨夜は私（母）の帰りが遅く18時頃になり、家に着くと、Dは泣きながら少し怒っていました。それでも、父親のスプーンでのミルクをそれなりに飲んでいたそうです。今朝は起きると、右頬から出血しており、眠っている間に自分で引っかいたようです。	頬の引っかき傷、❶登園時には細い線が1本になっていましたね。❷担当のT保育者が抱っこをすると「アーアー」としきりに声を出して、笑ってくれています。スプーンで白湯や、ミルクを飲むのが上手になってきました。入眠時に授乳すると少し飲むこともあります。乳首の種類やキャップの締め具合なども❸工夫しながら気長に取り組みたいと思っています。

書き方のポイント

❶ 頬の傷について保護者は淡々と書いていますが、登園時の状態を記述することで傷の程度が分かります。

❷ 担当制保育は、機嫌の良いときに担当児と楽しく過ごすかがポイントのひとつです。眠くなったり機嫌が悪くなったりするときに安心するのは、日頃からの積み重ねから愛着を形成している担当保育者の存在です。

❸ 母乳児の哺乳瓶への移行には個人差があります。D児は、①保育時間が短い。②スプーンでの授乳。③父親も協力的。④眠りながら少しずつ飲むこともある。これら4つの点を明るい傾向として保護者と共有します。保育者はプロとしての試みと同時に気長に取り組む姿勢が保護者にも安心感を与えます。

連絡帳　5月

ミルク　オムツ交換
睡眠　排便

保護者にも伝えよう　育発達メモ
外勤と子育てのはざまでの母親のつらさを支える

生後3か月児で家庭では母乳で育っていますが、母親の勤務の都合で、園へ授乳に来られないのでしょうね。保育者たちも胸を痛めていることでしょうが、哺乳瓶に慣れなくて、園でもスプーンでミルクを飲む生活になっています。母親に抱かれて母乳を飲みたい降園後、仕事で帰りが遅い母親に代わって、父親が、けなげにもスプーンでミルクを飲まされたのですね。母親の切なさが伝わってきます。そのつらさを慰めるように、特定の保育者に抱かれて、機嫌良く「アーアー」と声を出して笑っている様子を伝えるとともに、哺乳瓶での授乳の方向性を知らせています。連絡帳が母親の励みになるよう活用されていますね。

6月

テーマ 昨日はお誕生日でしたが…

C児（12か月）　6月21日（水）　天候（晴れ）

時刻	生活（食事・睡眠等）
19:00	お風呂
20:00	↓
21:00	
22:00	
23:00	
0:00	
1:00	
2:00	母乳
3:00	
4:00	
5:00	
6:00	目覚める
7:00	朝食
8:00	登園　散歩
9:00	お茶
10:00	沐浴　お茶
11:00	食事・お茶　おかずをおかわり
12:00	布団でゴロゴロ
13:00	↓
14:00	目覚める　誕生日の歌をうたいました
15:00	おやつ・お茶
16:00	お茶
17:00	降園　母乳
18:00	
19:00	夕食

		家庭から		園から
	時刻	主食（またはミルク）、副食、その他	時刻	主食（またはミルク）、副食、その他
食事	前夜	豚肉と野菜の中華煮、豆腐とダイコンのお汁	給食	チキンの照り焼き、温野菜サラダ、もやしスープ
	今朝	チーズパン、高野豆腐とカボチャ、手作りケーキの果物	おやつ（午後）	ブリオッシュ、飲むヨーグルト
睡眠	就寝　起床　19:30 〜 6:00		午睡　12:30 〜 14:00	
機嫌	㊉・普・悪		㊉・普・悪	
排便	水・軟・㊉・堅　1回		水・㊈・普・堅　1回	
入浴	㊉・無　検温 8:00 36.4℃		検温 15:40 36.7℃	
連絡事項	昨日はCの誕生日でしたが、食後のお祝いを待たずに寝てしまいました…手作りケーキ、プレゼントもあげることができず…今夜仕切り直しです。今朝、ケーキの果物だけ食べました。お誕生日の歌をみんなでうたうと、心なしかうれしそうでした。		❶手作りの愛情いっぱいケーキ…フルーツをCちゃんがおいしそうにパクパク食べる姿が目に浮かびます。お部屋でも❷お誕生日の歌をうたうと、手をパチパチたたいてにっこりしていましたよ。今日はお散歩で汗をかいたので、沐浴をしました。気持ち良かったようで、その後の食事中もご機嫌のCちゃんでした。これから暑い日も多くなりますので、❸しっかり食べて、睡眠もしっかりとって、元気に過ごしてほしいですね。	

書き方のポイント

❶ 誕生から1年という節目のお祝いは、両親にとっても園にとっても大切なセレモニーです。ふだんから忙しい保護者が子どものためにケーキを作り、誕生日を祝っている姿をねぎらっています。

❷ 歌をうたうと体を揺らしたり、手をたたいたりする姿が見られます。日常の何気ないしぐさのようですが、「手をたたく」こともできるようになった姿を記録として残しておくことも大切です。

❸ これからますます暑くなる季節を健康に過ごせるように、大切にしたいポイントを伝えています。

 ミルク　 オムツ交換
睡眠　排便

保護者にも伝えよう

 発育・発達メモ

誕生日を迎える感動を共有しましょう

生まれて初めての誕生日は、親にとって、感動的で特別な日です。保育者は子どもの代弁者となり、連絡帳を通して保護者へ感謝のメッセージを贈りましょう。すでに実践されている保育者も多いと思いますが、メッセージの内容は発育や発達の喜びを共感するものが圧倒的に多いのではないでしょうか。それも素直にうれしいことですが、園の役割や使命を考えると、「子育てと就労の両立支援」について述べることも重要です。入園当初の保育者との出会いの頃のことや、仕事の事情で迎えの時間が遅くなったこと、病気が続いたことなどの日頃の苦労をねぎらい、それでも頑張ってきた保護者へ応援の言葉は、子育て支援のポイントです。

テーマ 会話しているようです

D児（4か月）　6月21日（水）　天候（くもり）

時刻	生活（食事・睡眠等）
19:00	お風呂　母乳
20:00	
21:00	母乳
22:00	↓
23:00	
0:00	母乳
1:00	
2:00	
3:00	
4:00	
	母乳 （母乳を眠りながら）
5:00	
6:00	↓
7:00	母乳
8:00	お姉ちゃんの方を見てご機嫌！
9:00	母乳
10:00	登園
11:00	↓
12:00	目覚める
13:00	ミルク(160ml)
14:00	↓
15:00	目覚める
16:00	母乳　降園
17:00	ウトウト
18:00	
19:00	↓

家庭から / 園から

		家庭から		園から
食事	時刻	主食（またはミルク）、副食、その他	時刻	主食（またはミルク）、副食、その他
	前夜	母乳	給食	ミルク
	今朝	母乳		
睡眠	就寝　起床 20:00 ～ 7:00		午睡	10:30～11:45 13:30～15:00
機嫌	㊤良・普・悪			㊤良・普・悪
排便	水・㊤軟・普・堅　1回			水・㊤軟・普・堅　1回
入浴	㊤有・無　検温 8:30 36.4℃			検温 12:30 36.8℃
連絡事項	今朝もベッドから母（私）、姉のいるほうを見て、手足をバタバタさせています。話せないですが、まるで会話をしているようでおもしろいです。姉のことが大好きなようで、姉の声に反応してきゃっきゃっと笑っています。			❶担当のF保育者が「Dちゃん、ばあ」とあやすと、「あー」と声を出して笑っています。腹ばいにすると、お気に入りのガラガラに手を伸ばして、一生懸命つかもうとします。❷腹ばいの姿勢は短時間にして、何度も繰り返し楽しむようにしています。 　園でも、保育者の声や語り掛けに反応し、❸よく笑う姿がかわいいです。

書き方のポイント

❶ 特定の保育者が中心となって保育する「担当制保育」を実施している実態を連絡帳を通じて伝えていくことで、保護者に愛着の形成が大切という考え方が伝わります。

❷ 腹ばいの姿勢では、この月齢の子どもにとって長時間過ごすことには無理があります。好ましい関わり方を伝えていくことも、保育者の専門性です。

❸ 保育は、情緒的であったり感情的に「かわいらしい」から…「かわいそう」だから…といったりした進め方では、専門職として適切といえません。しかし、ここでは姉の世話なども多忙な保護者には、時には保育者の素直な言葉を添えることも癒しの効果となります。

連絡帳　6月

凡例：ミルク／オムツ交換／睡眠／排便

保護者にも伝えよう　発育・発達メモ
母子の愛着関係の形成を評価しましょう

母親が我が子を十分に観察しておられることがこの連絡帳からよく分かりますね。ベッドから母親や姉のほうを見ている乳児の視線を確認し、手足をばたつかせているのを、まるで会話をしているように受け止め、姉の声によく反応している様子を、乳児の好感情と捉え肯定的に見ておられます。こうした母親の我が子を全面的に受容している雰囲気は、乳児の情緒を安定させ、乳児も母親や姉をよく見て、声をよく聞いて、感覚や脳を発達させていきます。この連絡帳で、母子の安定した愛着関係の形成過程がよく分かることを評価し、母親に意識付ける働き掛けが大切です。D児が満たされているからこそ、園でも声を出して笑っているのです。

7月

テーマ 寝返りができるように

A児（6か月）　7月13日（木）　天候（くもり）

時刻	生活（食事・睡眠等）
19:00	お風呂
20:00	↓
21:00	お茶
	ミルク（160ml）
22:00	
23:00	
0:00	
1:00	
2:00	
3:00	
4:00	
5:00	
6:00	
	ミルク（160ml）
7:00	↓
8:00	
	ミルク（150ml）
9:00	登園 ↓
10:00	離乳食
11:00	ミルク（160ml）
12:00	寝返りゴロン 腹ばい苦しいよ
13:00	
14:00	↓
	寝返りゴロゴロ…
15:00	
	ミルク（160ml）
16:00	
17:00	降園
18:00	
19:00	お風呂
	ミルク（200ml）
20:00	

家庭から / 園から

	家庭から		園から	
食事	時刻	主食（またはミルク）、副食、その他	時刻	主食（またはミルク）、副食、その他
	前夜	ミルク160ml	給食	おかゆ、野菜スープ（ニンジン、サツマイモ、タマネギペースト）
	今朝	ミルク150ml		
睡眠	就寝 〜 起床 22:00 〜 5:30		午睡 13:00 〜 14:30	
機嫌	㊛良・普・悪		㊛良・普・悪	
排便	水・軟・㊛普・堅　1回		水・軟・㊛普・堅　1回	
入浴	㊛有・無	検温 8:00 36.4℃	検温 12:00 36.6℃	
連絡事項	昨日は久しぶりにAとの二人の時間がもてました。目が合ったときに私がニコッと笑うと、ニコッと笑い返してくれます。コツをつかんだようで、寝返りもできるようになりました。腹ばいになっては元に戻れず、苦しい様子を見せていました。		❶二人で過ごされ、Aちゃんにお母さんの愛情がしっかり伝わったことと思います。園でも目が合うと、ニコニコ顔を見せてくれます。「アー、アー」と、おしゃべりも大好きですね。 ❷園でも何度も寝返りをしていました。体の下に入った手が抜けなくて「しんどい！」様子を見せるときは、あおむけに戻して楽にすると、繰り返し寝返りをしています。保育者も一緒に腹ばいになって「Aちゃん」と名前を呼んで遊んでいます。寝返りが楽しいようですね。	

書き方のポイント

❶ 忙しい保護者が「子どもとの二人だけの時間をもてた」ことをうれしく思う気持ちに共感した書き方です。また、「お母さんの愛情はAちゃんに伝わっていますよ」と、保護者を励ましています。

❷ 家庭と同じように園でも寝返りを楽しんでいる様子が伝わってきます。寝返りをして体の下に入った手が抜けなくなったときの対応について、保護者が安心するような書き方をしています。

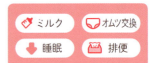

保護者にも伝えよう
発育・発達メモ

子育ては「量」より「質」が大切

6か月の子どもを育てる保護者は、子育てと就労の両立で目が回るほど多忙な日々でしょう。中には、子どもと接する時間が短いことを心配する保護者もいるかと思います。しかし、A児の保護者のように「しっかり愛情をもって一対一の関係づくり」を心掛けて子育てをしていれば、問題はないといわれています。質的に濃く子どもに接する方法としては、「抱きしめる」「頬擦り」などのスキンシップがあります。「園への送迎時には必ず抱っこをするようにしているが、なかなか離れてくれない。何秒抱いていたらよいのか」と質問されることがあります。しっかり抱きしめると、10秒程で子どもの方から満足して、もそもそと動き出してすり抜けていくことが多いものです。

テーマ 姉とおっぱいの取り合いに

D児（5か月）　7月27日（木）　天候（晴れ）

時刻	生活（食事・睡眠等）
19:00	お風呂　母乳
20:00	↓
21:00	↓
22:00	母乳
23:00	↓
0:00	↓
1:00	↓
2:00	↓
3:00	母乳
4:00	↓
5:00	↓
6:00	↓
7:00	↓
8:00	母乳
9:00	登園　🩲
10:00	⬇ 💩
11:00	目覚める　🩲
12:00	🩲
	🍼ミルク（180㎖）
13:00	⬇
14:00	目覚める　🩲
15:00	授乳　降園
16:00	🩲 ウトウト 💩
17:00	↓
18:00	お風呂　授乳
19:00	
20:00	

		家庭から		園から	
食事	時刻	主食（またはミルク）、副食、その他	時刻	主食（またはミルク）、副食、その他	
	前夜	母乳	給食	ミルク180㎖	
	今朝	母乳			
睡眠	就寝　　　起床　20:00 〜 7:00		午睡	9:30〜11:00　12:30〜14:00	
機嫌	㊀良・普・悪		㊀良・普・悪		
排便	水・㊀軟・普・堅　1回		水・㊀軟・普・堅　1回		
入浴	㊀有・無	検温　8:30　35.6℃	検温　12:00　36.0℃		
連絡事項	今朝は、姉とおっぱいの取り合いをしています。以前は、それほどでもなかったのですが、やはりDも姉も入園以降おっぱいへの執着が出てきたようです。園で頑張っている証拠でしょうか。		自分のペースでゆったりと過ごしているDくんです。オムツを替えながらわらべうたを歌うと、「アーアー」と声を出していました。❶保育者と一緒に歌っている気分かな？　お姉ちゃんは園ではとても張り切っています。❷お母さんの思っていらっしゃる通りでしょう。「Dちゃんの、おっぱいの後は、お姉ちゃんの抱っこね…」と「あなたのことも大切に思っているよ」と❸言葉で伝え、抱きしめると、満足して落ち着きを取り戻せることと思います。		

書き方のポイント

❶ D児の園での様子を伝えたうえで、オムツを替える場面での発声について、保育者と一緒に歌っている気分、とおもしろい書き方をしています。

❷ 姉の姿について、母親は「園で頑張っている証拠かな」と気付いています。この気付きを肯定することで、母親の育児に自信がつく文章です。

❸ D児の姉に関する育児支援の一文です。具体的な方法が書かれているので、家でしてみようと思える親切な書き方です。

連絡帳　7月

 ミルク　 オムツ交換
 睡眠　 排便

保護者にも伝えよう　発育・発達メモ

母親に抱かれ愛情交流を求めているのです

乳児期は口唇期といわれています。赤ちゃんの時期は、口唇の感覚が最も敏感で感受性や筋肉が強く、口を通して食べ物と、食べられない物を知ったり、手に持った物をすぐ口に入れて、認知したりしているのです。母乳で基本的な栄養を確保することが重要ですが、母親に抱かれ肌の温もりを感じながら見つめ合い、「快」の感情と愛情の交流は心の栄養にもなります。園で1日、緊張と忍耐をもって過ごしたD児にとって、母親のお乳をねだるのは、心の充足感、安心感を求めているのです。その安らぎのチャンスがあるからこそ、翌日も園で頑張れるのです。お姉さんによく話してD児をしっかり受け止めてもらうようにしましょう。

8月 テーマ よく食べます

B児（10か月）　8月21日（月）　天候（くもり）

時刻	生活（食事・睡眠等）
19:00	離乳食
20:00	お風呂　母乳
21:00	↓
22:00	
23:00	
0:00	
1:00	
2:00	
3:00	
4:00	
5:00	↓
6:00	母乳
7:00	離乳食
8:00	登園
9:00	お茶／水遊び
10:00	シャワーでさっぱり！
11:00	離乳食・お茶
12:00	温めた母乳 200ml／着替え
13:00	↓
14:00	目覚める
15:00	おやつ・お茶
16:00	ミルク（140ml）
17:00	ママを見ると目がパッチリ！
18:00	降園
19:00	

家庭から

	時刻	主食（またはミルク）、副食、その他
食事	前夜	野菜のクリーム煮、軟飯
	今朝	ニンジンがゆ
睡眠	就寝　起床　21:00～6:00	
機嫌	㊛・普・悪	
排便	水・軟・㊛・堅　1回	
入浴	㊛・無	検温　7:30　36.5℃

連絡事項：
大丈夫かなと思うくらいよく食べます。園でもたくさん頂いているのでしょうね。ハイハイでの移動も速くて目が離せません。よく動くのでおなかもすくのでしょうか。
体調を崩すこともほとんどなくなり、喜んでいます。今日もよろしくお願いします。

園から

	時刻	主食（またはミルク）、副食、その他
食事	給食	軟飯、豆腐のみそ汁、白身魚の焼き物、野菜の和え物
睡眠	午睡　12:30～14:30／17:00～17:30	
機嫌	㊛・普・悪	
排便	水・軟・普・堅　0回	
入浴	検温　9:20　36.6℃　14:30　36.7℃	

❶本当によく食べてくれるのでうれしいです。食事の支度を始めると、「はやくほしいよ！」とでも言っているかのように、泣くなどして催促します。
　今日は和え物のトマトが酸っぱかったのか、口をとがらせて酸っぱそうな顔をしていました。❷保育者がまねをすると、ケラケラと笑っては何度も酸っぱそうな顔をしながらトマトを食べていました。
❸ハイハイも速くなりましたね。大好きな玩具を見つけると、はって素早く取りに行きます。

書き方のポイント

❶「大丈夫かなと思うくらい」と保護者が心配する思いを受け止めながら、園での食欲旺盛な様子を具体的に伝えています。

❷何げない食事介助のひとコマですが、酸っぱい物を食べたときのB児の表情や、それをまねする保育者の様子を書くことで、丁寧な保育が読み取れます。保護者の安心感が深まる文章です。

❸ハイハイではって進む速度に加え、この時期から芽生えてくる、「目的のモノ」に向かって自分の意志で進むことができるという主体性が10か月児の特徴として読み取れます。

保護者にも伝えよう　発育・発達メモ

敏感期の食事

食欲旺盛な子どもは見ていて気持ちが良いものです。ただし、食べ物をしっかりかまずに丸飲みしていることがあります。口元をよく観察しながら介助しましょう。

7～9か月頃は離乳食の「敏感期」または「感受性期」といわれる時期です。口の中に食べ物が残っていても、「あん、あーん…」と声を出して、もっと欲しがって口を大きく開ける子どももいます。そんなときはカボチャやジャガイモなどの野菜を（少し大きめに切ってよく煮込み、舌で潰せるくらい柔らかくしてから）、おかゆの中に混ぜて与えてみましょう。すぐに飲み込むことができないのでゆっくり唾液と混ざり、味覚を味わう効果もあります。

テーマ 食欲より睡眠!?

D児（6か月） 8月2日（水） 天候（晴れ）

時刻	生活（食事・睡眠等）
19:00	お風呂　母乳
20:00	↓
21:00	↓
22:00	↓
23:00	↓
0:00	母乳
1:00	↓
2:00	↓
3:00	↓
4:00	母乳
5:00	↓
6:00	
7:00	
8:00	母乳
9:00	登園　(オムツ)
10:00	↓
11:00	目覚める　(オムツ)(排便)
12:00	(オムツ)
	ミルク（200ml）
13:00	↓
14:00	目覚める　(オムツ)
15:00	母乳
16:00	降園　(オムツ)
17:00	ウトウト
18:00	
19:00	お風呂
20:00	授乳

家庭から / 園から

	家庭から		園から	
	時刻	主食（またはミルク）、副食、その他	時刻	主食（またはミルク）、副食、その他
食事	前夜	母乳、おかゆ（食べず）	給食	ミルク200ml
	今朝	母乳		
睡眠	就寝　　起床　19:30〜8:00		午睡 9:30〜11:00　12:30〜14:00　14:30〜16:00	
機嫌	㊉良・普・悪		㊉良・普・悪	
排便	水・軟・普・堅　0回		水・㊉軟・普・堅　1回	
入浴	㊉有・無　検温 8:30 36.6℃		検温 12:00 36.5℃	

連絡事項

家庭から： 夕食のタイミングも難しいですね。昨夜、食事途中で寝てしまいました。よっぽど園でたくさん動いて、思いっ切り楽しめているようでうれしいです。
親子とも、汗だくでの帰宅なので、夕食前にお風呂です。Dは、食欲より睡眠を貪る年頃でしょうか？

園から： ❶Dくんの園での運動量は、いろいろな所に行きたいようで、たくさん寝返りをしています。クマのぬいぐるみがお気に入りです。少し離れた所に置くと、❷ゴロンゴロンと近づいて行き、ぬいぐるみに顔をくっつけて遊んでいます。
少し前までは、寝返りを促すようにガラガラで相手をしていたのに、❸目覚ましい成長ぶり、ますます楽しみです！

書き方のポイント

❶ 保護者の「よっぽど園でたくさん動いて…」との好意的な記述の中には、どれくらいの動きをしているのか？との問い掛けも含まれています。書き出しから「Dくんの運動量は…」と、具体的に答えています。多忙な保護者にとって親切な書き方です。

❷ 寝返りの様子をゴロンゴロンと表現し、前文では「クマのぬいぐるみ」がお気に入りと知らせています。更にぬいぐるみで遊ぶ様子が目に浮かぶような書き方です。限られたスペースでの文章です。簡潔さと具体的な伝え方を学びたいものです。

❸ 保育者は、保護者と共に子育てをするパートナーの意識をもって、成長の喜びを共感したいものです。その証を意識して文章で残すことがポイントです。

連絡帳　8月

ミルク／オムツ交換／睡眠／排便

保護者にも伝えよう ― 発育・発達メモ

寝返りは乳児にとって初めての移動運動

乳児は、首が据わり、手足の力が付いてくる頃、あおむけになって手を持ち上げて見つめたり、足を持ち上げて手でつかんだりして遊び始めます。そのうちに頭を持ち上げ、横を向き、肩を回してその勢いで腰を回し、足を交差するようにねじって、コロンとうつむき姿勢になってしまいます。これが6か月頃に現れる寝返りという運動の発達です。部分的に何度か運動しつつ最後に1回転するようになり、子どもの世界が広がります。D児は今まさに自力で移動できるようになった寝返り運動で、お気に入りのクマさんを目指して、ゴロンゴロンと近づいて、喜びと自信を味わっています。家庭でも環境を整え、寝返りを楽しみましょう。

テーマ 外遊びが大好きです

C児（15か月）　9月28日（木）　天候（くもり）

時刻	生活（食事・睡眠等）
19:00	お風呂
20:00	
21:00	お茶
22:00	↓
23:00	
0:00	
1:00	
2:00	
3:00	
4:00	
5:00	
6:00	
7:00	朝食
8:00	オムツ交換
9:00	登園、散歩「ヨーヨ」と言いながら段差を上がると手をパチパチ…
10:00	お茶　オムツ交換
11:00	昼食
12:00	排便　オムツ交換　睡眠
13:00	↓
14:00	↓
15:00	おやつ・お茶
16:00	母乳　降園
17:00	↓
18:00	↓
19:00	夕食
20:00	

	家庭から		園から	
	時刻	主食（またはミルク）、副食、その他	時刻	主食（またはミルク）、副食、その他
食事	前夜	ご飯、ワカメとキュウリの酢の物、ホウレンソウのお浸し、オクラ、豆腐のみそ汁、チヂミ、黄桃	給食	バターロール、牛肉と大豆のトマトソース煮、スパゲティサラダ、オレンジ
	今朝	白パン、チーズ、卵焼き、リンゴヨーグルト	おやつ	昆布おにぎり
睡眠	就寝　起床　22:00 ～ 7:00		午睡　12:00 ～ 15:00	
機嫌	ⓐ・普・悪		ⓐ・普・悪	
排便	水・軟・普・堅　0回		水・ⓢ・普・堅　1回	
入浴	ⓐ・無　検温 8:00 36.7℃		検温 15:30 36.0℃	
連絡事項	歩けるようになって、外で遊ぶのが大好きになったようです。家にいても目を離すとすぐに玄関に靴を取りに行ってしまいます。ごはんの好き嫌いにむらがあって難しいです…。朝にパンをムシャムシャ食べたと思ったら、次の日は「ベー」と食べなかったりします。		朝、雨が降る前に早めに隣の公園に行って、少しですが遊んできました。❶自分から足を力いっぱい上げて公園の階段を上り、うれしそうでした。おうちでもすぐに靴を取りに行くとのこと、頼もしい成長ぶりですね。 1歳過ぎの頃から、その日の気分などで、食の好みや食べる量にむらが出てくることもありますね。自分の思いが出てくることは成長の表れでもあります。❷私たちも根気よく付き合っていこうと話し合っています。	

書き方のポイント

❶ 左の生活の表に散歩の様子を簡潔に書いています。その上で園からの連絡事項では、段差を一生懸命に上る様子を伝え、成長の喜びを共感する文章です。

❷ 食事に対する悩みに対しても「成長過程の表れ」と伝えています。具体的な関わり方については、「私たちも根気良く付き合っていこうと話し合って」いることを伝え、共育ちの視点が読み取れる書き方です。

保護者にも伝えよう　発育・発達メモ

行動の後先に起こることをつなぐ

転ばないで歩くことができるようになるこの時期は、まだバランスは悪いものの、それを試しながら、自分で意図して好奇心や興味・関心を満たそうとし始めます。行動範囲が広くなり、新奇な物との出会いにより、知的な発達が見られるようになります。「外遊びが大好き」「靴を取りに行く」「階段を元気良く登る」「手をパチパチ」という行動の裏には、自分の行動の先に起こることへの予測があり、その予測が現実となって喜ぶという、知的な育ちがあります。予測、実践、結果を結び付ける体験が、心の世界の芽生えにつながります。食事のむらもその一つです。

テーマ　脱水症が心配です

D児（7か月）　9月7日（木）　天候（晴れ）

時刻	生活（食事・睡眠等）
19:00	離乳食をあまり食べない、授乳
20:00	お風呂
21:00	
22:00	
23:00	
0:00	
1:00	
2:00	
3:00	母乳を飲みながらうとうと…
4:00	
5:00	
6:00	
7:00	母乳
8:00	登園
9:00	ゴロンゴロンとトンネルの中へ
10:00	目覚める／お茶少し、離乳食
11:00	ミルク（200㎖）／沐浴、お茶20㎖
12:00	
13:00	
14:00	果汁50㎖、お茶少し、トンネルの中でご機嫌
15:00	母乳　降園
16:00	うとうと
17:00	
18:00	授乳
19:00	
20:00	

	家庭から		園から	
食事	時刻	主食（またはミルク）、副食、その他	時刻	主食（またはミルク）、副食、その他
	前夜	母乳、ジャガイモペースト（10口）	給食	ミルク200㎖　お茶20㎖
	今朝	母乳		
睡眠	就寝　起床　20:30～7:30		午睡　9:30～10:30　11:30～14:00	
機嫌	㊛・普・悪		㊛・普・悪	
排便	水・軟・普・堅　0回		水・㊛・普・堅　1回	
入浴	㊛・無　検温 8:30 36.6℃		検温 12:00 36.4℃	

連絡事項

家庭から： 昨夜は1度しか授乳で起きず、朝は汗びっしょりで脱水症にならないか心配なくらいです。最近はやはり食べることにあまり気が向かないのか、自宅でも控えめな印象です。体重は増えているのでのんびり構えようと思います。

園から： 夜中の授乳が1回になり、楽になられたと思いますが、水分不足を心配される親心、❶Dくんが思春期や大人になったとき、これを見せてあげたいですね。
今日も園でも活発に動いていたDくん。部屋の短いトンネルに興味をもって、中に入って遊んでいます。「いないいなーいばー」と❷保育者が、トンネルの外から顔を見せると、笑いながら両手を動かして応えてくれます。夏バテ気味の保育者もいる中、❸毎日機嫌良く過ごすDくんには元気をもらっています。

書き方のポイント

❶ 自分の睡眠時間の確保より、子どもの水分不足の心配をしています。やがて成長したD児が親に理不尽な言動をしたり、D児が親になったとき、この連絡帳は心の支えとなる。貴重な育児記録といえます。

❷ トンネルの中でD児は隠れているつもりなのでしょう。そこへ保育者の顔が「いないいなーいばー」と見えた瞬間、うれしくて仕方ない様子を書いています。

❸ 食欲がなく水分不足も心配する保護者ですが、一方「体重は増えている」と分析する冷静さがあります。その考え方に共感する文章です。更にD児は、周りを元気にもしていると伝えています。この一文が保護者の子育てに対する自信につながります。

連絡帳　9月

 ミルク　 オムツ交換
睡眠　排便

保護者にも伝えよう　発育・発達メモ

よく眠り、体重が増えていれば大丈夫

母乳の場合は、子どもが1回に飲んだ量が分かりにくく、不安なものですが、夜中に泣かずに寝ていて、乳を求める回数が少なくても、栄養が十分かどうかは、D児の発育ぶりをみて判断することが大切です。見た目に肥立ちや機嫌が良く、体重が母子健康手帳のグラフで10％の線を超えていれば、離乳食と母乳のバランスもよく、順調と判断すればいいでしょう。乳児の夜泣きは、ほとんどのどの渇きです。ぐっすり寝ていると汗をよくかきますが、よく汗を吸う寝間着を着せたり、タオルを背中に入れて交換したり、肌が冷えないように配慮し、寝起きにはまず水を飲ませるように伝えましょう。

テーマ　つかまり立ちが始まりました

A児（9か月）　10月10日（火）　天候（晴れ）

時刻	生活（食事・睡眠等）
19:00	お風呂
20:00	離乳食　ミルク（120㎖）
21:00	
22:00	
23:00	
0:00	
1:00	
2:00	
3:00	
4:00	ミルク（160㎖）
5:00	
6:00	
7:00	目覚める　離乳食　ミルク（100㎖）
8:00	
9:00	登園
10:00	
11:00	ふれあい遊び『あがりめさがりめ』何度も遊んで楽しい…
	離乳食・着替え
12:00	ミルク（160㎖）
13:00	
14:00	
15:00	ミルク（160㎖）
16:00	保育者と一緒にハイハイして遊びました
17:00	
18:00	降園
19:00	

	家庭から		園から	
	時刻	主食（またはミルク）、副食、その他	時刻	主食（またはミルク）、副食、その他
食事	前夜	おかゆ、ニンジン、カボチャ、タマネギ	給食	おかゆ、野菜スープ（ニンジン、ジャガイモ、鶏肉、タマネギ粗みじん）
	今朝	おかゆ、サツマイモ、豆腐、バナナ、ミルク110㎖		
睡眠	就寝　　起床　21:30 〜 7:00		午睡　9:30〜11:00　12:30〜15:00	
機嫌	ⓐ・普・悪		良・ⓟ・悪	
排便	水・軟・ⓟ・堅　1回		水・軟・ⓟ・堅　1回	
入浴	ⓐ・無	検温　8:00　36.4℃		検温　12:00　36.6℃
連絡事項	ハイハイで階段の所に行き、つかまり立ちをしようとしていました。バランスを崩し、転倒しそうになったのでびっくりしました。移動も速くなったので、目が離せません。顔の湿しんは受診をして、しっかり治そうということでお薬をもらって飲んでいます。塗り薬ももらってきました。		おうちでは「つかまり立ち」が始まり活発なAちゃん、ますます目が離せませんね。園でも気を付けたいと思います。廊下の斜面上りも大好きです。❶十分にハイハイをして手足や体幹を鍛えたい時期ですので、「まてまて…」と保育者もハイハイして追い掛け遊びをしています。❷顔の湿しん、飲み薬と塗り薬を処方してもらい良かったですね。無意識にかいてしまうので、園でも様子を見てお知らせしますね。	

書き方のポイント

❶ 保護者は子どもの成長がうれしくてたまりません。喜びを共感しながらも、保育のプロとして、今の時期のハイハイの重要性と園での関わり方を具体的に伝えています。

❷ 保護者が心配している子どもの体調のことには、必ず応えるようにします。体調で不快に感じることがあれば落ち着いて生活することはできません。皮膚のケアなど体に関する事柄は、園と家庭とが連携して行なっていくことも重要です。

周りと自分の関係に変化が生まれる8〜9か月

8〜9か月頃は、ハイスピードで高ばいをするようになり、時にはつかまり立ちも見られるようになります。ハイハイは立位歩行の姿勢保持や体幹強化に必要な経験です。見ているとハラハラすることもありますが、これがバランス感覚と体幹感覚を育てます。目と手を協応させてモノに触れたり、動くものを視線で追ったりして、自分と周りを視線でつなぎ、周りの意図を感じ取るようになります。そして、周りとの関係性が生まれ、特定の人への愛着や周りに対する信頼感が育ってきます。自分と周りとの間に特定の関係が生まれ、感覚運動的な知能が芽生えてきます。

テーマ：つかまり立ちをしました

D児（8か月） 10月25日（火） 天候（晴れ）

時刻	生活（食事・睡眠等）
19:00	お風呂　母乳
20:00	母乳
21:00	↓
22:00	
23:00	
0:00	
1:00	
2:00	
3:00	
4:00	母乳
5:00	寝ないで、ベッドの柵につかまって…
6:00	
7:00	
8:00	母乳　登園 👶
9:00	
10:00	担任以外の保育者が入ってくると泣く 👶
11:00	👶 離乳食　🍼 ミルク（200ml）
12:00	↓
13:00	
14:00	目覚める 👶
15:00	👶 🍱　🍼 ミルク（200ml）　おやつ
16:00	
17:00	↓
18:00	降園　母乳
20:00	

		家庭から	園から
食事	時刻	主食（またはミルク）、副食、その他	主食（またはミルク）、副食、その他
	前夜	母乳（離乳食　食べず）	給食　ミルク200ml、カボチャペースト2/3、おかゆ3口
	今朝	母乳	おやつ（午後）　ミルク200ml、ベビーせんべい1枚
睡眠		就寝　　起床　21:00 ～ 8:00	午睡　12:00～14:00　16:00～17:30
機嫌		㊎・普・悪	㊎・普・悪
排便		水・軟・普・堅　0回	水・㋐・普・堅　1回
入浴		㊒・無　検温 8:30 36.6℃	検温 12:00 36.5℃
連絡事項		今朝早く、5時ごろにおっぱいで起きた後、寝つかず、ベビーベッドでゴロゴロしていました。そのときに、柵を持っていつもの膝立て中腰から、足の突っ張りでつかまり立ちをしていました。ハイハイはどこへいったのでしょうか…。	園でも朝から柵に「つかまり立ち」をしているDくん。身軽で腕と足の力も強いのでしょうね。❶驚いて、思わず拍手してしまいました。 しかし一方、お母さんも書かれているようにハイハイしないことが気になりますね。はうことによって足腰や腹筋などを鍛えることに加え、❷行きたい人の所へ行く「コミュニケーションのツール」としても大切と考えます。❸保育者も一緒にはう遊びを多くしていきたいと思います。

書き方のポイント

❶「つかまり立ち」するまでの姿を、じっと見つめている保育者は、8か月児の発達過程からD児の立とうとする一生懸命な気持ちに共感し、立ち上がった姿に感動しつつ、「拍手してしまいました」とプラス的表現で書いています。

❷ハイハイの意義を、保育のプロとして身体的、心理的に重要という考え方を簡潔に述べています。

❸「保育の中で、保育者も一緒に遊ぶことを通してハイハイの機会を多くしていきたい」と抱負を記述することで、保護者の安心や信頼につながります。

連絡帳　10月

🍼 ミルク　👶 オムツ交換　↓ 睡眠　🍱 排便

保護者にも伝えよう　発育・発達メモ

ハイハイの重要性

ハイハイをしないで、つかまり立ちをするD児に不安をおもちのようですね。人間は、横臥の姿で生まれ、やがて首が据わり、寝返りをし、投げ座りができ、うつ伏せの姿勢で頭を上げ、手足を動かしてハイハイが始まります。はう移動運動は、胴体の大筋群が協調し、つり合いの取れた動きを発達させます。中でも背中を垂直に保つ背筋と腹筋の発達には重要な意味をもっています。また、立ったり歩いたりするときに必要な太ももやふくらはぎの筋肉、股、膝など各関節、靭帯器官を発達させる重要な要素も含まれているので、ハイハイを十分することによって、歩行が始まっても転びにくくなるのです。ハイハイの大切さを保護者と共有しましょう。

11月

テーマ 危なくてハラハラします

B児（13か月）　11月15日（水）　天候（晴れ）

時刻	生活（食事・睡眠等）
19:00	離乳食
	お風呂
20:00	母乳
21:00	↓
22:00	
23:00	
0:00	
1:00	
2:00	
3:00	
4:00	
5:00	
6:00	（オムツ）
7:00	母乳
8:00	離乳食
	登園
9:00	おやつ・茶
10:00	園庭へ…
11:00	離乳食・茶
12:00	着替え
13:00	↓
14:00	目覚める
15:00	おやつ・茶
	温めた母乳140㎖
16:00	
17:00	
18:00	降園
19:00	

	家庭から		園から	
食事	時刻	主食（またはミルク）、副食、その他	時刻	主食（またはミルク）、副食、その他
	前夜	サケのムニエル、コマツナのお浸し、タマネギのみそ汁、軟飯	給食	軟飯、豆腐とワカメのみそ汁、肉じゃが、キュウリもみ
	今朝	ロールパン、バナナ、温めた牛乳	おやつ	（午前）リンゴ（午後）ニンジン蒸しパン
睡眠	就寝　起床　21:00～6:00		午睡　12:30～14:00	
機嫌	㊉・普・悪		㊉・普・悪	
排便	水・軟・㊉・堅　1回		水・軟・普・堅　0回	
入浴／検温	㊉・無　7:25 36.5℃		検温　9:20 36.5℃　14:30 36.7℃	
連絡事項	よく動くので危険なことも多く、毎日ハラハラしています。お風呂でも浴槽の縁につかまり、湯をバシャバシャと足で蹴るのを喜び、転倒しそうで怖いです。昨夜はイスの下に転がっていたボールを拾おうと、ハイハイで突進しておでこをぶつけました。赤くなっています。		❶成長するにつれて周りのいろいろな物に興味が出てきますね。おでこは傷にならなくて良かったです。園でも様子を見ましたが、特に変わりはありませんでした。Bちゃんのハイハイしたい欲求を満たすように、保育室にマットの山を作り、山登りを何度もして楽しみました。山の上で手を振ろうとしていたので、ドキリとして❷すぐに体を支えました。園でもけがに気を付けながら見守っていきたいと思います。	

書き方のポイント

❶ 家庭での様子に対する記述には、その内容にまず応えましょう。ハラハラする姿が増えますが、それも成長の証であることを共感し合うことが大切です。

❷ 子どもの探求心を満たすように遊具を組み合わせた環境を構成していること、思い掛けない行動があったときにはすぐに助けられる場所で見守っていることを伝え、保護者が安心できるように書いています。

保護者にも伝えよう　発育・発達メモ

試しながら周りと自分の関係を発見する

1歳を過ぎるとそれまでは身近な物をいじる自分の行為そのものを楽しんで結果を喜んでいましたが、自分の関わりによって自分で変化をつくりだせるということを発見し、その繰り返しを楽しむようになります。お風呂でバシャバシャというのもその表れ、自分で楽しみをつくり出すことが分かり始めた証拠です。「遊ぶ」ことの意味が分かるようになると、生活や遊びの中で一人で満足し、喜ぶ姿が見られるようになります。安全に十分気を配り、一人で楽しんでいるときはそっと見守って、起こった変化に共感することばがけをしたり、もっとおもしろい変化が楽しめるモデルを見せたりする関わりがとても大切です。

テーマ 姉弟仲良く絵本を

D児（9か月） 11月15日（水） 天候（くもり）

		家庭から		園から
	時刻	主食（またはミルク）、副食、その他	時刻	主食（またはミルク）、副食、その他
食事	前夜	母乳、うどん（少し）	給食	ミルク200ml、ニンジンペースト食べず、おかゆ3口
	今朝	母乳	おやつ（午後）	ミルク200ml、ベビーせんべい1枚
睡眠	就寝　起床　20:45 ～ 7:15		午睡	11:30～13:15　15:30～16:15
機嫌	㊇・普・悪			㊇・普・悪
排便	水・軟・普・堅　0回			水・㊇・普・堅　1回
入浴	㊇・無	検温 8:30 36.7℃	検温	11:00 36.6℃
連絡事項	昨日はよっぽど疲れていたのか、朝までぐっすりでした。朝から姉に絵本を読んでもらいご機嫌なD。姉が読みだすと静かに絵本を見つめ、じっと聞いていました。絵本がとっても好きなようです。			Dくんは❶園でもとても活発なので、おうちではぐっすりなのでしょうね。テラスに出ると、ボールを追い掛けてハイハイをしていたと思ったら、車が通るのを見つけると、❷すごいスピードでフェンスの近くまで行って、つかまり立ちをしてじっと見つめていました。周りの様子にも興味津々のDくんです。 　お母さんがお姉ちゃんに絵本をよく読んであげていたので、お姉ちゃんもDくんに読んであげるのでしょう。❸ステキな連鎖ですね。

書き方のポイント

❶ 保護者から「朝までぐっすり」と記述があったときには、園でいかによく遊んでいるかが伝わるように書きたいものです。特にD児は大変活発ですので、心地良い疲れから熟睡していることが推察されます。

❷ 心の動きや認知力との関連など「内面的な発達」を伝えています。

❸ 絵本の読み聞かせは、多忙な保護者には相当な努力を要するものです。D児の保護者の努力が姉の行為として現れたのですが、毎日の生活に追われて、その重大さに気付かない方も多くいます。保育者は育児パートナーとして、保護者の地道な子育ての積み重ねを称賛し、姉弟の成長の喜びに共感しましょう。最後の短文が光ります。

連絡帳　11月

 ミルク　 オムツ交換
 睡眠　排便

 保護者にも伝えよう　発育・発達メモ

運動面でも知的好奇心でも意欲あふれるすばらしい子ども

　9か月になると、ハイハイが盛んになり、興味のある所へ移動し、見たり、触ったりすることで、体で外界を知っていきます。D児は車も大好きで、つかまり立ちをしてまで車を見ようとします。頭の中では脳の神経の配線がどんどん拡張しているのでしょうね。すばらしい発達の姿です。また、現実に見聞きするだけではなく虚構の世界である絵本にも興味をもち、落ち着いて姉の読み聞かせを楽しむのですね。保護者もD児の発達の姿に満足して保育者に伝えているのでしょう。9か月の子どもの模範児です。保護者の思いを受け止め、園でも活発に遊んでいる姿を伝える姿勢は、いいと思います。

12月

テーマ 友達の後ろをついて回ります

C児（18か月）　12月21日（木）　天候（くもり）

時刻	生活(食事・睡眠等)
19:00	
20:00	お風呂・お茶
21:00	🛏
22:00	
23:00	
0:00	
1:00	
2:00	
3:00	
4:00	
5:00	
6:00	
7:00	朝食
8:00	
9:00	登園　朝の集い　消防署まで散歩・お茶
10:00	大きな消防車にびっくり
11:00	昼食・お茶　カボチャをお代わり
12:00	
13:00	
14:00	
15:00	おやつ
16:00	絵本の読み聞かせ　お茶
17:00	降園
18:00	夕食
19:00	

	家庭から		園から	
	時刻	主食(またはミルク)、副食、その他	時刻	主食(またはミルク)、副食、その他
食事	前夜	豚肉のチャプチェ、じゃこ納豆、とろろ汁	給食	ひじきご飯、豚汁、カボチャそぼろ煮
	今朝	サツマイモパン、卵、ウインナー、バナナ	おやつ	ブドウ寒天、バナナ、牛乳
睡眠	就寝　起床　22:00 ～ 6:30		午睡　12:00 ～ 15:00	
機嫌	㊛・普・悪		㊛・普・悪	
排便	水・軟・㊛・堅　1回		水・軟・普・堅　0回	
入浴	㊛・無	検温 8:00 36.7℃	検温 15:40 37.0℃	
連絡事項	外出先のキッズスペースで遊んでいるとき、同じ年頃の子に真顔でついて回ることがよくあります。仲良くしたいのか、怒って詰め寄っているのかよく分かりません。何なのでしょう。 鼻水が出ます。		園でも時々同じような姿が見られますよ。❶周りのお友達が気になったり、お友達の玩具に興味を示したり…。どんどんCちゃんの世界が広がり、うれしい成長の姿ですね。カボチャのそぼろ煮を気に入り、❷スプーンですくってご飯や他のおかずより先に全量食べました。 ❸今日は、園でも透明の鼻水がよく出ていました。引き続き様子を見ていきますね。	

書き方のポイント

❶ まずは、保護者が気になっている事柄に応えています。周囲の子どもへの関心の表れが成長の証であることを、保育の専門家として伝えています。

❷ 食事の様子を伝えるときは、「よく食べた」など抽象的な表現ではなく、どのように、どのくらいの量を食べていたかなど、具体的に記します。食具（ここではスプーン）を使って「すくう」という行為がしやすいメニューもありますので、家庭での参考にもなります。

❸ 体調面でも、鼻水がどのような状態であったか、具体的に伝えていきます。

🍼 ミルク　👶 オムツ交換
⬇ 睡眠　🛏 排便

保護者にも伝えよう　発育・発達メモ

「お気に入り」との関わりと自己の広がり

　1歳半のCちゃんの園での姿を見ると、ご飯、玩具、言葉など身近な「モノ」「コト」に「お気に入り」が生まれ、それを起点にした行動が展開されています。「お気に入り」は安心感を生み、行動を安定したものにします。友達について回るのも「お気に入り」行動の一つで、それまでの特定の大人との関係から、身近な人との関係へと愛着を広げていく姿です。まだ友達としての認識はありませんから、大人から見ると乱暴で意味不明に見えることもありますが、自己存在への気付きと人との関係の芽生えの機会です。形式にこだわらないで心地良い関わり方を知らせていきましょう。

テーマ 中耳炎になっていないか心配

D児(10か月)　12月18日(月)　天候(晴れ)

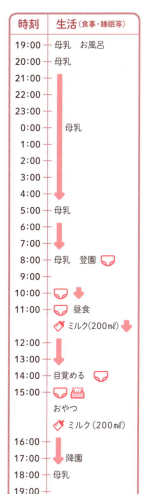

時刻	生活(食事・睡眠等)
19:00	母乳　お風呂
20:00	母乳
21:00	
22:00	
23:00	
0:00	母乳
1:00	
2:00	
3:00	
4:00	
5:00	母乳
6:00	
7:00	
8:00	母乳　登園
9:00	
10:00	
11:00	昼食
	ミルク(200ml)
12:00	
13:00	
14:00	目覚める
15:00	
	おやつ
	ミルク(200ml)
16:00	
17:00	降園
18:00	母乳
19:00	

	家庭から		園から	
	時刻　主食(またはミルク)、副食、その他		時刻　主食(またはミルク)、副食、その他	
食事	前夜	母乳・卵雑炊少し	給食	ミルク200ml、ジャガイモペースト食べず、おかゆ5口
	今朝	母乳	おやつ	ミルク200ml、ベビーせんべい1枚
睡眠	就寝　　起床 20:45 ～ 7:15		午睡　11:45～14:00 　　　15:45～17:30	
機嫌	良・普・(悪)		良・普・(悪)	
排便	水・軟・普・堅　0回		水・(軟)・普・堅　1回	
入浴	有・無　検温 8:30 36.8℃		検温 10:00 37.0℃	
連絡事項	週末から鼻水が出始め、朝はご機嫌斜めのDです。夜中鼻が詰まって寝苦しいようで何度か起きています。それでも、姉が歌をうたうと少し機嫌が戻り、一緒に体を揺らしたり、マラカスを振ったりしています。夕方耳鼻科に行こうと思います。中耳炎になってないといいのですが…。		❶大人でも鼻詰まりはつらいのに、Dくん大変ですね。それでも、お姉ちゃんが遊んでくれると機嫌が良くなるとは、❷姉弟っていいですね。園では耳をよく触り、抱っこを求めることが多く、いつもより甘えています。それでも、❷絵本はうれしいようです。読み終わると、人さし指を立てて「もういっかいよんで！」と催促してくれます。❸中耳炎になっていないか気になります。受診結果をお知らせください。	

書き方のポイント

❶D児の鼻詰まりに対して、大人と比較することで大変さをしっかり受け止める文章になっています。夜中に熟睡できず目覚めるたびに授乳する苦労へのねぎらいは、母親の顔を見ながら話すと良いでしょう。

❷少子社会だからこそ、きょうだいがいるから助かることや、子どもの楽しく遊ぶ姿は具体的に書き、育児の楽しさを共感する文章を残すようにしましょう。

❸中耳炎を心配する保育者の気持ちは、D児が耳を触ったり日頃よりも甘える姿を具体的に記述しているので、よく伝わる文章になっています。

連絡帳　12月

 ミルク　 オムツ交換
 睡眠　 排便

保護者にも伝えよう　発育・発達メモ

鼻水から中耳炎への心配

急に冷え込んだとき、鼻から吸った空気を温めて気管から肺に送るために、温かい血液が動員され、鼻の粘膜が膨らみます。そのため鼻水が出て鼻詰まりが起こり、寝苦しくなります。風邪などをひいて、上気道に炎症が起こると、耳管を通して中耳に炎症を広げることがありますが、これが中耳炎です。耳を触って泣き出したときに、耳の穴の所を押してみて、強く泣くようなら中耳炎の可能性があります。寝かせると泣き方が強く、抱き起こすと弱まる場合も中耳炎でしょう。耳鼻科で受診してもらうことを助言します。鼻詰まりや鼻水は生理的な反応ではありますが、赤ちゃんの機嫌を損ねる原因にもなりますので、優しく拭き取ってあげましょう。

1月

テーマ 友達の物を欲しがっていないか心配…

A児（12か月） 1月9日（火） 天候（晴れ）

時刻／生活（食事・睡眠等）

時刻	生活（食事・睡眠等）
19:00	離乳食／ミルク（100㎖）
20:00	お風呂
21:00～6:00	（睡眠）
7:00	目覚める
8:00	離乳食／ミルク（100㎖）
9:00	オムツ交換／睡眠／眠いよーウトウト…
10:00	登園
11:00	中庭に出て遊ぶ／離乳食・着替え／ミルク（130㎖）
12:00～14:00	寝付く寸前まで「あー、あー」とお話しする。
15:00	おやつ／ミルク（160㎖）
16:00	イスに座るとすぐ欲しがる牛乳パックのイスでご機嫌
17:00	
18:00	降園
19:00～20:00	

食事・睡眠等

	家庭から		園から	
	時刻	主食（またはミルク）、副食、その他	時刻	主食（またはミルク）、副食、その他
食事 前夜		おかゆ、白身魚、ハクサイとダイコンの煮物、ミルク100㎖	給食	パン、リンゴ、ミルク130㎖
食事 今朝		おかゆ、野菜スープ、バナナ、ミルク100㎖		
睡眠	就寝 21:00 ～ 起床 7:00		午睡 12:00 ～ 14:00	
機嫌	ⓐ・普・悪		ⓐ・普・悪	
排便	水・軟・㊞・堅　1回		水・軟・普・堅　0回	
入浴	㊮・無　検温 8:20 36.7℃		検温 11:00 36.5℃	15:30 36.6℃

連絡事項

家庭から： 夕方、兄がブロックで遊んでいるとそばに行き、作った物を欲しがってけんかになりました。兄が何個か貸してくれたのですが、「つくったのがいい！」と引かず、大変でした。園ではそんなことしていないでしょうか？心配です。

園から：
❶お兄ちゃんも困ったでしょうね。おやつの後、牛乳パックで作ったイスを押していたとき、お友達がそばに来て触ると怒っていました。❷「触られるの嫌だったのね」とお友達に別の牛乳パックで作ったイスを渡すと、一緒にイスを押して機嫌良く遊んでいました。❸園では、トラブルになる原因を探り、Aちゃんが怒る気持ちを理解して言葉で伝えるようにしています。自分の気持ちを分かってもらえたと納得いくような保育を心掛けています。

書き方のポイント

❶ まずは、昨晩の様子を連絡帳に書いてきている保護者の思いに応えています。ブロック数個より作った物がいいと言うA児の姿に成長が感じられることを伝えています。

❷ 兄に対してすることと同じようなことを友達にしていないか心配する保護者には、発達過程の姿であることを添えておくこともポイントです。

❸ 保護者の心配とは別に、友達に玩具を触られ警戒しているA児の姿がありましたが、「Aちゃんの気持ちをしっかり受け止めている」という保育者の姿を記入し、安心して預けてもらえるように書いています。

凡例：ミルク／オムツ交換／睡眠／排便

保護者にも伝えよう　発育・発達メモ

気持ちを切り替える経験

相手が持っている物を欲しがって取り合いになる姿は、この時期によく見られます。相手と自分との関係認知が関連し、特に低月齢児は相手と同じ姿になろうとして手を出しがちです。しかし、A児の場合はブロック（原因）ではなく、作った物（結果）を欲しがるという知的な行為と、譲らないお兄ちゃんとの関係性が背景にあります。友達に自分の物を触られることを嫌がるところにも、同様の育ちがあります。しかし、園では気持ちが切り替わると機嫌良く一緒に遊ぶことができるわけですから、気持ちを切り替える経験の大切さと、そうした背景にある育ちを保護者に伝えたいですね。

テーマ　寝るのが遅くなってしまいました

D児（11か月）　1月10日（水）　天候（晴れ）

		家庭から		園から	
		時刻　主食（またはミルク）、副食、その他		時刻　主食（またはミルク）、副食、その他	
食事	前夜	母乳、うどん	給食	ミルク200㎖、カボチャの柔らか煮、白身魚、軟飯2口、みそ汁半分	
	今朝	パンがゆ少し、母乳	おやつ（午後）	ミルク200㎖、白おにぎり2個	
睡眠	就寝　　起床 21:50 〜 8:10		午睡	10:30〜11:30 12:00〜14:00	
機嫌	ⓐ・普・悪		ⓐ・普・悪		
排便	水・軟・普・堅　0回		水・ⓢ・普・堅　1回		
入浴	ⓐ・無　検温 8:30 36.8℃		検温 11:30 36.9℃		
連絡事項	昨日は久しぶりに父と姉とのお風呂で、うれしそうなD。お風呂からは「きゃっきゃっ」と楽しそうな声が聞こえてきました。それで興奮したのか、寝るのはいつもより少し遅くなってしまいました。夜中は一度おっぱいに起きてきましたが、その後はよく眠っていました。		お父さんとお姉ちゃんとのお風呂が楽しかったようですね。❶お母さんも助かりますね。昨夜遅かったようですので❷園では眠くなるかと思っていましたが、いつもと変わらず元気に遊んでいました。 近頃は、壁に掛けている袋にボールを入れる遊びがお気に入りのようです。何度もボールを拾っては袋に入れています。その顔はとても真剣です。❸この集中力は将来楽しみですね。	

書き方のポイント

❶ 父親との入浴は、D児が喜ぶと同時に、日頃家事・育児と仕事の両立に多忙な母親にとっても、一番ほっとできる時間になったのではないでしょうか？

❷ 1日24時間を視野に入れた保育を心掛けている文章です。保護者の言葉から、園ではいつもより早く眠くなるかもしれないと気にしています。保護者の気持ちをくみ取って書きましょう。

❸ D児の発達過程を考えた環境構成が目に浮かびます。具体的に「遊びの究極」つまり、繰り返し遊ぶことによって新たな能力を身につける過程が書かれています。発達支援には適切な環境構成が欠かせません。ここではD児の集中力を称えていますが、よく読めば保育の質の高さが示されているのです。

連絡帳　1月

🍼 ミルク　👶 オムツ交換
⬇ 睡眠　　🚽 排便

保護者にも伝えよう　保育・発達メモ

赤ちゃんも遊びを通して学びます

「遊びの定義を述べなさい」と言われて、即答できますか？歌ったり、絵を描いたり…。私はかつて、楽しく保育をしていたときに、幼児から「せんせい、あそんできていい？」と聞かれ、ショックを受けた経験があります。遊びとは、平易に述べれば「楽しくて、自由で、自分から主体的にすること」「何度でも繰り返したいこと」です。繰り返しの遊びを通して、言葉や社会性、手先の操作性などを学びます。つまり、新たな能力を身につけるようにすることこそが教育といえるでしょう。保育者は子どもの発達過程の少し先を見通して環境構成をします。一緒に遊びながら観察していると、環境の再構成が必要になります。その都度、適切に再構成する楽しい学びの保育を目指したいものです。

2月

テーマ 少し体調が悪いようです

B児（16か月）　2月15日（木）　天候（くもり）

生活表

時刻	生活（食事・睡眠等）
19:00	離乳食
20:00	お風呂
21:00	
22:00	
23:00	
0:00	
1:00	
2:00	
3:00	
4:00	
5:00	
6:00	
7:00	離乳食
8:00	登園
9:00	おやつ・茶
10:00	
11:00	離乳食・茶
12:00	着替え
13:00	かゆがって目覚める／午睡中は鼻水は止まっていた
14:00	
15:00	目覚める／おやつ・茶
16:00	
17:00	
18:00	
19:00	降園
20:00	

連絡帳

家庭から

	時刻	主食（またはミルク）、副食、その他
食事	前夜	アジのみりん干し、ホウレンソウのゴマ和え、豆腐のみそ汁、軟飯
	今朝	ロールパン、バナナ、温めた牛乳
睡眠	就寝　起床　20:30 〜 6:00	
機嫌	ⓐ良・普・悪	
排便	水・軟・ⓟ普・堅　1回	
入浴	ⓐ有・無　検温 7:30　36.6℃	

連絡事項
ここしばらく休むことなく園に通えて喜んでいたのですが、昨夜から鼻水が出始めました。サラサラとした鼻水で、拭いても拭いても流れ出ています。食欲はあり、元気なのですが…。発熱したら父親の携帯に連絡してください。

園から

	時刻	主食（またはミルク）、副食、その他
	おやつ（午前）	ゆでニンジン
	給食	ご飯、コマツナのみそ汁、鮭の塩焼き、五目煮豆
	おやつ（午後）	じゃがもち
睡眠	午睡　12:45 〜 15:00	
機嫌	ⓐ良・普・悪	
排便	水・軟・普・堅　0回	
入浴	検温 9:20　36.5℃　14:30　36.7℃	

連絡事項
❶園でも鼻水はよく出て、鼻の下が少し赤くなりかけているので、暖かいタオルでそっと拭くようにしました。❷お電話させていただきましたように、入眠30分後ほど（13時15分頃）にじんましんが出ました。ぬれタオルで冷やし背中をさすっていると眠り、その後じんましんはひきました。❸明日の朝、今晩の様子をお知らせくださいね。

書き方のポイント

❶体調に変化があり心配している保護者に対して、様子を丁寧に伝えることは保護者支援の基本です。鼻の下が赤くなって痛そうなときの鼻水の拭き方について具体的に書いています。

❷体調の変化は、左の生活表と文章で簡潔に時系列で記入しましょう。「じんましん」のようにいつもと違った症状が出た場合には、電話で知らせるとともに、園での対処法を具体的に記録して保護者に伝えることが大切です。受診をするときにも役立ちます。

❸帰宅後の様子を知らせてもらうように依頼することで、保育者が心配している気持ちが伝わります。

ミルク　オムツ交換　睡眠　排便

保護者にも伝えよう　発育・発達メモ

情緒の安定を図る関わりを

体調のすぐれないB児を、保護者も保育者も気遣っています。乳児の場合、自分で体調を調節する力が不十分なので、細やかな配慮を要します。

まして、じんましんなどの刺激が加わると、不快感で情緒的に不安定になります。適切な処置と情緒的な関わりが大切です。園での生活を見ると、友達に関心をもち、物を積んでは倒す遊びを楽しむなど、順調な育ちが見られるので安心です。歩行が始まると、あちこち動き回り、触って楽しむ探索も活発になります。環境の清潔や安全に気を配り、どのような関わりをして楽しんでいるか、満足しているかにも配慮すると情緒の安定につながります。

テーマ おもちゃの出し入れが好きなようです

D児（12か月）　2月19日（月）　天候（晴れ）

	家庭から		園から	
	時刻	主食(またはミルク)、副食、その他	時刻	主食(またはミルク)、副食、その他
食事	前夜	母乳・軟飯少し・白身魚の煮物	給食	ミルク200㎖、ひき肉と豆腐丼すべて、ホウレンソウのおひたし食べず
	今朝	パン・母乳	おやつ（午後）	ミルク200㎖、白おにぎり5個
睡眠	就寝　　起床　20:50 ～ 6:15		午睡　10:30～11:15　11:50～15:00	
機嫌	ⓐ・普・悪		ⓐ・普・悪	
排便	水・軟・普・堅　0回		水・㋐・普・堅　1回	
入浴	㋐・無	検温　8:30　36.9℃	検温　11:30　36.9℃	
連絡事項	昨日は、疲れていたのか朝までぐっすりでした。近頃は、おもちゃの出し入れが好きなようで、おもちゃにとどまらず、台所に来ると扉を開けて、お鍋やボウルなどを出していることもあります。危険な物は手の届かない所にしまうようにしていますが、ほとんどの物を出していくので大変です。		お家では、台所も遊び場になっているのですね。園では玩具を棚から❶引っ張り出してはカゴに入れて、今度はそのカゴをひっくり返すという遊びを何度も繰り返して楽しんでいます。今は引っ張り出すことがとても楽しい時期なので、そばで見守り、出した玩具は❷大人（保育者）が片付けるようにして、片付ける姿を見せるようにしています。	

書き方のポイント

❶ 保護者が書いてきた内容を受容する意味からも、園でも家であったことと同じような様子が見られることを簡潔に書いています。保護者は、忙しい中で一生懸命に書いたことが保育者に認められたと感じ満足することでしょう。

❷ 玩具など、片付けについてのしつけのスタートは、まずは保育者や保護者など身近な大人が片付ける姿を「見せる」ことが大切という理念がしっかり書かれています。保護者にもこうあってほしいという願いも伝わってくる文章です。保護者支援には、保護者を指導するという項目がありますが、口頭よりも「保育者がモデルとなって示す」ことの方がより効果的です。

連絡帳　2月

保護者にも伝えよう　発育・発達メモ
「しつけの三原則」を参考に、発達過程から学びを保障

一、大人がして見せて
二、大人と一緒にして
三、大人の見守りの中で子どもにさせてみる

　これは、日本に昔から伝わる「しつけの三原則」だそうです。D児の遊びから「玩具の片付け」を例に考えてみると、0歳児は物を引っ張り出したり、ひっくり返したりを繰り返す時期ですので、片付け役は「一」の身近な大人（保護者や保育者）がすることを見せる段階と捉えましょう。発達過程から見ると、繰り返し遊ぶことにより物を引っ張る力や、ひっくり返すための工夫をすることで自発性や積極性など新たな能力が身につく時期です。玩具を片付ける前の学びの機会と捉え、「二」「三」については、2歳以降にして、D児の「今」を大事にしましょう。

3月

テーマ 目が離せません…

C児（21か月）　3月7日（水）　天候（晴れ）

時刻	生活（食事・睡眠等）
19:00	
20:00	お風呂
21:00	↓ 💤
22:00	
23:00	
0:00	
1:00	
2:00	
3:00	
4:00	
5:00	
6:00	↓
7:00	朝食
8:00	登園・お茶
	ハンカチや布で遊ぶ
9:00	
10:00	4人乗りバギーで散歩
	途中で降りてトコトコ
	歩く　お茶　👶
11:00	昼食・お茶
	豆腐だけ残す　👶
12:00	↓
13:00	
14:00	おやつ・お茶
	4人乗りバギーで散歩
15:00	👶
	午後も布遊びを楽しむ
	絵本でご機嫌
16:00	降園
17:00	
18:00	夕食
19:00	
20:00	

		家庭から	園から	
	時刻	主食（またはミルク）、副食、その他	時刻	主食（またはミルク）、副食、その他
食事	前夜	チャーハン、皿うどん、リンゴジュース	給食	チンジャオロース、ナムル、かき玉スープ
	今朝	白パン、チーズ、スクランブルエッグ、バナナ	おやつ（午後）	フルーツポンチ
睡眠	就寝　　起床 21:30 〜 6:00		午睡 12:00 〜 14:00	
機嫌	ⓐ良・普・悪		ⓐ良・普・悪	
排便	水・軟・㊛普・堅 1回		水・軟・普・堅 0回	
入浴	㊒有・無　検温 8:00 36.5℃		検温 15:30 36.5℃	
連絡事項	当たり前かもしれませんが、男の子と女の子って育ち方も本当に違いますね。注意しておかなければとんでもないことになりそうなくらい勢いがあって、この先しばらくは目が離せそうにありません。毎日体のどこかをぶつけている気がします。公園に行くと遊具には全く目をくれず、ひたすら石と枝を拾い続けていました。		❶お姉ちゃんはCくんとは対照的に、赤ちゃんの頃からおとなしかったですね。ダイナミックに体を動かすCくん、❷けがのないように気を付けて見ていきますね。 　今日の布遊びでは、上からつるした大きな布やハンカチをくぐり抜けて大はしゃぎ。「きゃー」と言っては何度もくぐっていましたよ。❸活発なCくん、子育てに関して気になることがあれば、いつでも遠慮なく相談してくださいね。	

書き方のポイント

❶ 在園児でもある姉との子育ての違いに共感する書き方です。また、「公園に行くと遊具には全く目をくれず」という印象の保護者に対して、C児の現実の姿を肯定的に伝えています。

❷ ダイナミックに動く我が子の姿を記入している保護者に、園でもけがのないように気を付けていくことをきちんと伝えています。

❸ 姉の子育てを経験している保護者にとって、性差や個性の違いなど、子育ての中での戸惑いはつきものです。ここでは「いつでも相談できる」という安心感を与える書き方をしています。

ミルク　オムツ交換　睡眠　排便

保護者にも伝えよう

物集めは自分試し

発育・発達メモ

　1歳半を過ぎると、歩行が安定して動きが大胆になる一方で、手指の器用さも増して指先で物をつまんで集めることがうまくなります。物を集める行為には、動き回って新しい物を目にしたり手にしたりする動きそのものを楽しむのと同時に、手元に物を集めることで自分の存在を確かめる意味もあります。集めた物に自分からいろいろと仕掛けては変化をつくることを繰り返し楽しみ、その変化の因果を探るようになります。「いじる」から「試す」へ、知的な探索の始まりです。その楽しみを奪わないよう安全に配慮していきたいですね。

テーマ 「あそんで」アピールが…

D児（13か月）　3月13日（火）　天候（くもり）

時刻	生活（食事・睡眠等）
19:00	
20:00	お風呂　母乳
21:00	↓
22:00	
23:00	
0:00	
1:00	
2:00	
3:00	
4:00	
5:00	
6:00	
7:00	↓
8:00	授乳・朝食
9:00	登園
10:00	
11:00	↓
12:00	昼食　ミルク（200ml）
13:00	↓
14:00	目覚める
15:00	おやつ　ミルク（200ml）
16:00	
17:00	
18:00	おやつ・母乳　降園
19:00	
20:00	

	家庭から		園から	
	時刻	主食（またはミルク）、副食、その他	時刻	主食（またはミルク）、副食、その他
食事	前夜	母乳、卵とじうどん、カボチャの煮物	給食	ミルク200ml、軟飯半分、ニンジンとカボチャの煮物、みそ汁
	今朝	パン、母乳	おやつ（午後）	ミルク200ml、白おにぎり5個
睡眠	就寝　　起床　21:30 〜 7:00		午睡　10:30〜11:30　12:30〜14:15	
機嫌	㊛・普・悪		㊛・普・悪	
排便	水・軟・普・堅　0回		水・軟・㊛・堅　0回	
入浴	㊛・無	検温	検温　11:30　36.8℃	
連絡事項	今朝は、起きてくると、絵本を引っ張り出してひとりで見ておりこうに遊んでくれました。 　最近お姉ちゃんと遊んでいるときに、髪の毛を引っ張ることが多くなってきました。「あそんで」というアピールですが、お友達に同じことをしないか心配です。		❶朝から自分で絵本を出してきて見ている…絵本好きのDくんらしいですね。園でも「すきすき」と ❷友達に抱きついたり、時々髪の毛を引っ張ったりして"あそんでアピール"をします。そんなときは「あたまよしよし…」と、わらべうたの節をつけたり、ゆったり語り掛けたりしながら頭をなでることを繰り返し伝えています。Dくんも「よしよし…」と、保育者のまねをして、友達の頭をなでてくれていますよ。 ❸Dくんのアピールをしっかり受け止めて、根気良く伝えていきたいと思います。	

書き方のポイント

❶ 家庭でも園でも絵本をよく見ているD児の姿が、分かります。仕事と乳児期の子どもの育児の両立で超多忙な生活の中でも、「知的好奇心旺盛なD児の育ちを伝えたい！」という保育者の気持ちが伝わってきます。

❷ 心配する親心への返事に、園での様子を具体的に伝えると同時に、対応の仕方について伝えています。結果的にはD児も友達の頭をなでているといった書き方です。「しまいよければ、すべてよし」でプラス表現になっています。

❸ 子育ての専門家である保育者は、子どもの行為を「受け止めて、根気良く」伝えていくと記述しています。プロとしての保育理念がうかがえるまとめ方です。

連絡帳　3月

 ミルク　 オムツ交換
 睡眠　排便

保護者にも伝えよう

わらべうたの効用

わらべうたには、大きく分けて子ども同士で遊ぶものと、大人が子どもに歌ったり触れたりして遊ぶものがあります。ここでは0歳児が対象ですから、保育者が遊びの中で、短い歌詞を繰り返し歌って、友達に遊んでほしいときの表現方法を伝えています。いきなり抱きついたり髪の毛を引っ張ったりすれば、友達に怖がられます。そこで、わらべうた「あたまよしよし…」を、頭をなでながら繰り返し歌うことで「あそんで」のアピールの仕方を学びます。「よしよし…」のことを「なりなり…」と語り掛ける地方もあるようです。分からない言葉があっても、楽しく唱えて遊び、子どもの笑顔とともに一体感を楽しみましょう。

おたより

チェック！
レイアウト例のように余白を残しながらイラストや罫線などを使用してみましょう。

保護者に伝わる ポイント
季節の挨拶や園内の様子を書きます。4月は、1年間の挨拶も忘れないようにしましょう。

保護者に伝わる ポイント
日にちや内容、子どもの名前に間違いがないか確認します。来月の予定が分かっていれば、書いておきましょう。

レイアウト例

クラスだより　　〇〇〇〇年　4月
　　　　　　　　〇〇〇〇園

春風に乗ってうれしい便りが届きました。今年度も子どもたちがたくさん入園し、在園児も職員も期待でいっぱいです。

入園おめでとうございます

サクラの花が満開になり、暖かい春を感じることができます。初めて園生活を経験する子どもたちや保護者の皆様も、ハラハラドキドキ、期待と不安でいっぱいの毎日だと思います。子どもたちの思いをしっかり受け止め、安心して過ごせるようにしていきます。1年間、よろしくお願いいたします。

朝

新しい生活
まで、子ど
張した日々
ます。朝の
観察して、
できるよう

4月の行事予定

〇日　〇〇〇〇
〇日　〇〇〇〇
〇〇日　〇〇〇〇
〇〇日　〇〇〇〇
〇〇日　〇〇〇〇

5月の予定
〇日　〇〇〇〇

担任紹介

〇〇　〇〇〇〇
〇〇〇　〇〇
〇〇　〇〇

イラストや文例など、おたよりの素材を12か月分たっぷり掲載しています。
読みやすく、分かりやすいおたより作りに大活躍！
まずは、保護者に伝わるおたより作りのポイントをおさえたレイアウト例をご紹介します。

文例・イラスト案／永井裕美

※本書掲載のおたより素材は、『月刊 保育とカリキュラム』2013〜2015年度の連載『毎月のおたよりイラスト＆文例』に修正を加えたものです。

4月

イラスト

囲みイラスト付き文例

※ CD-ROM 内の囲みイラスト付き文例は Word 文書です。
Excel で使用される際は、P.238 をご参照ください。

登園前に健康チェック

新しい生活が始まり、緊張や慣れないことが続くと疲れがたまってきます。朝起きられない、顔色が悪い、朝ごはんが食べられない、機嫌が悪いなど、子どもたちの様子がいつもと違うときは無理をせず、ゆっくりおうちで過ごすことも大事です。

004-22

欠席・遅刻をするときは

体調が悪くて休むときや、病院へ行って遅れるときなどは、必ず園に連絡してください。「○○組の○○です。○○○の理由で休みます（遅れます）」など、組・名前・症状や理由をお知らせください。病気によっては出席停止になります（インフルエンザ、はしか、おたふく風邪、風しん、水ぼうそう、溶連菌感染症、プール熱、はやり目　など）。

004-23

持ち物に名前を書こう

持ち物に名前を書いていますか？ ハンカチやティッシュペーパーは、落とし物でよく届けられます。名前が書いてあれば渡しに行けるのですが、書いていないと迷子のままです。以前書いた物でも、名前が消えかかっている物や読めなくなっている物もあります。全ての持ち物に名前が書いてあるか、一度確認してみましょう。

004-24

園医さん

園医さんを紹介します。
- 内　科　○○○○先生
- 眼　科　○○○○先生
- 耳鼻科　○○○○先生
- 歯　科　○○○○先生
- 薬剤師　○○○○先生

1年間よろしくお願いいたします。

004-25

このメッセージが見えるまでページを開くと、きれいにコピーできます。

おたより　4月

書き出し文例

4月のあいさつ

- 野にも山にも春が到来しました。薄いピンクがイメージカラーのこの時季は、気持ちも随分柔らかくなる気がします。　004-26
- サクラの花が満開になり、日ごとに春の暖かさも増しています。気持ち良く入園式のシーズンを迎えることができました。　004-27
- 春風に乗ってうれしい便りが届きました。今年度も子どもたちがたくさん入園し、在園児も職員も期待でいっぱいです。　004-28

保育参観

- 園生活にも慣れ、元気な声が聞こえてくるようになりました。保育参観では、子どもたちの楽しそうな姿を見てください。　004-29

文章の最後にチェック！　読みやすい文章とは

短い文章ほど読みやすく印象に残ります。読点「、」で文章を長々とつないでいくと、伝えたい内容がぼやけてしまいます。一文にたくさんの事柄が入ると、読んでいるうちに混乱してくることもあるでしょう。長い文章は読み直して、短く切ったり箇条書きにしたりするなどしてまとめましょう。

CD-ROM　おたより　▶　4月

5月 イラスト

005-01

005-02

005-03

005-04

005-05

005-06

005-07

005-17

005-19

005-08

005-09

005-10

005-11

005-12

005-13

005-14

005-15

005-16

005-18

005-20

005-21

このメッセージが見えるまでページを開くと、きれいにコピーできます。

囲みイラスト付き文例

※ CD-ROM 内の囲みイラスト付き文例は Word 文書です。
Excel で使用される際は、P.238 をご参照ください。

こどもの日

5月5日は「こどもの日」です。「こどもの人格を重んじ、こどもの幸福をはかるとともに、母に感謝する」日として、国民の祝日に制定されました。こいのぼりを揚げたりかぶとを飾ったりして、子どもの厄よけや健康を願う日です。みんなで子どもたちの成長をお祝いしましょう。

005-22

ショウブ湯

こどもの日には、邪気を払うためショウブ湯に入ります。ショウブ湯に使われているのはサトイモ科ショウブ属で、きれいな花を咲かせるハナショウブやアヤメとは違い、花は黄緑色で穂のような姿をしています。ショウブ湯は、肩凝りや血行促進、冷え性に効果があるようです。

005-23

自転車月間

1981年5月、「自転車の安全利用の促進及び自転車等の駐車対策の総合的推進に関する法律」として、自転車基本法が施行されました。最近、自転車による事故が多発しています。交通ルールを守る、歩行者に気を付けるなど、自転車の乗り方を見直して、安全運転を心掛けましょう。また、ブレーキやタイヤをチェックしたり、地面に足が届くかなどの確認をしたりしておきましょう。

005-24

食事の挨拶

「いただきます」「ごちそうさま」の言葉には意味があります。「いただきます」は動植物の命を頂くということです。「ごちそうさま」の「ちそう」は走り回るという意味で、食材を育てたり運んだりしてくれた人たちへの感謝を表す言葉だそうです。食事の前後は、感謝の気持ちを込めて挨拶をしましょう。

005-25

書き出し文例

5月のあいさつ

- 新緑の季節になりました。太陽の光が葉に当たると緑がキラキラして、とてもきれいに見えます。　005-26

- 空でこいのぼりが元気に泳ぐ季節になりました。吹く風も心地良く、戸外で過ごすのがとても気持ち良いときです。　005-27

- ゴールデンウイークは出掛ける機会も多いと思います。事故やけがをしないように、安全を心掛けてください。　005-28

子どもの姿

- 子どもたちも少しずつ園生活にも慣れ、緊張した表情が軟らいできました。あちらこちらで子どもたちの笑い声が聞こえてきます。　005-29

文章の最後にチェック！

「ず」「づ」の使い分け①

「ず」「づ」は間違いやすい文字です。
しっかりチェックして、正しくお便りを書きましょう。

○	×
少しずつ	少しづつ
言葉づかい	言葉ずかい
片づく	片ずく
近づく	近ずく
手づくり	手ずくり
気づく	気ずく
いずれは	いづれは
つまずく	つまづく

おたより　5月

CD-ROM ▶ おたより ▶ 5月

イラスト

囲みイラスト付き文例

※ CD-ROM 内の囲みイラスト付き文例は Word 文書です。
Excel で使用される際は、P.238 をご参照ください。

食育の日

6月は食育月間、毎月19日は「食育の日」です。野菜の旬を知ったり種や苗から育てたりして、食べ物についていろいろと取り組みます。食事のマナーや挨拶の由来など、年間を通してたくさんのことを知らせていきたいと思います。おうちでも家族で一緒に食事をする機会を増やし、子どもたちにたくさんのことを伝えられるといいですね。

006-22

時の記念日

6月10日は「時の記念日」です。時間を大切にする日として、1920（大正9）年に定められました。時計にはいろいろな種類があります。色、形、大きさ、デジタル、アナログ、おもしろい仕掛けのある物、日時計など、よく観察して動きをまねしたり、今何時か聞いてみたりして、時計に興味をもって楽しんでみるのもいいですね。

006-23

梅雨の過ごし方

毎日雨が降ると、気温差が生じて体の調子が悪くなったり、湿度によって汗をかいて体がべとべとになったりと、不快に思うことが多くなります。日頃から衣服の調節をしたり、お風呂に入って体を清潔にしたりして、梅雨の時季も元気に過ごせるようにしましょう。

006-24

かびに注意！

梅雨の時季は、湿気が多くかびが発生しやすくなります。かびが原因で体調を崩すこともあるので、窓を開けて通気性をよくし、こまめに掃除をしましょう。押し入れやたんすの後ろなど、ほこりがたまりやすい所は要注意。湿気でぬれた場所も拭いておきましょう。

006-25

書き出し文例

6月のあいさつ

- 園庭のアジサイがきれいに咲いて、梅雨のジメジメした気分を吹き飛ばしてくれるようです。アジサイは色も豊富で、華やかさを演出してくれます。　　006-26
- 雨が降るたびに色鮮やかなアジサイが笑っているようです。窓からはてるてる坊主が雨とにらめっこをしています。　　006-27

子どもの姿

- 梅雨の季節になり、室内で生活する日が続きます。子どもたちは室内で楽しめる遊びを考えて、毎日工夫しながら楽しんでいます。　　006-28

- サクランボのおいしい季節になりました。園でもまっかな実が太陽の光を浴びて、キラキラと光って見えます。早く食べたいと、子どもたちは毎日眺めています。　　006-29

文章の最後にチェック！ 「じき」3通り

「じき」の漢字は3通りあります。
意味をよく理解して、正しい漢字を書けるようにしましょう。

時季→そのことが盛んに行なわれる季節、シーズン
時期→そのことをするとき、季節
時機→ちょうどよいとき、チャンス、タイミング

7月

イラスト

007-22

007-01
007-02
007-03
007-04
007-05
007-06
007-20
007-18
007-07
007-08
007-09
007-10
007-11
007-12
007-13
007-14
007-15
007-16
007-19
007-21
007-17

このメッセージが見えるまでページを開くと、きれいにコピーできます。

囲みイラスト付き文例

※ CD-ROM 内の囲みイラスト付き文例は Word 文書です。Excel で使用される際は、P.238 をご参照ください。

七夕

7月7日の七夕は、年に一度、織り姫と彦星が天の川を渡って会うことができる日とされ、中国の伝説と日本の行事が混ざり合ったものといわれています。ササにいろいろな飾りや願い事を書いた短冊を付けたら、夜空をじっくり見上げてみるのもいいですね。

007-23

アサガオ

アサガオは奈良時代に薬用として渡来し、江戸時代には突然変異による「変化アサガオ」の栽培がブームになりました。その後品種改良が進み、現在ではいろいろな品種のアサガオが見られます。お昼を過ぎても咲いていたり、秋に咲いたりする種類もあります。緑のカーテンで日陰をつくるのもおすすめです。

007-24

あせもの予防

あせもは首・脇の下・肘や膝の裏などによく見られます。ほこりやあかで汗の出口が塞がり、表面にうまく汗が出なくなることで起こります。汗をかいた後は、シャワーを浴びたりタオルで拭いたりしてから、汗を吸収しやすい綿の服に着替えるなどして清潔な状態を保つよう心掛けましょう。

007-25

海の日

7月第3月曜日は、「海の恩恵に感謝するとともに、海洋国日本の繁栄を願う」国民の祝日「海の日」です。海に囲まれた島国の日本では、昔からよく海産物が食べられ、人や物の移動手段に船が使われるなど、海と深く関わってきました。海の恵みに感謝する一日にしたいですね。

007-26

書き出し文例

7月のあいさつ

● 織り姫と彦星が1年に一度だけ会える七夕の日です。今年は晴れるかな？　天の川が見えるかな？　楽しみですね。
007-27

● 木陰に入ると日差しが和らぎ、気持ち良い風を感じることができます。木陰によくいる虫たちは涼しい場所を見つけるのが得意そうです。
007-28

● 長かった梅雨もようやく明け、いよいよ本格的な夏が始まりました。セミの声も一段と大きくなり、暑さを後押ししているようです。
007-29

● 畑やプランターの夏野菜が色鮮やかに育ち、収穫の時期を迎えています。旬の野菜は、みんなを元気にしてくれそうです。
007-30

> **文章の最後にチェック！**
>
> **文体を統一しよう**
>
> 文章の終わりの文体には「ですます調」と「である調」があります。
>
> ● ですます調　→です、ます、でした、ました
> ● である調　　→である、だ
>
> 一つの文章の中に、二つの文体があると読みにくくなります。文章を書くときには、統一するようにしましょう。

このメッセージが見えるまでページを開くと、きれいにコピーできます。

おたより　7月

8月 イラスト

008-01
008-02
008-03
008-04
008-05
008-06
008-07
008-08
008-09
008-10
008-11
008-12
008-13
008-14
008-15
008-16
008-17
008-18
008-19
008-20

囲みイラスト付き文例

※ CD-ROM 内の囲みイラスト付き文例は Word 文書です。
Excel で使用される際は、P.238 をご参照ください。

鼻の日

8月7日は「鼻の日」です。鼻はにおいを嗅いだり発音の手助けをしたりするほか、ほこりやウイルス、菌が入らないようにするフィルターの働きもあります。鼻が詰まっていたり鼻水が出続けたりしていると、耳や肺の病気になることもあります。健康に過ごせるよう、日頃から気を付けておきましょう。

008-21

夏の感染症

咽頭結膜熱（プール熱）、手足口病、ヘルパンギーナは、夏にはやる病気です。暑さで体力が奪われて免疫力が低下すると、病気にかかりやすくなります。日頃から手洗いやうがいをして、寝るときはエアコンや扇風機のタイマー機能を利用するとよいですね。しっかり睡眠と食事をとり、運動もしましょう。

008-22

雷

雷は、雲と雲の間や雲と地上の間に起こる放電現象のことで、光や音が発生します。海・山や平野など、どこにでも落ちます。比較的安全なのが、鉄筋コンクリートの建物、車やバスの中などです。積乱雲が発達してきたとき、雷鳴が聞こえたとき、昼間なのに辺りが急に暗くなってきたときなどは、要注意です。

008-23

虫刺されに気を付けて

家族で海や山などに出掛ける機会が多いと思いますが、カ・ハチ・マダニ・ケムシなどに刺されると、赤く発疹になったりかゆくなったりします。スズメバチに刺されると、命に関わる症状（アナフィラキシーショック）が出ることもあります。戸外では、長袖・長ズボンを着用する、首をガードする、帽子をかぶるなど、肌の露出を少なくしましょう。

008-24

書き出し文例

8月のあいさつ

- 朝晩少しずつ秋の気配を感じられるようになってきました。昼間の暑さを忘れて、体や心をリラックスさせたいですね。　　　　　　　　　　　　　　　　008-25
- 立秋が過ぎ、暦のうえでは秋になりました。アカトンボが飛んでいたり、朝晩の風が少しずつ涼しくなってきたりしていますね。　　　　　　　　　　　　008-26

子どもの姿

- 熱帯夜が続き、朝から汗をかいていることも多い子どもたちですが、夏バテすることなく、元気に過ごしています。　008-27

健康

- 夏の感染症がはやっています。手洗いをしたり、疲れをためないように十分な睡眠をとったりして、免疫力を高めておきましょう。　　　　　　　　　　　　　　008-28

文章の最後にチェック！

重複表現

過剰に表現していませんか？

- 炎天下の下→炎天下
- 今現在→現在
- 約10㎝程度→約10㎝（または、10㎝程度）
- 返事を返す→返事をする
- 必ず必要である→必要である（または、必ず要る）
- 期待して待つ→期待する
- 頭痛が痛い→頭痛がする（または、頭が痛い）
- 尽力を尽くす→尽力に努める（または、尽力する）

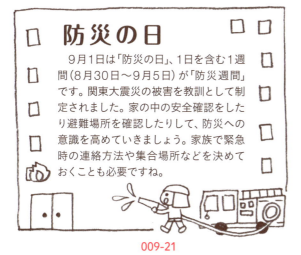

囲みイラスト付き文例

※CD-ROM内の囲みイラスト付き文例はWord文書です。Excelで使用される際は、P.238をご参照ください。

防災の日

9月1日は「防災の日」、1日を含む1週間（8月30日〜9月5日）が「防災週間」です。関東大震災の被害を教訓として制定されました。家の中の安全確認をしたり避難場所を確認したりして、防災への意識を高めていきましょう。家族で緊急時の連絡方法や集合場所などを決めておくことも必要ですね。

009-21

敬老の日

9月第3月曜日は国民の祝日で、「敬老の日」です。「多年にわたり社会につくしてきた老人を敬愛し、長寿を祝う」という意味があるそうです。また、15日は「老人の日」、15〜21日を「老人週間」としています。おじいちゃんやおばあちゃんに感謝の気持ちを伝えたり、一緒に過ごしたりしてみましょう。

009-22

サンマの正しい食べ方

サンマがおいしい季節になってきました。魚の正しい食べ方を知っていますか？　中骨に沿って箸を入れ、観音開きのようにしたら、頭の方から尾にかけて食べ進めます。最初に背中側を食べてから腹側を食べます。魚はひっくり返さず、左手で頭を押さえ、箸で骨を取ります。正しいマナーを知っておくといいですね。

※魚の正しい食べ方については諸説あります。

009-23

秋の七草

秋の七草を全部言えますか？
萩・桔梗・葛・藤袴・女郎花・尾花（ススキ）・撫子の七つです。最近は数が減り、見掛けにくくなった花もあるようです。貴重な秋の七草を知っておくのもいいですね。

009-24

書き出し文例

9月のあいさつ

- 日ごとに暑さも和らいで、風や雲の位置などから、少しずつ季節が移り変わっていく様子が分かります。　009-25
- 秋の訪れとともにかわいい虫の声が聞こえてくるようになりました。鳴き声を聞き分けたり虫の種類を調べたりして、自然に関心がもてるようになるといいですね。　009-26

子どもの姿

- 草やプランターの隙間から虫の声を聞きつけた子どもたちが、虫探しに夢中になっています。どんな虫が隠れているのでしょうか。　009-27

十五夜

- 真ん丸のお月さまで、ウサギがお餅つきをしています。月が美しく見える十五夜と十三夜を、おうちでゆっくり観賞してみるのもいいですね。　009-28

文章の最後にチェック！　正しい漢字を

間違いやすい漢字です。気を付けて正しい漢字を使いましょう。

○	×	○	×
低温	抵温	栽培	栽培
徐々に	除々に	収穫	集穫
子ども同士	子ども同志	検討	険討

囲みイラスト付き文例

※ CD-ROM 内の囲みイラスト付き文例は Word 文書です。Excel で使用される際は、P.238 をご参照ください。

十三夜（じゅうさんや）

10月の十三夜は、旧暦の9月13日から14日の夜の月（九月十三夜）です。栗や豆（枝豆）を供えるので「栗名月」「豆名月」とも呼ばれます。十五夜（中秋の名月）か十三夜のどちらかだけしか見ないことを「片見月」といい、縁起が悪いともいわれています。今年はじっくりと十三夜の月を観賞してみませんか？

010-21

おいしいカキ

甘ガキにも渋ガキにも渋み成分があります。しかし、甘ガキは成熟すると渋みが抜けますが、渋ガキは完全に熟さない限り、渋みは抜けません。カキには、風邪予防・美肌・疲労回復の効果があるとされています。また、実だけではなく、葉はお茶に、木は家具などに利用されます。

010-22

まぶた・まゆ毛・まつげ

まぶたは3～12秒に1回まばたきをして、目の乾きを防ぎます。まゆ毛は額から流れ落ちてきた汗が目に入らないようにします。まつげは片目に約200本生えていて、目にごみやほこりなどが入るのを防ぎます。それぞれが目を守るために、いろいろな役割をしていることが分かりますね。

010-23

アカトンボの一生

アカトンボは、アカネ属というグループに含まれるトンボです。日本には約20種類がいます。秋になると川や田んぼなどの水草に卵を産み、春に幼虫（ヤゴ）にかえります。ヤゴは、水の中でオタマジャクシなどを食べて成虫になります。成虫は涼しい場所を求めて山や高原に行き、10月頃になると平地に戻り結婚相手を探します。メスは卵を産み、一生を終えるそうです。

010-24

書き出し文例

10月のあいさつ

● 虫たちが元気に歌をうたい、涼しい雰囲気をつくってくれています。夜も随分過ごしやすくなってきました。

010-25

子どもの姿

● 園庭のカキやリンゴがおいしそうに実っています。毎日観察している子どもたちは、収穫をとても楽しみにしています。

010-26

健康

● 稲穂がそよ風に揺れ、新米の便りが待たれます。旬の食べ物をしっかり食べて、元気に過ごせるようにしましょう。

010-27

衣替え

● 朝晩に涼しい風を感じられるようになってきました。気温に合わせて衣服の調節をしながら、健康に気を付けて過ごしましょう。

010-28

文章の最後にチェック！ ひらがなと漢字を使い分けよう

文章を書くとき使いたい言葉を、漢字かひらがなどちらにするか考えることがあります。そのときは、言葉の意味や文章の内容によって使い分けましょう。ひらがなのほうが分かりやすい場合もあります。

囲みイラスト付き文例

※CD-ROM 内の囲みイラスト付き文例は Word 文書です。
Excel で使用される際は、P.238 をご参照ください。

119番の日

11月9日は「119番の日」で、1987年に定められました。119番は、火災やけが人・病人が出たなどの緊急時にかける電話番号です。いざというときに、住所・名前・現場の目標物・自身の電話番号を慌てずに伝えられるよう、メモしておくといいですね。

011-21

いい歯の日

11月8日は、語呂合わせで「いい歯の日」です。日本歯科医師会は「80歳になっても自分の歯を20本以上保とう」という「8020運動」を推進しています。口の中を健康に保ち、食事をおいしく楽しむためにも、歯のケアはしっかりしておきましょう。

011-22

勤労感謝の日

11月23日は国民の祝日、勤労感謝の日です。「勤労をたっとび、生産を祝い、国民たがいに感謝しあう」日ですので、家族や身近で働いている人たちに感謝の言葉を伝えてみましょう。子ども自身がお手伝いをしたり肩たたきをしたりして、行動で感謝の気持ちを表すのもいいですね。

011-23

お米

「米」とは稲の種子のことです。稲の種子から籾殻を取った物が「玄米」、そこから糠と胚芽を取った物が「白米」、白米（うるち米）を粉々にした物が「上新粉」です。白米はおかずと一緒に組み合わせて食べることで、バランス良く栄養を摂取することができます。

011-24

書き出し文例

11月のあいさつ

● 山や公園の木々が色付き始め、温かな雰囲気を演出してくれています。遠くから見るととてもきれいですね。
011-25

● いつも元気に働いている身近な人に、感謝を伝えたりプレゼントをしたりして、日頃の気持ちを表現してみましょう。
011-26

● 山や公園の木々が冬の準備を始めたようで、葉が緑色から紅色や黄色へと変わりつつあります。紅葉狩りが楽しみです。
011-27

● キクの花の香りが届き、秋が深まってきたことを知らせてくれます。キクの花にもいろいろな種類がありますね。
011-28

文章の最後にチェック！ 正しい送りがな

間違いやすい送りがなです。
しっかりチェックして、正しいお便りを書きましょう。

- ○自ら　×自から
- ○備える　×備る
- ○半ば　×半かば
- ○親しい　×親い
- ○新しい　×新い
- ○少ない　×少い
- ○短い　×短かい
- ○快い　×快よい

12月

イラスト

囲みイラスト付き文例

※ CD-ROM 内の囲みイラスト付き文例は Word 文書です。
Excel で使用される際は、P.238 をご参照ください。

冬至(とうじ)

「冬至」は1年で一番昼が短い日で、この日から少しずつ昼の時間が長くなっていきます。冬至の日にはカボチャを食べ、ユズ湯に入って無病息災を願います。カボチャには栄養補給の意味があり、ユズの香りは、悪い物を払いのける力があるといわれています。

012-22

冬の食中毒

冬に多いウイルス性の食中毒に気を付けましょう。最も多いノロウイルスの原因食材は、カキ、アサリなどの二枚貝です。また、食品以外にも食器や人を経由して感染することもあります。手洗いやうがいをし、食品の取り扱いや身の回りをきれいにして、予防を心掛けましょう。

012-23

餅米とうるち米の違い

お米には餅米とうるち米があり、ふだん食べているのはうるち米です。含まれているでん粉(アミロースとアミロペクチン)の組成が異なります。餅米はアミロペクチン100％、うるち米はアミロース20％、アミロペクチン80％程度です。アミロペクチンが多い餅米は、粘りが出るので、お餅やおこわに使われます。

012-24

大晦日(おおみそか)

大晦日は1年の終わりの日のことで、大晦日の夜を除夜といいます。年越しそばを食べるのは、長く伸ばして細く切るそばが長寿健康の縁起を担いでいるからです。また、人には108の煩悩があるといわれ、これらを払うために鐘を突くそうです。大晦日はそばを食べて除夜の鐘を聞きながら、ゆっくり過ごせたらいいですね。

012-25

書き出し文例

12月のあいさつ

- ポインセチアの花が園庭を華やかに飾り、ほんの少しですが暖かさを感じさせてくれます。 012-26
- 師走に入り、寒さが一段と厳しくなってきました。園庭には落ち葉がたくさん積もり、掃除も大忙しです。 012-27
- 木枯らしが吹き、動物たちも冬籠もりを始めたようです。寒い朝は、布団からなかなか出られないですね。 012-28

健康

- 冬至の日には、ユズの香りを楽しみながらお風呂に入り、カボチャを食べて、しっかり栄養補給をしましょう。 012-29

文章の最後にチェック！「が」「の」の連続

助詞の「が」や「の」を連続して使うと、読みにくくなります。読み直して他の言葉に変えたり、省略したりしましょう。

囲みイラスト付き文例

※CD-ROM 内の囲みイラスト付き文例は Word 文書です。
Excel で使用される際は、P.238 をご参照ください。

正月の遊び

正月には、昔から親しまれている遊びがあります。こま回し、羽根突き、たこ揚げ、かるた、すごろくなどです。羽根突きは厄払い、たこ揚げには願い事をたこに乗せて天に届けるという意味があるそうです。おうちでも家族や友達と一緒にお正月遊びを楽しみましょう。

001-22

七草がゆ

春の七草は、セリ・ナズナ・ゴギョウ・ハコベラ・ホトケノザ・スズナ（カブ）・スズシロ（ダイコン）です。1月7日に七草がゆを食べると、1年間健康に過ごせるといわれています。また、お正月においしい物を食べ過ぎて胃が疲れている人もいるので、おかゆで胃をいたわる意味もあるようです。

001-23

お茶とお菓子

年末年始は、お客さんや親戚の人たちとおまんじゅうやケーキを食べる機会が多いかもしれません。お菓子とお茶などの飲み物をテーブルに出すときの位置を子どもたちに知らせておくのもいいですね。お菓子は食べる人の正面、飲み物はお菓子の右側に置きます。

001-24

おう吐・下痢に注意

ウイルス感染によるおう吐や下痢が多い時季です。次のことに注意し、予防しましょう。
- 調理器具をよく洗って熱湯消毒し、食品はしっかり加熱する
- 症状のある人は、治るまで料理を作るのを控える
- 感染した人の便やおう吐物を処理したら、せっけんでしっかり手を洗う

001-25

おたより　1月

書き出し文例

1月のあいさつ

- あけましておめでとうございます。今年も健康で元気に過ごせますように、どうぞよろしくお願いいたします。

001-26

- 寒さが一段と厳しくなってきました。園庭を吹く風も周りの葉っぱや窓をたたいて、寒さを強調しているようです。

001-27

子どもの姿

- 冬休みが終わり、子どもたちの元気な姿が戻ってきました。楽しかったことをいろいろ話してくれます。

001-28

成人の日

- 1月の第2月曜日は「成人の日」です。華やかな着物やスーツ姿のおにいさん、おねえさんを見かけたら、「おめでとう」と声を掛けてあげるといいですね。

001-29

文章の最後にチェック！

正月のいろいろ

正月とは、本来1月のことを示していました。最近では1月1日～3日までを三が日、7日までを松の内（地域によって違う場合もある）、この間を正月といっています。
元日は1月1日のこと、元旦は1月1日の朝のことをいいます。
元旦に最初に昇る太陽のことを「初日の出」といいます。

このメッセージが見えるまでページを開くと、きれいにコピーできます。

2月 イラスト

002-01　002-02

002-05

002-03

002-06

002-04

002-08

002-07

002-11

002-09　002-10

002-14

002-12

002-13

002-17

002-19

002-20　002-18

002-15

002-16

このメッセージが見えるまでページを開くと、きれいにコピーできます。

囲みイラスト付き文例

※ CD-ROM 内の囲みイラスト付き文例は Word 文書です。
Excel で使用される際は、P.238 をご参照ください。

立春

立春は二十四節気の一つで、旧暦では1年の始まりの日です。春の始まりでもあり、立春から立夏の前日までが春です。立春の後、南から吹く強い風を「春一番」といいます。ウメの便りが届けられ、いろいろな所で春を感じられるようになってきますね。

002-21

建国記念の日

2月11日は建国記念の日です。「建国をしのび、国を愛する心を養う」日と定められています。地図や写真を見て、自分たちが生まれ育った国のことを調べてみましょう。本を読んだり、歴史の博物館などで話を聞いたりして、日本について知る良い機会にしたいですね。

002-22

いろいろなミカン

ミカンのおいしい季節です。種類は豊富で、どれを食べても栄養満点で体にも良い食べ物ですね。イヨカン、キヨミ、ネーブル、ポンカン、ハッサク、ブンタン、温州みかん、はるみみかん、ユズ、レモン、カボス、スダチ、キンカンなどがあります。他にはどのような名前のミカンがあるのか、調べてみても楽しいですね。

002-23

スキンケア

空気が乾燥すると皮膚の水分が減り、カサカサしたりかゆくなったりすることがあります。皮膚の弱い子どもは少しの刺激でも症状が悪化します。入浴時に体を洗うときは、ゴシゴシこするのではなく、泡をしっかり立てて優しく洗います。入浴後はクリームを塗るなどして、皮膚をケアしましょう。

002-24

書き出し文例

2月のあいさつ

● 立春も過ぎ、暦のうえでは春を迎えました。吹く風はまだ冷たいですが、確実に春へと向かっているので、戸外に出るのが楽しくなりそうです。
002-25

● 園庭や公園の木々に注ぐ太陽の日差しが、柔らかく感じられるようになってきました。やっと春を実感できますね。
002-26

子どもの姿

● 少しずつ春の気配を感じられるようになり、子どもたちと一緒に、園庭や散歩の途中などで春を探しています。
002-27

● 晴れた日はとても暖かく春を感じさせるようです。日なたに集まった子どもたちは、全身で季節の変化を感じているようです。
002-28

文章の最後にチェック！ 敬語の「お」「ご」の使い分け

「お」の場合	「ご」の場合
● お断り	● ご住所
● お手紙	● ご説明
● お話	● ご意見

例外もありますが、「ご」は音読み「お」は訓読みと覚えておいてもいいですね。

3月

イラスト

003-01

003-02

003-03

003-04

003-05

003-06

003-07

003-15

003-08

003-09

003-10

003-11

003-12

003-13

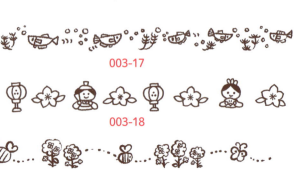
003-17

003-18

003-16

003-14

このメッセージが見えるまでページを開くと、きれいにコピーできます。

囲みイラスト付き文例

※ CD-ROM 内の囲みイラスト付き文例は Word 文書です。
Excel で使用される際は、P.238 をご参照ください。

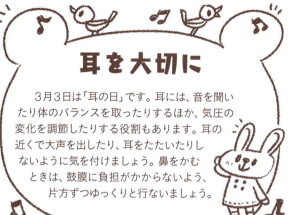

耳を大切に

3月3日は「耳の日」です。耳には、音を聞いたり体のバランスを取ったりするほか、気圧の変化を調節したりする役割もあります。耳の近くで大声を出したり、耳をたたいたりしないように気を付けましょう。鼻をかむときは、鼓膜に負担がかからないよう、片方ずつゆっくりと行ないましょう。

003-19

ありがとうの日

「ありがとうの日」を知っていますか？ 3月9日は語呂合わせの「サンキュー」からきているようです。日頃「ありがとう」という言葉を口に出して言っていますか？ 3月は卒園、進級の季節です。今まで支えてくれた人たちに感謝の気持ちを伝える「ありがとう」は大切な言葉ですね。

003-20

ひな祭り

3月3日はひな祭り（桃の節句）です。ひな人形は、子どもたちの身代わりとなり、事故や病気などから守ってくれると考えられています。ひなあられやひし餅の色にも意味があります。諸説ありますが、緑は「新緑・大地＝健康や長寿」、白は「雪＝清浄」、ピンクは「桃＝魔除け」を意味します。伝統行事を大切にし、子どもたちの成長を願いましょう。

003-21

PM2.5について

PM2.5は、髪の毛の太さの約30分の1、花粉の10分の1くらいの大きさの粒子で、自動車や工場などから排出された粉塵が大気中に浮遊した物です。大気汚染が深刻化する中国大陸から偏西風に乗って、3月頃に多く飛んできます。現在、大気汚染防止法に基づき、全国500か所以上で常時監視されています。詳しくは環境省や地方自治体のホームページをチェックしてみましょう。

003-22

おたより 3月

書き出し文例

3月のあいさつ

● 春の暖かい日差しが園舎や園庭を照らし、ようやく本格的な春を実感できるようになってきました。　003-23

● ツクシの坊やが顔を出し、本格的な春が訪れました。冬眠していた小動物たちも目を覚ます頃ですね。　003-24

子どもの姿

● 明るい色の花が咲き、春を演出しています。友達と一緒に戸外で春を探しています。花や虫たちなどを真剣に観察しています。　003-25

耳の日

● 3月3日は耳の日です。耳はどのような働きをするのか考えたり調べたりして、耳を大切にするようにしましょう。　003-26

文章の最後にチェック！
「ず」「づ」の使い分け②

「ず」「づ」は間違いやすい文字です。
しっかりチェックして、正しくおたよりを書きましょう。

○	×
一つずつ	一つづつ
色づく	色ずく
ずかん	づかん
活気づく	活気ずく
読みづらい	読みずらい
うなずく	うなづく
ひざまずく	ひざまづく
おとずれる	おとづれる

このメッセージが見えるまでページを開くと、きれいにコピーできます。

計画・資料データ集

園全体で立てる必要がある計画や保護者との共有に使う資料など、
もっと保育をサポートするために、資料の例をデータにしました。
園運営に必要な保健計画や子育て支援計画といった計画や、与薬依頼票などが入っています。
これらのデータは、CD-ROMの 計画・資料データ集 に入っています。

※本書掲載の指導計画とのつながりはありませんが、一例としてご覧ください。

健康

健康支援年間計画

▼
健康支援年間計画

子育て支援

子育て支援年間計画

▼
子育て支援年間計画

安全・防災

A 施設の安全管理チェックリスト

CD-ROM ▶ 安全・防災 ▶ A_施設の安全管理チェックリスト

B 施設安全チェックリスト

CD-ROM ▶ 安全・防災 ▶ B_施設安全チェックリスト

C 防災チェック表

CD-ROM ▶ 安全・防災 ▶ C_防災チェック表

保健

保健年間計画

CD-ROM ▶ 保健 ▶ 保健年間計画

計画・資料データ集

避難訓練

A 避難訓練年間計画

CD-ROM ▶ 避難訓練 ▶ A_避難訓練年間計画

B 避難訓練年間計画

CD-ROM ▶ 避難訓練 ▶ B_避難訓練年間計画

C 避難訓練年間計画

CD-ROM ▶ 避難訓練 ▶ C_避難訓練年間計画

食育

Ⓐ 0歳児の食育計画　　Ⓑ 0〜5歳児の食育計画　　Ⓒ 食物アレルギー指示書

病気関連書類

登園許可証明書

与薬依頼票

計画・資料データ集

今日の保育記録

今日の保育記録

苦情処理

苦情申出書

苦情受付書

苦情受付報告書

CD-ROMの使い方

ここからのページで、CD-ROM内のデータの使い方を学びましょう。

⚠ CD-ROMをお使いになる前に必ずお読みください

付属のCD-ROMは、「Microsoft Word 2010」で作成、保存したWord文書（ファイル）、Wordで開くリッチテキストデータ、イラスト画像（PNG形式）データを収録しています。お手持ちのパソコンに「Microsoft Word 2010」以上がインストールされているかご確認ください。
付属CD-ROMを開封された場合、以下の事項に合意いただいたものとします。

●動作環境について

本書付属のCD-ROMを使用するには、下記の環境が必要となります。CD-ROMに収録されているWordデータは、本書では、文字を入れるなど、加工するにあたり、Microsoft Office Word 2010を使って紹介しています。処理速度が遅いパソコンではデータを開きにくい場合があります。
○ハードウェア
　Microsoft Windows 10以上推奨
○ソフトウェア
　Microsoft Word 2010以上
○CD-ROMを再生するにはCD-ROMドライブが必要です。
※Mac OSでご使用の場合はレイアウトが崩れる場合があります。

●ご注意

○本書掲載の操作方法や操作画面は、『Microsoft Windows 10』上で動く、『Microsoft Word 2010』を使った場合のものを中心に紹介しています。
　お使いの環境によって操作方法や操作画面が異なる場合がありますので、ご了承ください。
○データはWord 2010に最適化されています。お使いのパソコン環境やアプリケーションのバージョンによっては、レイアウトが崩れる可能性があります。
○お客様が本書付属CD-ROMのデータを使用したことにより生じた損害、障害、その他いかなる事態にも、弊社は一切責任を負いません。
○本書に記載されている内容に関するご質問は、弊社までご連絡ください。ただし、付属CD-ROMに収録されているデータについてのサポートは行なっておりません。
※Microsoft Windows、Microsoft Wordは、米国マイクロソフト社の登録商標です。
※その他記載されている、会社名、製品名は、各社の登録商標および商標です。
※本書では、TM、®、©マークの表示を省略しています。

●本書掲載おたより、指導計画などCD-ROM収録のデータ使用の許諾と禁止事項

CD-ROM収録のデータは、ご購入された個人または法人・団体が、営利を目的としない掲示物、園だより、その他、家庭への通信として自由に使用することができます。ただし、以下のことを遵守してください。
○他の出版物、企業のPR広告、商品広告などへの使用や、インターネットのホームページ（個人的なものも含む）などに使用はできません。無断で使用することは、法律で禁じられています。なお、CD-ROM収録のデータを変形、または加工して上記内容に使用する場合も同様です。
○CD-ROM収録のデータを複製し、第三者に譲渡・販売・頒布（インターネットを通じた提供も含む）・賃貸することはできません。
○本書に付属のCD-ROMは、図書館などの施設において、館外に貸し出すことはできません。
（弊社は、CD-ROM収録のデータすべての著作権を管理しています）

● CD-ROM取り扱い上の注意

○付属のディスクは「CD-ROM」です。一般オーディオプレーヤーでは絶対に再生しないでください。パソコンのCD-ROMドライブでのみお使いください。
○CD-ROMの表面・裏面ともに傷を付けたり、裏面に指紋をつけたりするとデータが読み取れなくなる場合があります。CD-ROMを扱う際には、細心の注意を払ってお使いください。
○CD-ROMドライブにCD-ROMを入れる際には、無理な力を加えないでください。CD-ROMドライブのトレイに正しくセットし、トレイを軽く押してください。トレイにCD-ROMを正しく乗せなかったり、強い力で押し込んだりすると、CD-ROMドライブが壊れるおそれがあります。その場合も一切責任は負いませんので、ご注意ください。

CD-ROM 収録データ一覧

付属の CD-ROM には、以下のデータが収録されています。

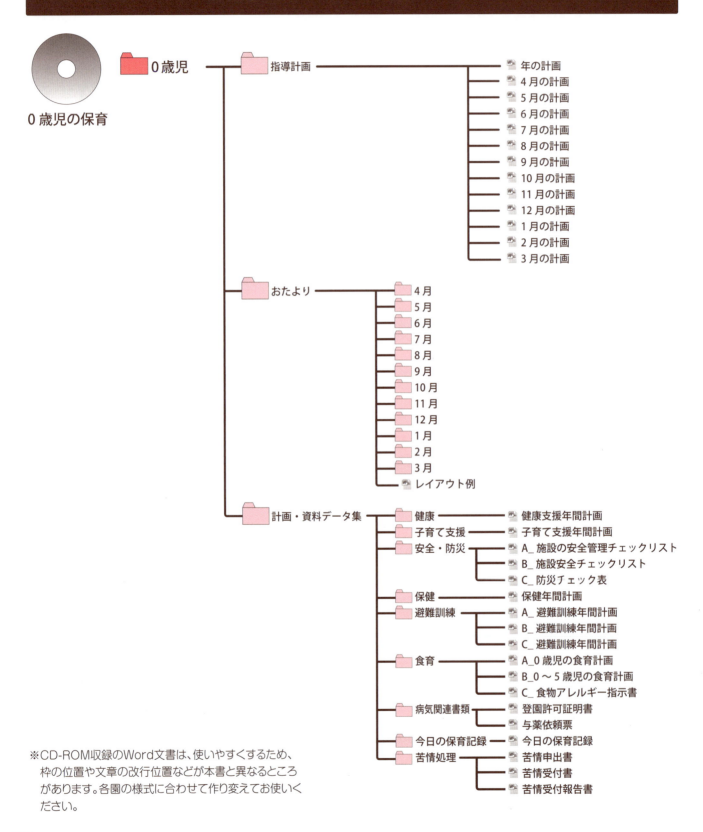

※CD-ROM収録のWord文書は、使いやすくするため、枠の位置や文章の改行位置などが本書と異なるところがあります。各園の様式に合わせて作り変えてお使いください。

付属のCD-ROMのデータを使って
指導計画やおたよりを作ろう

『Word』を使って、指導計画やおたよりを作ってみましょう。付属のCD-ROMのWord文書はMicrosoft Word 2010で作成されています。ここでは、Windows 10上で、Microsoft Word 2010やペイントを使った操作手順を中心に紹介しています。

(動作環境についてはP.229を再度ご確認ください)
※掲載されている操作画面は、お使いの環境によって異なる場合があります。ご了承ください。

CONTENTS

- Ⅰ ファイルの基本操作 …………………… P.232
  - 1 ファイルを開く　3 名前を付けて保存する
  - 2 文字を入力する　4 印刷する
- Ⅱ 文章を変更する ………………………… P.233
  - 1 文章を変更する
  - 2 書体や大きさ、文字列の方向、行間、文字の配置を変える
- Ⅲ 枠表の罫線を調整する ………………… P.235
  - 1 セルを広げる・狭める　2 セルを結合する・分割する
- Ⅳ イラストを挿入する …………………… P.236
- Ⅴ イラストに色を塗る
  - 1 ペイントからCD-ROMのイラストを開く　3 名前を付けて保存する
  - 2 色を塗る
- Ⅵ 囲みイラスト付き文例を利用する …… P.238
- Ⅶ 文例を利用する ………………………… P.239
- Ⅷ テキストボックスを挿入する

基本操作

マウス

マウスは、ボタンを上にして、右手ひとさし指が左ボタン、中指が右ボタンの上にくるように軽く持ちます。手のひら全体で包み込むようにして、机の上を滑らせるように上下左右に動かします。

クリック カチッ

左ボタンを1回押します。ファイルやフォルダ、またはメニューを選択する場合などに使用します。

ダブルクリック カチカチッ

左ボタンをすばやく2回押す操作です。プログラムなどの起動や、ファイルやフォルダを開く場合に使用します。

右クリック カチッ

右ボタンを1回押す操作です。右クリックすると、操作可能なメニューが表示されます。

ドラッグ カチッ…ズー
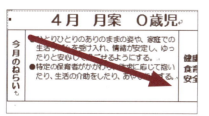

左ボタンを押しながらマウスを動かし、移動先でボタンを離す一連の操作をいいます。文章を選択する場合などに使用します。

元に戻る・進む

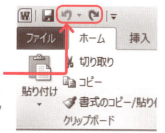

操作を間違えたら ↺(元に戻す)をクリックすると、ひとつ前の状態に戻ります。戻した操作をやり直す場合は、↻(やり直し)をクリックします。

Ⅰ ファイルの基本操作

1 ファイルを開く

① CD-ROMをパソコンにセットする

② 「自動再生」画面の「フォルダを開いてファイルを表示」をクリック

③ フォルダを順次開き、Wordのファイルをダブルクリック

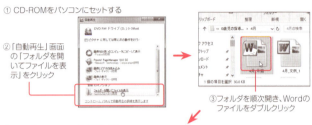

〈テンプレートの文書構成〉
収録されているWordテンプレートは、A4横または縦の表で構成されています。表内にカーソルがあるので、リボンには「表ツール」が表示されています。

リボン：ツールが並んでいる領域
タブ：操作の種類によって、クリックしてリボンを切り替えます
表ツール

2 文字を入力する

表の各枠をセルといいます。文字を入力するには、セル内をクリックします。各セルには、左揃え、中央揃えなどの配置があらかじめ設定されています。年度、組名、担任名など、セル内に文字を入力します。

→セル内の文章を変更するには、P.233「Ⅲ 文章を変更する」へ。
→セル内の文字列の配置を変更するにはP.234「Ⅲ 文章を変更する ❷ 2.文字列の方向・配置を変更する」へ。
→これで作成完了の場合は、次の「❸ 名前を付けて保存する」「❹ 印刷する」へ。

3 名前を付けて保存する

① 「ファイル」をクリック
② 「名前を付けて保存」をクリック
③ 保存先を選択
④ ファイル名を入力
⑤ 「保存」をクリック

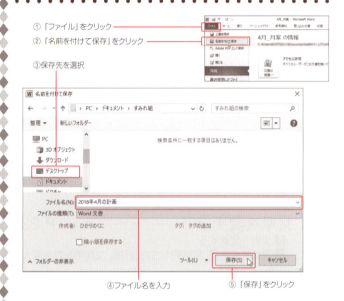

4 印刷する

① 「ファイル」をクリック
② 「印刷」をクリック
③ プレビュー画面で確認
④ 枚数を入力
⑤ 「印刷」をクリック

★用紙サイズ、印刷方向などの変更をすることができます

★縮小印刷
A4サイズの文書をB4サイズに拡大して印刷することができます。

① 「ファイル」をクリック
② 「用紙サイズの設定」をクリック
③ 用紙サイズを指定

Ⅱ 文章を変更する

担当クラスの様子や、子どもたちに合わせて文章を変更しましょう。
文字の書体や大きさを変えるなどアレンジしてみてください。

1 文章を変更する

1. 変更したい文章を選択する

変更したい文章の最初の文字の前にカーソルを合わせてクリックし、ドラッグして変更したい文章の範囲を選択します。

ここにカーソルを合わせて、変更したい所までドラッグします。

ここでマウスをはなすと、クリックした所から、ここまでの文章が選択されます。

選択された文字の背景の色が変わります。

2. 新しい文章を入力する

そのまま新しい文章を入力します。

2 書体や大きさ、文字列の方向、行間、文字の配置を変える

1. 文字の「書体」や「大きさ」を変える

文字を好きな書体（フォント）に変えたり、大きさ（フォントサイズ）を変えたりしてみましょう。
まず、「1 1.変更したい文章を選択する」の方法で、変更したい文章の範囲を選択します。
次に、「ホーム」タブのフォントやフォントサイズの右側「▼」をクリックし、書体とサイズを選びます。
※フォントサイズ横の「フォントの拡大」「フォントの縮小」ボタンをクリックすると少しずつサイズを変更できます。

フォント
フォント名が英語のものは、日本語を表示できません。使うことのできるフォントの種類は、お使いのパソコンにどんなフォントがインストールされているかによって異なります。

フォントサイズ
フォントサイズは、数字が大きくなるほどサイズが大きくなります。
フォントサイズが8以下の場合は、手動で数値を入力します。

下の例のように、文章が新しい書体と大きさに変わりました。

変更前
フォント:MSゴシック
フォントサイズ:8

変更後
フォント:HG丸ゴシックM
フォントサイズ:10

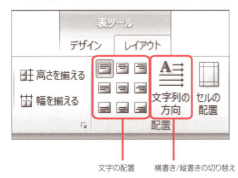

2. 文字列の方向・配置を変更する

変更したいセルを選択し、【表ツール】の「レイアウト」タブの「配置」から文字列の配置や方向を設定します。

文字の配置　　横書き/縦書きの切り替え

左端揃え（上）
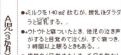

縦書き
横書きのセルを選択し、「文字の方向」ボタンをクリックすると、縦書きの「両端揃え（右）」の配置になります

中央揃え（中央）

両端揃え（下）

配置も縦書きに変わります。下図は、文字の配置を「両端揃え（中央）」に設定しています。

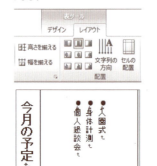

II 文章を変更する

3.「行間」を調整する

行と行の間隔を変更したい段落を選択して、「ホーム」タブ「段落」にある「行と段落の間隔」ボタンをクリックして、数値にマウスポインターを移動させると、ライブプレビュー機能により、結果を確認することができます。行間の数値をクリックすると決定します。

行間1

行間1.5

行間・間隔

ヒント

行間などの段落書式を詳細に設定する場合は、「ホーム」タブ「段落」の右下の⬜ボタンをクリックして、下図の「段落」の設定画面を表示します。インデント（行の始まる位置）や段落前後の空きなども設定できます。

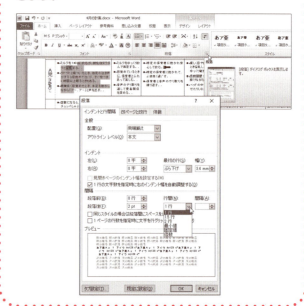

Ⅲ 枠表の罫線を調整する

枠表の罫線を動かしてセルを広げたり狭めたりして調整してみましょう。
自分で罫線を引いたり消したりすることもできます。

1 セルを広げる・狭める

表の罫線上にマウスを移動すると、マウスポインターが ⇳ や ⇹ に変化します。そのままドラッグして上下または左右に動かすと、セルの高さや幅を変更することができます。

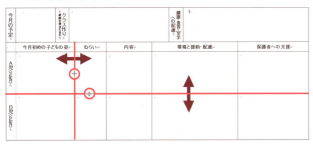

※特定のセルの幅を変更する場合は、そのセルを選択し、【表ツール】「レイアウト」タブ「表」にある「選択→セルの選択」をクリックしてから左右の罫線をドラッグします。

2 セルを結合する・分割する

1. 複数のセルを選択して、結合する

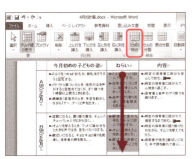

結合したいセルをドラッグして選択し、【表ツール】の「レイアウト」タブ「結合」の「セルの結合」ボタンをクリックします。

右図のように2つのセルが結合されて1つになります。

2. 1つのセルを複数のセルに分割する

表の行数や列数を変更したい場合、一旦、セルを結合してから分割します。

①行数と列数を変更したいセルをすべて選択します。

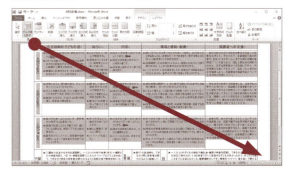

②「Delete」キーを押して文字を消去します。

③もう一度、行数と列数を変更したいセルをすべて選択します。

④「表ツール」「レイアウト」タブ「結合」の「セルの結合」ボタンをクリックすると、下図のように大きな1つのセルになります。

⑤「表ツール」「レイアウト」タブ「結合」の「セルの分割」ボタンをクリックして表示された画面で、列と行を設定して「OK」をクリックします。

列数を「3」、行数を「5」に設定してみます。

3列5行に分割されました。

Ⅳ イラストを挿入する

CD-ROMに収録されているイラストはPNG形式の画像データです。Word文書に「挿入」して使います。

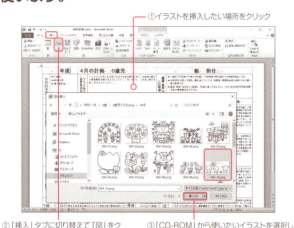

①イラストを挿入したい場所をクリック
②「挿入」タブに切り替えて「図」をクリック
③「CD-ROM」から使いたいイラストを選択して「挿入」をクリック

図が挿入されると一時的にレイアウトが崩れるので設定を変更します

④【図ツール】の「文字列の折り返し」をクリックして「前面」を選択

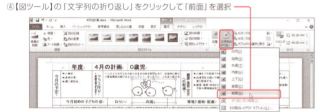

イラストのサイズ変更と移動

⑥イラストの角のハンドル（○）をドラッグしてサイズを調整します。

⑦イラストをドラッグして任意の場所へ移動します。

★文字列の折り返しについて

「文字列の折り返し」は、挿入したイラスト（画像）と、画面に入力した文字列（テキスト）との関係を設定するものです。

【行内】：イラストを文字列の行内に配置します。（挿入した際の初期設定はこの状態）
行内(I)

【四角】：文字列がイラストの周囲を四角く囲むように配置されます。
四角(S)

【外周】：文字列がイラストの外側の輪郭に沿って配置されます。
外周(T)

【内部】：イラストの内部にも文字列が配置されます。
内部(H)

【上下】：文字列がイラストの上下に分かれて配置されます。
上下(O)

【背面】：イラストが文字列の背面に配置されます。
背面(D)

【前面】：イラストが文字列の前面に配置されます。
前面(N)

※囲みイラスト付き文例については、P.238を参照下さい。

Ⅴ イラストに色を塗る

Windowsに付属しているお絵かきソフト「ペイント」で、イラストにクレヨン調の色を塗ってみましょう。

1 ペイントからCD-ROMのイラストを開く

1. ペイントを起動する

①デスクトップのスタートボタンの右側にある検索ボックス（Cortana）に「ペイント」と入力します。

②デスクトップアプリの「ペイント」が表示されるので、クリックします。

①「ペイント」と入力
②クリック

〈ペイントを開いたときの画面と主なボタンの役割〉

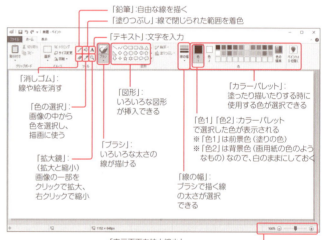

「鉛筆」：自由な線を描く
「塗りつぶし」：線で閉じられた範囲を着色
「テキスト」：文字を入力
「消しゴム」：線や絵を消す
「色の選択」：画像の中から色を選択し、描画に使う
「拡大鏡」：（拡大と縮小）画像の一部をクリックで拡大、右クリックで縮小
「ブラシ」：いろいろな太さの線が描ける
「図形」：いろいろな図形が挿入できる
「カラーパレット」：塗ったり描いたりする時に使用する色が選択できる
「色1」「色2」：カラーパレットで選択した色が表示される
※「色1」は前景色（塗りの色）
※「色2」は背景色（画用紙の色のようなもの）なので、白のままにしておく
「線の幅」：ブラシで描く線の太さが選択できる
「表示画面を拡大縮小」：表示させている画面の大きさを変えることができる。

2. ペイントからCD-ROMのイラストを開く

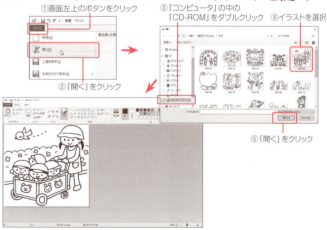

①画面左上のボタンをクリック
②「開く」をクリック
③「コンピュータ」の中の「CD-ROM」をダブルクリック
④イラストを選択
⑤「開く」をクリック

2 色を塗る

1. 閉じている面を塗るとき

「塗りつぶし」を使って色を塗ります。

① 「カラーパレット」から塗りたい色をクリック

② イラスト上でマウスポインターが⋮⋮に変わるので、塗りたい場所でクリック

失敗したら「元に戻す」ボタンをクリックして元に戻せます。

2. 閉じていない面を塗るとき

閉じていない面で塗りをクリックすると、線がとぎれた部分から色がはみ出して広い範囲で着色されます。このような場合は、とぎれている部分をつないで面を閉じてから塗りつぶします。

線が離れているので植込みと背景が同じ色で塗られてしまいます。

「鉛筆」を使って途切れている線をつなげてみましょう。

① 「鉛筆」をクリック　② 「線の幅」をクリック

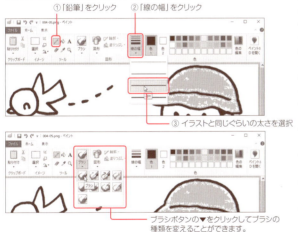

③ イラストと同じぐらいの太さを選択

ブラシボタンの▼をクリックしてブラシの種類を変えることができます。

④ キャンバスのマウスポインターが🖉に変化するので、途切れている線の端をドラッグして線を描き足します。

⑤ 面が閉じたら、「塗りつぶし」を使って色を塗ります。

Ⅴ イラストに色を塗る

★線や色を消す場合

① 「ホーム」をクリック
② 「消しゴムツール」をクリック

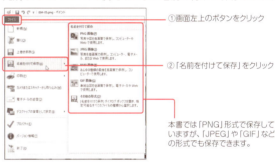

③ マウスポインタが□に変わるので消したい所をドラッグする

3 名前を付けて保存する

完成したら、いつでも使えるように名前を付けて保存します。

① 画面左上のボタンをクリック

② 「名前を付けて保存」をクリック

本書では「PNG」形式で保存していますが、「JPEG」や「GIF」などの形式でも保存できます。

③ 保存先をクリック

分かりやすい名前をつけましょう

④ 「ファイル名」に名前を入力

⑤ 「保存」をクリック

できあがり

ヒント

イラストをべた塗りするには

ペイントの「塗りつぶし」ツールは、クリックした場所と同じ色に適用されます。CD-ROMのイラストは、きれいに印刷できるように同じ白でも少しずつ色味が異なる階調を持っているため、クレヨンで塗ったようになります。

そこで、一旦、色数の少ない画像形式（16色ビットマップ）に変換してからPNG形式に戻すと、べた塗りすることができるようになります。

①色を塗りたいイラストを開き、「ファイル」タブをクリックして、「名前を付けて保存」を選択します。

②「ファイルの種類」のVをクリックして「16色ビットマップ」を選択して「保存」をクリックします。

③次のようなメッセージが表示されたら、「OK」ボタンをクリックします。

④もう一度「ファイル」タブをクリックして、「名前を付けて保存」を選択し、「ファイルの種類」のVをクリックして「PNG」を選択して「保存」をクリックします。

P.237の手順で色を塗ると、右図のようにきれいに塗ることができます。

VI 囲みイラスト付き文例を利用する

CD-ROM内の囲みイラスト付き文例はWord文書にイラスト（PNG形式）とテキストボックスが組み合わさってできています。毎月のおたよりなどにご利用ください。

①囲みイラスト付き文例を挿入したいWord文書を開いておきます。

②CD-ROMから使いたい囲みイラスト付き文例を開きます。

③イラストの端の部分をクリックすると、外枠が表示されます。

④「ホーム」タブ「クリップボード」の「コピー」をクリックします。

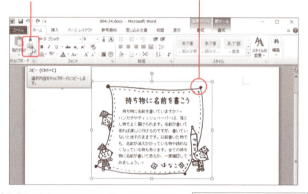

⑤作成中の文書に切り替えて、挿入したい部分をクリックしてから、「ホーム」タブ「クリップボード」の「貼り付け」ボタンをクリックします。

※Excelで使用される際は、ここでご使用の文書を開いてください。

→囲みイラスト付き文例のイラストとテキストボックスは、グループ化されているので、ひとつの図のように移動することができます。

→「文字列の折り返し」については、P.236へ

★文例の書式を解除したい場合

（字下げだけではなく、文字サイズや行間なども）

囲みイラストつき文例の文例だけをコピーして、別の場所に貼り付けると、元の書式も一緒に貼り付きます。このような場合は、次のいずれかの方法でテキストだけを貼り付けます。

[A]「ホーム」タブ「クリップボード」の「貼り付け▼」をクリックして「A」（テキストのみ保持）をクリック

[B]貼り付け後、右下に表示される「貼り付けオプション」ボタンをクリックして「A」（テキストのみ保持）をクリック

VII 文例を利用する

CD-ROM内の文例はリッチテキスト形式として収録されており、Wordで開くことができます。

※リッチテキストとは、文字と文字の書式情報（フォントやフォントサイズ、色、太字、斜体など）を持つ文書ファイル形式です。
　CD-ROM内の文例の書式は、MSゴシック、10.5ptです。

①文例を使いたいWord文書を開いておきます。
②CD-ROMから文例ファイルを開きます。
③使用したい文章をドラッグして選択します。

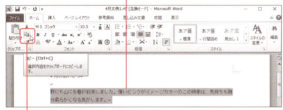

④「ホーム」タブ「クリップボード」の「コピー」をクリックします。
⑤文例を使いたいWord文書に切り替えて、貼り付けたい位置をクリックします。

⑥「ホーム」タブ「クリップボード」の「貼り付け▼」をクリックして「A」（テキストのみ保持）をクリックします。

VIII テキストボックスを挿入する

テキストボックスは、囲み罫やイラストに重ねて文章を入れたいときに使います。

イラストの「文字列の折り返し」を「前面」に設定する

イラストにテキストボックスを重ねる場合、イラストの「文字列の折り返し」は「前面」に設定しておきます。

①イラストをクリックして選択します。
②【図ツール】の「書式」タブ「配置」の「文字列の折り返し」をクリックします。

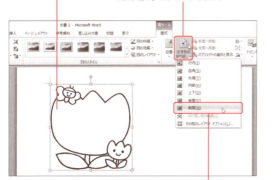

③【図ツール】の「書式」タブ「配置」の「文字列の折り返し」をクリックして「前面」をクリックします。

テキストボックスを挿入する

囲みケイやイラストに重ねて文章を入れたいときに使います。

①「挿入」をクリック　　②「テキストボックス」をクリック

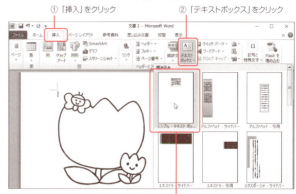

③「シンプル-テキストボックス」をクリック
④テキストボックスの文章が反転している状態で、文字を入力します。

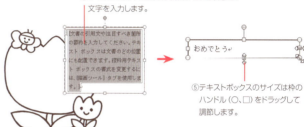

⑤テキストボックスのサイズは枠のハンドル（○、□）をドラッグして調節します。

⑥テキストボックスの外枠をドラッグして、イラストの上に配置します。

テキストボックスの枠を選択すると、ボックス内の文字の文字書式や段落書式を「ホーム」タブの「フォント」や「段落」のツールで変更できます。

既定のテキストボックスは、塗りつぶしが白色、枠線が黒色です。イラストに重ねる場合は、【描画ツール】「図形のスタイル」で両方とも「なし」に設定します。

▼塗りつぶしなし　　　　　　▼枠線なし

できあがり

監修 神長美津子
國學院大學教授
幼保連携型認定こども園教育・保育要領の改定に関する検討委員会
中央教育審議会 教育課程部会幼児教育部会主査代理
元・文部科学省初等中等教育局幼児教育課教科調査官
『月刊 保育とカリキュラム』総監修

保育のきほん

監修・執筆	神長美津子
	馬場耕一郎（聖和短期大学准教授、厚生労働省保育課保育専門調査官、大阪・幼保連携型認定こども園 おおわだ保育園 理事長）

0歳児保育のきほん

監修・執筆	神長美津子

● 発達と生活・発達と遊び

監修・執筆	塩谷 香（國學院大學特任教授、NPO法人「ぴあわらべ」理事）

環境とあそび

● 環境づくり

執筆	塩谷 香	
写真協力園	東京	荏原西第二保育園
		千束保育園
		西五反田第二保育園
		二葉つぼみ保育園
	神奈川	おおつな保育園
	兵庫	武庫川女子大学附属保育園

● 手作り玩具・あそび

執筆	小倉和人（KOBEこどものあそび研究所所長）	
写真・実践協力園	兵庫	須磨区地域子育て支援センター
		認定こども園まあや学園
		よこやま保育園

指導計画・連絡帳

執筆	『月刊 保育とカリキュラム』0歳児研究グループ
チーフ	古橋紗人子（元・滋賀短期大学教授）

● 月の計画　書き方のポイント

執筆	清水益治（帝塚山大学教授）
	寺見陽子（神戸松蔭女子学院大学大学院教授）

● 連絡帳　書き方のポイント

執筆	古橋紗人子
	坂本容子（大阪・たんぽぽ学園副園長）

● 連絡帳　発育・発達メモ

執筆	川原佐公（元・大阪府立大学教授）
	寺見陽子
	古橋紗人子

おたより

文例・イラスト案	永井裕美（保育士・幼稚園教諭）

もっとサポート 計画・資料データ集

協力園	東京	武蔵野東学園幼稚園
	千葉	柏井保育園
	大阪	寺池台保育園
		たんぽぽ学園
	奈良	ふたば保育園

※本書掲載の一部は、『月刊 保育とカリキュラム』2013～2017年度の内容に加筆・修正を加え、再編集したものです。
※所属は、本書初版当時のものです。

STAFF

本文デザイン	株式会社フレーズ（宮代佑子、武田紗和、岩瀬恭子）
本文DTP	株式会社フレーズ（江部憲子、小松桂子）
製作物・イラスト	石川元子、菊地清美、白川美和、鈴木えりん、中小路ムツヨ、なかのまいこ、楢原美加子、福島幸、町田里美、みやれいこ、Meriko、やまざきかおり
編集協力	太田吉子
	川城圭子
	株式会社どりむ社
	pocal（本城芳恵、和田啓子）
楽譜浄書	株式会社クラフトーン
校正	株式会社どりむ社
	永井一嘉
企画・編集	安部鷹彦
	山田聖子
CD-ROM制作	NISSHA株式会社

本書のコピー、スキャン、デジタル化等の無断複製は著作権法上での例外を除き禁じられています。本書を代行業者等の第三者に依頼してスキャンやデジタル化することは、たとえ個人や家庭内の利用であっても著作権法上認められておりません。

年齢別クラス運営シリーズ

0歳児の保育

2018年 2月	初版発行
2022年 2月	第5版発行
監修者	神長美津子
発行人	岡本 功
発行所	ひかりのくに株式会社
	〒543-0001 大阪市天王寺区上本町3-2-14
	TEL06-6768-1155　郵便振替00920-2-118855
	〒175-0082 東京都板橋区高島平6-1-1
	TEL03-3979-3112　郵便振替00150-0-30666
	ホームページアドレス　https://www.hikarinokuni.co.jp
印刷所	NISSHA株式会社

©2018　乱丁、落丁はお取り替えいたします。
<JASRAC 出1715534-105>

Printed in Japan
ISBN978-4-564-61551-1
NDC376　240P　26×21cm